GÁLATAS

Comentario Bíblico

Texto de la
Nueva Versión Internacional

Marcos Baker

GÁLATAS
Introducción y comentario

Copyright © 2014, 2019. Mark D. Baker

Caseros 1275 - B1602EAF Florida
Buenos Aires, Argentina
www.kairos.org.ar

Ediciones Kairós es un departamento de la Fundación Kairós, una organización no gubernamental sin ines de lucro dedicada a promover el discipulado cristiano y la misión integral desde una perspectiva evangélica y ecuménica con un enfoque contextual e interdisciplinario.

Revisión editorial: Raúl H. Padilla y Margarita Padilla
Diseño de la portada: Gastón Mato
Diagramación: Adriana Vázquez

Ninguna parte de esta publicación puede ser reproducida, almacenada o transmitida de manera alguna ni por ningún medio, sea electrónico, químico, mecánico, óptico, de grabación o de fotografía, sin permiso previo de los editores.

Queda hecho el depósito que marca la ley 11.723

Todos los derechos reservados
All rights reserved

Impreso en Argentina
Printed in Argentina

Baker, Marcos

Gálatas / Marcos Baker; dirigido por C. René Padilla - 1a. ed. Florida: Kairós, 2014.

262 pp.; 21x14 cm. - (Comentario bíblico iberoamericano / Carlos René Padilla)

ISBN 978-987-1355-56-3

1. Comentarios Bíblicos. I. C. René Padilla, dir.

CDD 220.6

A Richard B. Hays
quien me mostró el camino

INDICE

AGRADECIMIENTOS 9

ABREVIATURAS 12

PRESENTACIÓN 13

INTRODUCCIÓN GENERAL 15

BOSQUEJO GENERAL 43

I. INTRODUCCIÓN (1:1-10) 45
   1. Saludo (1:1-5) 45
   2. Reprimenda y maldición (1:6-10) 50

II. DEFENSA NARRATIVA DEL EVANGELIO 61
DE LIBERTAD (1:11-2.21)
   1. El origen divino del evangelio que predica Pablo 61
   (1:11-24)
   2. Pablo en una reunión con los líderes de la iglesia en 71
   Jerusalén (2:1-10)
   3. ¿Dos mesas o una sola mesa? Confrontación en Antioquía 87
   (2:11-21)

III. EL EVANGELIO DE LIBERTAD: 128
ARGUMENTOS CONTRA LOS INSTIGADORES (3:1-5:1)
   1. La cruz es la diferencia (3:1) 128
   2. Cómo los cristianos en Galacia recibieron el Espíritu 132
   (3:2-5)
   3. La promesa dada a Abraham (3:6-29) 138
   4. La acción humana produce esclavitud, la acción de Dios 166
   produce libertad (4:1-11)
   5. Apelación de amistad (4:12-20) 183
   6. Alegoría de Agar y Sara (4:21-5.1) 188

IV. EXHORTACIONES A LOS GÁLATAS 199
SOBRE VIVIR EN LIBERTAD (5:2-6:10)
   1. Cristo y la libertad o la circuncisión y la esclavitud 199
     (5:2-12)
   2. Libertad a servir con amor (5:13-15) 207
   3. Las obras de la carne y el fruto del Espíritu (5:16-26) 217
   4. Vivir como familia de fe (6:1-10) 229

V. CONCLUSIÓN: 243
LA CRUZ Y LA NUEVA CREACIÓN (6:11-18)

BIBLIOGRAFÍA 257

AGRADECIMIENTOS

Dedico este libro a Richard B. Hays como una muestra de agradecimiento por la forma excepcional en que ha contribuido a este comentario contextualizado en América Latina. En 1991 leí un ensayo sobre Gálatas que Richard había presentado en una conferencia de la Fraternidad Teológica Latinoamericana y la *Theological Students Fellowship*. El ensayo no sólo me introdujo a nuevas maneras de interpretar Gálatas sino que me llevó a imaginar posibilidades de cómo esa interpretación podría ser una herramienta clave para responder a situaciones que había enfrentado en América Latina durante varios años. Aquel ensayo de Richard fue una semilla que produjo mucho fruto incluyendo mi libro *¡Basta de religión!: cómo construir comunidades de gracia y libertad* y este comentario. Sin embargo, Richard me dio mucho más que sólo la semilla. Tuve el privilegio de tenerlo como profesor y guía durante mis cuatro años de estudios doctorales en *Duke University* de 1992 a 1996. Aunque como alumno de teología tuve a Frederick Herzog como profesor y guía principal, tomé clases con Richard y él fue un miembro clave en el comité de mi tesis doctoral cuando trabajé contextualizando algunas ideas que nacieron al leer su ensayo. Todo aquello hubiera sido suficiente para hacer de él una persona central y clave en la producción de este comentario. Sin embargo, fui sumamente afortunado ya que Richard escribió un comentario sobre Gálatas, publicado en 2000, por el cual estoy sumamente agradecido. Con su ensayo abrió las puertas a nuevas posibilidades para interpretar Gálatas y con su comentario también me ayudó a profundizar en esas posibilidades. Mediante su comentario me acompañó paso a paso por todo el camino al escribir el mío, desde el primer versículo hasta el último. No siempre he seguido su interpretación de la carta pero, como se notará, ha tenido una influencia grande en este comentario. Debo mucho a Richard y le dedico el comentario no sólo porque he utilizado mucho de su pensamiento sino también como un gesto de respeto y honor. Ha sido un privilegio caminar a la sombra de este hombre. Hay varios especialistas en Pablo muy eruditos e inteligentes como Richard, pero hay pocos que también tienen un fuerte compromiso con Dios y su iglesia como él lo tiene.

Yo solo no hubiera podido realizar este proyecto, el cual ha sido posible no sólo gracias a Richard Hays sino también a muchas otras personas. He tomado cursos del Nuevo Testamento a nivel avanzado: tengo una maestría y tomé cursos a nivel doctoral en Nuevo Testamento, pero no soy especialista en Nuevo Testamento ni en estudios paulinos. Tengo un doctorado en teología y mucha experiencia como misionero. Pero soy muy afortunado de tener varios amigos especializados en los textos de Pablo. He leído sus trabajos y frecuentemente he conversado con ellos sobre textos específicos y temas generales. Les debo mucho a Jon Isaac, Ross Wagner y Ryan Schellenberg –no sólo por sus excelentes interpretaciones sino también por su apoyo y amistad. Aunque Joel Green no es especialista en Pablo también ha sido una persona clave en este proyecto. Joel es el profesor que me convenció de que hiciera mi maestría en Nuevo Testamento para luego seguir con un doctorado en teología. Sin ese fundamento y las herramientas que recibí de él no hubiera podido escribir este comentario que tiene sus raíces en la tesis que hice bajo su supervisión.

La ayuda de académicos especialistas en las cartas del apóstol Pablo ha sido clave en esta obra –no sólo la ayuda de mis amigos ya mencionados sino también la de los muchos escritos mencionados en la bibliografía. Sin embargo, este comentario es parte de una serie de comentarios contextualizados con aplicaciones para la misión de la iglesia en América Latina. Por esta razón, de igual importancia ha sido la ayuda que he recibido de muchos pastores, alumnos y líderes en la iglesia. En varios contextos he pedido a personas involucradas en la misión de la iglesia que compartieran conmigo lo que veían como implicaciones y aplicaciones contextuales de mi enseñanza sobre Gálatas. Primeramente agradezco a los hermanos y hermanas de la Iglesia Amor Fe y Vida, en Tegucigalpa, Honduras. Mis primeros esfuerzos en contextualizar la interpretación de Gálatas que ofrezco en este comentario fueron en conversaciones con ellos. Les debo mucho en relación a ideas escritas en este libro y en muchas otras áreas de mi vida. También quiero mencionar y agradecer específicamente otros tres grupos con quienes he estudiado Gálatas y con quienes he conversado sobre sus implicaciones contextuales: alumnos centroamericanos que participaron en una clase avanzada sobre Gálatas en el Seminario Anabautista Latinoamericano (SEMILLA) que se realizó en Honduras en 2008; líderes de la Red del Camino en la Republica Dominicana que participaron en un taller de dos días sobre temas de Gálatas en 2010; y los alumnos de tres clases sobre Gálatas que he enseñado en

Fresno Pacific Biblical Seminary (anteriormente llamado *Mennonite Brethren Biblical Seminary*).

Quiero mencionar y agradecer individualmente a un grupo de siete personas que se reunieron en el Perú en junio de 2011 específicamente para ayudarme con este proyecto. Leyeron el manuscrito del trabajo exegético antes de reunirnos. Trabajamos durante cuatro días, conversamos sobre cada sección y me hicieron observaciones sobre cómo mejorar el comentario. Compartieron conmigo principalmente sus ideas sobre aplicaciones e implicaciones contextuales para cada sección. Fueron días muy valiosos. El hecho que vinieran de contextos diversos en el Perú y de varias iglesias enriqueció mucho la conversación. Estoy muy agradecido a Gustavo Delgadillo y José Manuel Prada por su ayuda en organizar el evento y seleccionar a los participantes. Agradezco a cada uno de estos: Dilma Alvarado Pérez, Elvio Nanchi Suamut, Jesús Lavado Ariza, Jonathan Cuyubamba Ichpas, José Manuel Prada Bernal, Liliana Vásquez Cortegana y Luis Curo Salvatierra. Mi hija Julia me acompañó aquella vez al Perú y grabó las conversaciones. Fue un placer especial tenerla como parte del grupo. También estoy agradecido a la *Association of Theological Schools,* la cual me otorgó una subvención, la *Lilly Theological Research Grant*, que pagó los gastos del evento, incluidos los gastos de mi viaje al Perú. Fue un honor haber sido seleccionado para recibir la subvención y fue de gran ayuda.

Me siento muy afortunado de poder enseñar en el seminario bíblico que es parte de la *Fresno Pacific University* en Fresno, California. Esta universidad me otorgó un sabático de enero a junio de 2013, que me dio tiempo ininterrumpido para terminar de escribir el manuscrito de este comentario. Agradezco al decano del seminario, Lynn Jost, y al rector de la universidad, Steve Varvis, por todo lo que hicieron para que yo pudiese tener aquel sabático, y agradezco a la universidad por ese apoyo.

Ustedes, los lectores de este libro, tendrán una experiencia mucho más rica gracias a la ayuda de varias personas que, con mucha paciencia, corrigieron y mejoraron el texto en español: César García, Gustavo Delgadillo, Martin Eitzen, Rafael Zaracho, y Raúl Padilla. Estoy muy agradecido a ellos. Gustavo y Raúl merecen reconocimiento especial por haber leído y corregido todo el manuscrito más de una vez.

Es un privilegio que esta obra haya sido incluida en la serie *Comentario Bíblico Iberoamericano*. Agradezco a René Padilla por haberme invitado a escribir este comentario. Siento mucha gratitud por el trabajo que René y el equipo de Ediciones Kairós han hecho al proveer tanta literatura sobre la teoría y la práctica de la misión integral. Aun afrontando muchos obstáculos ellos han perseverado. Yo y muchos otros nos hemos beneficiado de la literatura publicada bajo este sello. Es un honor contarme entre sus autores. Gracias.

También es un privilegio tener una esposa como Lynn e hijas como Julia y Christie, quienes me aman y me han apoyado en este proyecto. Gracias. Finalmente, agradezco al Espíritu Santo, quien inspiró al apóstol Pablo para escribir esta carta y quien ha obrado en transformar mi vida y la vida de muchas iglesias por medio de la lectura de Gálatas, de lo cual he sido testigo en varias oportunidades. Oro que el Espíritu Santo use este comentario en su vida y en la vida de su iglesia.

ABREVIATURAS

BLA	La Biblia Latinoaméricana
BJ	Biblia de Jerusalén
LNB	La Nueva Biblia (Ediciones Paulinas)
NVI	Nueva Versión Internacional
PPT	Palabra de Dios para todos
RVA	Reina-Valera Actualizada
RVR	Reina-Valera Revisión 1995
VP	Versión Popular «Dios habla hoy»

PRESENTACIÓN

En la transición del siglo 20 al siglo 21, un grupo selecto de estudiosos de varios países se ha propuesto poner a disposición del pueblo evangélico de habla castellana una serie de comentarios que combinen la exégesis de la Biblia con el conocimiento de la realidad hispanoamericana, con miras a la obediencia de la fe en todas las áreas de la vida. Para esta noble tarea la Sociedad Bíblica Internacional les concedió el permiso de usar como base la Nueva Versión Internacional (NVI) de la Biblia en castellano (1999), fruto de una década de labores en las cuales participaron varios de los autores. A lo largo de los diez años de trabajo los traductores de la NVI fueron acumulando una cantidad considerable de materiales exegéticos que posteriormente podrían usarse en diferentes proyectos literarios. Como la misma versión de la Biblia, esta serie de comentarios es el resultado de esos estudios y de la profundización en el texto bíblico lograda por ese medio. A la vez, no quiere tratar sólo el texto bíblico en su situación histórica, sino también el texto dentro del contexto actual, con todos los desafíos que éste plantea a los discípulos de Cristo. Si la Escritura fue inspirada por Dios «a fin de que el siervo de Dios esté enteramente capacitado para toda buena obra», es lógico esperar que los comentarios bíblicos se orienten hacia el mismo fin. De ahí que el CBI se caracteriza por este esfuerzo constante por combinar la exégesis con la homilética, y lo académico con lo práctico. Toda la serie está diseñada para proveer al predicador las herramientas básicas para un ministerio de exposición bíblica que haga posible, por la acción del Espíritu Santo, que el pueblo cristiano escuche la voz de Dios en su propia situación.

Según el juicio de muchos estudiosos del Nuevo Testamento, Gálatas, junto con Romanos, 1 Corintios y 2 Corintios, forma parte del las cartas paulinas más importantes. Entre todas las cartas escritas por el apóstol Pablo, esta carta ha ocupado un lugar preferencial en círculos evangélicos a partir de la Reforma Protestante del siglo XVI. Considerada como «la carta magna de la libertad cristiana», a lo largo de los siglos, especialmente a partir de Martín Lutero, ha sido sometida a un estudio meticuloso por parte de teólogos interesados en explorar el significado del Evangelio y la naturaleza de la salvación en Cristo. Entre sus intérpretes contemporáneos más destacados se distingue Richard B. Hays, a quien Marcos Baker dedica este comentario en reconocimiento del valioso aporte que ha recibido de él como alumno y posteriormente en el estudio de Gálatas. Nos complace poner al alcance de nuestros lectores el fruto maduro de varios años de la rica reflexión del autor no sólo sobre el escrito paulino sino también sobre sus implicaciones para la vida y misión de la iglesia en América Latina.

Los editores

INTRODUCCIÓN GENERAL

El apóstol Pablo escribió con pasión a las iglesias de Galacia. Al leer esta carta nos adentramos en una controversia sobre la vida y la identidad de la iglesia, controversia que llevaría a Pablo a proclamar de nuevo el evangelio de libertad en Jesucristo. El propósito de este comentario es ayudar a los lectores a entender el contexto de dicha carta y así sentir mejor la pasión de Pablo y entender el porqué de ella. De esta manera podremos comprender el significado del mensaje de la carta para nosotros hoy y experimentar de una manera nueva y profunda la realidad del evangelio en nuestras vidas y en la vida de nuestras iglesias.

Para algunos lectores el primer paso de nuestra meta para experimentar el movimiento del Espíritu de Dios en esta carta será dejar a un lado la presuposición de que ya conocemos el mensaje de este texto. Muchos piensan que Pablo escribió la carta a los gálatas para corregir una falsa enseñanza que tenía como premisa que, para salvarse la persona necesitaba cumplir con ciertas leyes y tradiciones judías. De acuerdo con esa interpretación, para contrarrestar tal enseñanza, Pablo afirma en su carta que la salvación es por la gracia y que es un error enseñar que es por las obras. Quienes mantienen esta posición respecto a la carta sostienen que la idea central del texto es que la justificación es por la fe y no por las obras.

En el contexto latinoamericano la tendencia es considerar la carta a los gálatas como una herramienta que ayuda a quienes piensan que se salvan por sus obras, o para consolar a quienes se sienten cargados y preocupados porque creen que sus obras no son lo suficientemente meritorias para salvarse. Otra tendencia es ver Gálatas como un recurso para corregir a iglesias o personas que han tomado una posición legalista y piensan que sólo quienes cumplen cierta lista de reglas son verdaderos cristianos.

Es cierto que Gálatas es una carta de gracia y de libertad que puede corregir tales suposiciones. Sin embargo, si pensamos que tal interpretación capta la enseñanza central de la carta y creemos que esa fue la razón por la cual Pablo la escribió, perdemos mucho de las riquezas de Gálatas y mucha de su capacidad para ejercer cambios en nuestras comunidades cristianas hoy. Si suponemos que el mensaje de Gálatas no es para nosotros sino para aquellos que no entienden correctamente la doctrina de la salvación por la gracia, perdemos la posibilidad de beneficiarnos mucho de este texto bíblico.

La razón por la cual esa interpretación superficial, que no capta ni la profundidad ni el poder radical de la carta a los gálatas es tan popular, es que durante siglos la mayoría de las iglesias protestantes han leído Gálatas a través de la visión de Martín Lutero teñida por experiencia personal. Él vivió en una época en que había mucha enseñanza errónea sobre la relación entre las obras y la salvación. Era una persona agobiada por un sentimiento de culpabilidad y trataba de obtener la paz con Dios por medio de sus esfuerzos religiosos. Al leer Gálatas y Romanos Lutero experimentó liberación de su culpa y se sintió en paz con Dios, no por sus obras sino por la gracia de Dios. La experiencia de Lutero fue auténtica y es posible que alguien en la misma situación hoy también experimente la salvación al leer Gálatas. No fue un error por parte de Lutero aplicar Gálatas a su vida de esa manera, ni usar la epístola para corregir las enseñanzas equivocadas de su época. El problema ha sido pensar que la experiencia y la interpretación de Lutero en el siglo XVI es válida como la única interpretación y aplicación para todo tiempo y lugar.

Visto a través del lente de la experiencia de Lutero, uno presume que durante el proceso de escribir la carta Pablo tenía en mente a una persona que sentía mucha culpa por sus pecados y hacía grandes esfuerzos por obtener el favor de Dios y su salvación. Se podría pensar que Pablo se sentía perturbado por ello y que eso le motivó a escribir la carta, para que aquellos individuos confundidos respecto al plan de salvación supieran que la salvación es por la gracia y así pudieran liberarse de su práctica errónea de intentar ganar su salvación por las obras. Tal concepto del propósito de Gálatas sigue vigente con mucha fuerza hoy, no porque hablemos tanto de Lutero, sino por el fuerte individualismo de los misioneros evangélicos norteamericanos y europeos que trajeron el evangelio a América Latina y el creciente individualismo en la América Latina actual.

Una muestra palpable de la manera en que la experiencia de Lutero y el individualismo juegan un papel demasiado importante en la interpretación de la carta a los gálatas es que muchos presumen que Pablo escribió la carta para ayudar a individuos a liberarse de su sentimiento de culpa y que definía la justificación en Cristo como el hecho de sentirse libre de ese sentimiento. Pero en toda la carta el apóstol no menciona la culpa ni un sentimiento de culpa y no se enfoca en individuos sino en el grupo. Siempre usa la forma plural «ustedes» y no el singular «usted». Esta es una carta dirigida a las comunidades cristianas de Galacia, no a los individuos de dichas comunidades. Esto es una advertencia para nosotros sobre la necesidad de entender la carta de Pablo en su contexto original y de leer sus palabras nuevamente sin presuponer que ya sabemos lo que él quiso comunicar.

Otro ejemplo que podemos citar aquí tiene que ver con las repetidas veces en que Pablo menciona la palabra «el evangelio». Este es un término tan conocido entre los cristianos que fácilmente lo asociamos a nuestro propio concepto. Algunas personas conocieron el evangelio por primera vez a través de un tratado en que se lo presentaba en forma de una lista de verdades – un paquete de información. Para otros, el concepto de evangelio viene más de los libros de teología que de tratados, pero por la influencia del modernismo y su énfasis en verdades objetivas, éste también termina siendo una lista de verdades en forma de un paquete. ¿Es eso lo que Pablo tenía en mente cuando menciona «el evangelio» en esta carta? En vez de presuponer que sabemos lo que Pablo pensaba cuando hablaba del evangelio invito al lector a dejar de lado sus ideas y conceptos ya formados – influenciados por Lutero, el modernismo y el individualismo– , tratar de escuchar a Pablo como si fuera la primera vez, y permitirle enseñarnos lo que pensaba cuando decía «el evangelio».

Al comienzo de la carta Pablo escribe que por medio de la cruz Jesús nos liberó o rescató del mundo malvado (1:4) y luego asevera que por la cruz somos parte de una nueva creación (6:14-15). Seguramente el hecho de formar parte de una nueva creación incluye la experiencia individual de sentir perdón por los pecados, pero claramente Pablo pensaba en más que eso. A lo largo de toda la carta muestra una preocupación por la vida de toda una comunidad cristiana. En el capítulo 2 no sólo lo menciona sino que además relata en detalle la tragedia de la iglesia en Antioquía cuando se dividió al punto de no comer juntos la cena del Señor. Cuando Pablo se sentó a dictar esta carta, es probable que la imagen que tenía en mente no era la de unos individuos confundidos sobre la salvación, sino la de comunidades cristianas a punto de dividirse por una confusión sobre lo que es necesario hacer para ser cristiano y ser parte de la comunidad. Hay fuerzas en el mundo que llevan a la división de comunidades cristianas. Pablo proclama que por la cruz de Jesucristo podemos tener libertad del mundo malvado así como libertad en la comunidad y libertad para servirla.

Es importante que empecemos nuestro estudio de Gálatas tratando de entender el mundo de Pablo y los gálatas y por qué se refería a ese mundo como el «mundo malvado». Así podremos entender mejor lo que le preocupaba y qué significaba la libertad para él. De esta manera podremos reflexionar sobre el significado de libertad por la cruz para nosotros hoy.

No vamos a observar ese contexto y estudiar de nuevo la carta solamente porque hemos visto un error en la interpretación tradicional y queremos tener una mejor interpretación. Buscamos una interpretación mejor y más cabal porque creemos que si interpretamos mejor la carta experimentaremos de una manera más profunda la libertad de la que habla Pablo y viviremos de una manera más auténtica lo que Pablo describe como «la integridad del evangelio» (2:14). Pablo no escribió la carta para transmitir cierta información correcta, sino para proclamar el evangelio de Jesús de modo que transformara a las iglesias en Galacia. De manera similar, con este comentario no sólo buscamos aclarar ciertos puntos doctrinales a través del estudio de Gálatas, sino más bien esperamos ser transformados por ella.

¿A quién le escribió Pablo?

¿Quiénes eran los gálatas? ¿A quién le escribió Pablo? El grupo étnico denominado *gálatas* era descendiente de las antiguas tribus celtas también llamadas Galas. Desde el centro de Europa emigraron a varios lugares desde lo que hoy es Inglaterra hasta Asia Menor, actualmente Turquía. Casi tres siglos a. C. ocuparon una región al norte de Asia Menor, en donde las tribus se consolidaron como el reino de Galacia. En el siglo II a. C. el reino estaba bajo el control del imperio romano y en el año 25 a. C. perdió su categoría como reino cuando Roma organizó una provincia con el nombre Galacia, que incluía no sólo la región donde vivieron los descendientes de los gálatas sino también las regiones de Laconia, Piscidia y Frigia. Cuando Pablo escribió a los gálatas, ¿estaba refiriéndose a la región étnica en el norte, o a la región política más grande? Es posible que Pablo haya evangelizado la región del norte (Hch 16:6; 18:23), pero esto no se menciona específicamente ni en Hechos ni en ninguna carta de Pablo. En el libro de los Hechos se nos dice que Pablo y Bernabé fundaron iglesias en Antioquía de Piscidia, Iconio, Listra y Derbe (Hch 13-14:1-23). En el tiempo de Pablo todas estas ciudades pertenecían a la provincia de Galacia. Entonces «gálatas» es el único término que él podría usar para incluir a todas esas ciudades que, aunque estaban en regiones diferentes (Pisidia y Laconia), formaban parte de la misma provincia. Sin embargo, no podemos asegurar si Pablo escribió la carta a las iglesias de las ciudades en el sur de la provincia, o a las iglesias en el norte, o a ambas. Sea como fuera, eso no afecta de manera importante nuestra interpretación de la carta.

Tampoco podemos estar seguros de la fecha en que Pablo mandó su carta a los gálatas. En términos generales podemos decir que la escribió en los años 50 d. C. Aunque no estemos seguros de la fecha en que escribió la carta ni sepamos exactamente a quién la dirigió, hay algunas cosas de los gálatas que sí sabemos. Los miembros de las iglesias eran mayormente, o tal vez en su totalidad, gentiles (4:9). Si eran judíos, eran circuncisos y entonces no se discutiría si debían circuncidarse o no. Pero el hecho de que Pablo usa varios ejemplos de las escrituras hebreas muestra que los gálatas a quienes les escribe tenían cierto conocimiento de las escrituras y tradiciones de los judíos. Es probable que había judíos que vivían en las mismas ciudades y es posible que algunos de los miembros de las iglesias antes habían asistido a la sinagoga como «los que temen a Dios» (Hch 13:16).[1]

Pablo conocía a los lectores de su carta. Eran sus hijos e hijas espirituales (4:19). La primera vez que predicó y fundó esas iglesias estaba recuperándose de una enfermedad (4:13). Ellos recibieron a Pablo y su mensaje con entusiasmo. Creyeron, recibieron el Espíritu Santo y Dios hizo milagros (3:1-5; 4:13-15). Pero habían llegado maestros que enseñaban un mensaje diferente al de Pablo y había confusión y posible división en las iglesias (1:6-9). Antes de explorar en más detalle quiénes eran estos otros maestros y qué predicaban, vamos a conocer de manera general algo sobre el mundo de Pablo y los gálatas.

El imperio romano en el tiempo de Pablo

Pablo vivió durante el tiempo de la *Pax Romana*. Después de un período de muchas guerras llegó un tiempo de dos siglos de estabilidad y unidad en el imperio romano. Durante este tiempo, aunque había guerras en las fronteras, reinaba la paz dentro del imperio. En un ambiente de paz era más fácil y seguro viajar tanto por mar como por los famosos

---

[1] Sabemos que había judíos y sinagogas en el sur de la provincia. No sabemos si también había en el norte.

caminos romanos. Esta seguridad facilitaba los viajes de Pablo. Sin embargo, la paz no era tal en el sentido bíblico de *shalom*, la palabra hebrea para paz. *Shalom* significa un bienestar total y la mayoría de la población del imperio romano jamás estuvo cerca de experimentar un bienestar completo.

Pablo también vivió en una época de acelerada urbanización. Varias ciudades se establecieron o crecieron en el imperio romano. En estas ciudades había grandes proyectos de construcción y grandes movimientos de personas. Algunos habían sido desplazados por guerras o llevados como esclavos a otras partes del imperio. Otros se trasladaron por voluntad propia y aun otros se encontraban lejos de su tierra de origen por ser soldados. Así pues, aunque la población no sentía el peligro inmediato de guerras, muchos experimentaban inseguridad social y emocional por estar separados de su cultura y su ambiente conocido y cómodo.

El costo del proceso de urbanización fue alto, especialmente para las provincias sometidas y, en general, la gente pobre fue la que tuvo que contraer una parte desproporcionalmente grande del costo. Conocer el origen de las riquezas y su distribución desigual nos ayuda a entender por qué algunas personas sufrieron mucho más que otras. Elsa Tamez explica que las riquezas llegaron a Roma de diversas fuentes.[2] En un principio fue por las guerras. Los romanos confiscaron las riquezas y a los prisioneros de guerra se los hizo esclavos. Además, se agregaron varios impuestos y tributos que las provincias vencidas o sometidas voluntariamente tenían que pagar.

Los romanos también aprovecharon su poder y se enriquecieron por la agricultura, el comercio, la usura y la especulación en bienes inmuebles. Al pasar de una economía campesina a la de terratenientes muchos agricultores dejaron de cultivar trigo y otros granos y empezaron a cultivar uvas y olivos que producían mayor ganancia. Este cambio de actividad afectó a los campesinos que perdieron sus tierras porque los aristócratas romanos se apropiaron de ellas, o las perdieron por no poder pagar sus deudas después de sufrir el peso de los impuestos. Además afectó a la gente pobre de las ciudades, ya que los granos eran la base de su alimentación. Poco a poco más y más personas fueron sometidas a servidumbre por no poder pagar sus deudas a quienes cobraban intereses exorbitantes. Pero los romanos no fueron los únicos opresores. La clase

---

[2] Elsa Tamez, *Contra toda condena: la justificación por la fe desde los excluidos*, DEI/SEBILA, San José, 1991, pp. 68-71.

alta local también se enriqueció oprimiendo al pueblo. Si bien es cierto que ellos también tenían que someterse al poder romano, cosa que en ocasiones les costaba caro, sin embargo las nuevas estructuras generalmente favorecían a la clase alta y sus miembros prosperaban con los romanos. En el contexto latinoamericano estatus y riquezas van de la mano. Es decir, normalmente la élite tiene mucho dinero y los más humildes tienen muy poco. En cierta forma también era así en la época de Pablo. La mayoría de los «pequeños» o humildes eran pobres. Sin embargo, su nivel económico no era el factor más importante al determinar su posición en la sociedad. El honor, no el dinero, era lo que las personas más deseaban. Por ejemplo, el hecho de que Pablo era ciudadano romano le daba privilegios que otras personas más ricas no tenían. También hay ejemplos de unos pocos esclavos que obtuvieron su libertad y llegaron a tener mucha riqueza. Sin embargo, siempre tuvieron un estatus más bajo que aquellos que nacieron libres aunque tuviesen más riquezas. Habiendo sido esclavo, la persona siempre cargaba con ese estigma. Asimismo, ciertas ocupaciones le daban estatus y honor a la persona, como por ejemplo, ser arquitecto o maestro, mientras que otros oficios eran degradantes porque desde el punto de vista de la élite no se necesitaba ser muy inteligente para ser cocinero, carnicero, carpintero o pescador.[3] Así pues, en el mundo de Pablo las riquezas eran parte de lo que determinaba el estatus y honor de una persona. Sin embargo, otros factores como la educación, la herencia familiar, el origen étnico, el trabajo, el género y la ortodoxia religiosa, entre otras cosas, también influían para marcar diferencias entre las personas.

Además de un sentido general de estatus, había categorías oficiales y legales que dividían a las personas en *honestiores* o dignas en tres *ordines: senatroius, equester, decurionum*. Unas pocas personas, como los oficiales del ejército, lograban ascender a un orden superior, aunque la aristocracia romana se oponía a esa práctica. Para la gran mayoría de las personas, los *humiliores* o los humildes, los debates sobre la pureza de la élite romana no tenía importancia. Ellos ni siquiera estaban en una de esas tres categorías; no eran dignos ante los ojos de la élite y los esclavos eran considerados como objetos materiales, antes que seres humanos. Los dueños trataban a los esclavos como se les antojara, porque eran de su propiedad. Muchas personas libres, por su pobreza y las condiciones

---

[3] M. I. Finley, *The Ancient Economy*, University of California Press, Berkeley, 1974, pp. 42-51.

de trabajo, tenían una vida similar a la de los esclavos. Las mujeres de cualquier estrato social tenían menos dignidad y valor que los hombres de su mismo nivel social.[4]

Pablo escribía sus cartas a personas que vivían bajo el peso de esas presiones económicas y sociales. El honor y la vergüenza jugaban un papel significante en sus vidas. Vamos a explorar ese aspecto de una manera más profunda.

Una sociedad que busca el honor y evita la vergüenza

Todas las culturas usan mecanismos para llevar a las personas a practicar lo que la cultura en sí considera un comportamiento deseable y a disminuir la práctica de un comportamiento negativo. Algunas culturas usan lo que podríamos llamar el veredicto público: lo que motiva a las personas a hacer ciertas cosas y a no hacer otras, preocupadas por lo que los demás dirán sobre sus acciones. Uno quiere hacer lo que otros consideran honorable y dejar de hacer lo que los demás consideran vergonzoso. Otras culturas usan más lo que podríamos llamar el veredicto interno y el veredicto judicial: hay normas que determinan lo que es correcto y aquello que es incorrecto, lo bueno y lo malo. Esas normas pueden estar escritas de manera formal, como leyes de estado, o pueden ser informales y no escritas. La sociedad quiere que sus miembros se apropien de las normas de manera que quien no las cumpla se sienta culpable. También usa un sistema judicial para evaluar si una persona cumple las leyes y de no hacerlo, castigarla. Así, pues, las personas procuran hacer lo correcto y no hacer lo incorrecto y de esa manera evitar la culpa y el castigo. Aunque generalmente ambos veredictos, el público y el personal, están presentes en las culturas, normalmente uno es más fuerte que otro. Existe la tendencia a poner más énfasis en las normas abstractas y la culpa, o en el honor y la vergüenza. La sociedad del impero romano en el primer siglo era una sociedad con un fuerte énfasis en el honor y empleaba principalmente el veredicto público para controlar el comportamiento.

Actualmente en América Latina el individualismo está en crecimiento, y con ello la cultura con énfasis en las normas y la culpa. Sin embargo, todavía hay una fuerte presencia del mecanismo del veredicto público enfocado en el honor y la vergüenza. Podemos ver eso, por ejemplo, en

---

[4] Tamez, *op. cit.,* pp. 71-75.

la manera en que el machismo y el marianismo influyen en el comportamiento de las personas. Igualmente se observa en la manera en que la presión de un grupo de jóvenes ejerce su influencia sobre cómo actúan, hablan y se visten los demás del grupo. Esto es una expresión del mecanismo de honor y vergüenza. Sin embargo, en los círculos evangélicos, la tendencia ha sido leer Gálatas como si estuviera dirigida a una cultura de culpa y veredicto interno. Así pues, antes de explorar el énfasis en el veredicto público y el honor en la época de la carta a los gálatas, es importante reconocer las tres influencias que nos han llevado a ignorar la presencia de esa cultura en la carta.

En primer lugar, como ya hemos visto, la experiencia de Lutero. Gracias a los escritos de Pablo, Lutero se liberó del peso de la carga de su culpa. Entonces, si leemos Gálatas a través de los lentes de su experiencia personal, veremos una carta enfocada en el problema de la culpa individual. En segundo lugar, los sistemas judiciales en América Latina se basan en el modelo occidental, el cual no se fundamenta en los conceptos del honor y la vergüenza, sino que más bien funcionan bajo la perspectiva de normas abstractas, culpa y castigo. Esto nos lleva a entender términos legales en la carta, como «justificación», situándolos en dicho sistema de normas y culpa. Hablaremos más de eso en el comentario sobre Gálatas 2:16. Finalmente, los misioneros que primero enseñaron el significado de la carta en América Latina así como la gran mayoría de autores de libros y artículos sobre Gálatas procedían de Europa y América del Norte, sociedades donde el individualismo es fuerte y el mecanismo de las normas y la culpa es más influyente que el mecanismo del honor y la vergüenza. Naturalmente ellos relacionaron la carta con normas y la culpa más que con el honor y la vergüenza.

Buscar el honor y evitar la vergüenza era una parte fundamental y central de la vida en la sociedad del imperio romano en la época de la carta a los gálatas. Como dije anteriormente, el honor es un concepto colectivo antes que individual. Es la opinión favorable de otros, es un veredicto público. Sentimos eso en las palabras de Cicerón, quien vivió en Roma un siglo antes de que Pablo escribiera su carta a los gálatas. Él dijo: «Uno vive bajo la constante y fulminante mirada de la opinión pública, todos están constantemente midiendo el honor de los demás».[5]

---
[5] Cicerón en J. E Lendon, *Empire of Honour*, Oxford University Press, Oxford, 1997, p. 36.

En aquella época uno podía obtener el honor de dos maneras: por lo que uno era o por lo que uno hacía. En primer lugar, el honor se recibía por el linaje, la ciudadanía, la raza o el lugar de nacimiento. En segundo lugar, se lo podía obtener de diversas formas: por tener altas virtudes morales, por generosidad en obras de beneficencia, por ser un amigo fiel o por ser fiel a un patrón. Normalmente, el estatus quedaba definido desde el nacimiento y uno no podía cambiarlo. Sin embargo, a través de acciones uno podía adquirir o perder honor y subir o bajar su nivel en relación a otros de su mismo estatus social. Por ejemplo, un soldado podía lograr honor al ser valiente en sus acciones militares.[6] Como Cicerón lo expresa, las personas siempre estaban midiendo su honor, cómo ganar honor y cómo evitar vergüenza o perder honor. Tal dinámica es evidente en el consejo que ofrece Jesús en Lucas 14 sobre el lugar en donde uno debe sentarse en una fiesta. Algo notable es que había ubicaciones de mayor o menor honor y era claro quiénes debían ocupar esos asientos. Por ejemplo, el nivel de honor ascendía si alguien de un nivel más alto lo invitaba a una fiesta, o si una persona de más alto honor que el suyo aceptaba su invitación. Una manera de avergonzar, o restar honor, era no aceptar una invitación, lo cual es el caso evidente en Lucas 14: 15-24. Muchas veces había cierto carácter competitivo en las relaciones de honor. Por ejemplo en Lucas 13:1-7 el nivel de honor de Jesús subió mientras que quienes lo habían desafiado lo perdieron.

El honor tenía un carácter competitivo no sólo cuando había dos personas desafiándose el uno al otro frente a un grupo, sino todo el tiempo. Sucedía así porque se consideraba el honor como algo limitado. Sólo había cierta cantidad de honor. Si uno ganaba honor significa que otro lo perdía. En cierta forma lo anterior es obvio. Por ejemplo, entendemos que sólo *uno* puede tener el honor de ser el mejor jugador de un equipo de fútbol. Si otro llega a ser mejor, el primero pierde automáticamente el honor de tal posición. Sin embargo, en Roma en aquella época esto tenía un sentir más generalizado. Sólo había cierta cantidad de honor y por lo tanto las personas buscaban el honor en competencia con otros.

El grupo o la comunidad jugaba un papel muy importante en definir lo que era honorable y lo que era vergonzoso. De igual manera, el honor no sólo era algo individual sino también del grupo. Por lo tanto, las acciones por las cuales se alcanzaba más honor para la familia, grupo o

---

[6] David A. de Silva, *Honor, Patronage, Kinship and Purity: Unlocking New Testament Culture*, InterVarsity Press, Downers Grove, 2000, pp. 28-30.

comunidad se consideraban acciones positivas. También, si un individuo hacía algo vergonzoso todo el grupo sufría la pérdida de honor.

De la misma manera en que se buscaba el veredicto público de alto honor, se quería evitar el veredicto público de la vergüenza. El miedo a la vergüenza era un mecanismo que controlaba el comportamiento de la gente. Definir a las personas por categorías como gente que vivía bajo el peso de la vergüenza, era una manera en que los que tenían estatus y un nivel más alto podían mantener su posición de honor.

En este comentario leeremos la carta a los gálatas a través de la mentalidad de la cultura del honor y la vergüenza. Eso no quiere decir que la culpa y el veredicto interno no estuvieran presentes en Galacia ni que la carta no tenga relevancia para la culpa y el veredicto interno. No vamos a excluir esos temas de nuestra lectura de la carta sino que incluiremos también algo que normalmente se ha excluido y que era una parte importante y central en la vida de quienes recibieron la carta de Pablo en las iglesias de Galacia.

La provincia romana de Galacia en el tiempo de Pablo[7]

Veamos de forma más específica el contexto de la carta a los Gálatas. La provincia de Galacia era mayormente rural con unas pocas ciudades y aldeas separadas por grandes áreas despobladas. Normalmente la provincia producía el trigo que se necesitaba para la alimentación y también había producción de vino. Sin embargo, la tierra era más apta para la crianza de ovejas que para la agricultura. Ya que la producción de lana era central para la economía esto trajo riqueza a quienes tenían mucha tierra. El imperio romano tenía mucho control sobre el campo. Los grandes terratenientes vivían bien, pero los campesinos subsistían en condiciones miserables.

En el sur de la provincia los romanos habían construido buenos caminos que Pablo pudo haber usado cuando viajaba de una ciudad a otra en Galacia. En las ciudades crecía el comercio y la artesanía. Una parte de la población prosperó; sin embargo, la mayoría (los esclavos, los pequeños artesanos y los trabajadores) permaneció marginada. Apa-

---

[7] Esta sección se basa en Tamez, *op. cit.*, 88-89; Ben Witherington III, *Grace in Galatia: A Commentary on St. Paul's Letter to the Galatians*, Eerdmans, Grand Rapids, 1998, pp. 4-8

rentemente hasta después del año 55 d.c. no había mucha presencia permanente de tropas militares romanas en Galacia porque no había guerras o sublevaciones. Pero la población siempre tenía que atender a las demandas de las tropas que pasaban por la provincia en camino de un lugar a otro. Tal vez los caminos y el paso de las tropas explica por qué había mucha venta de esclavos en Galacia. En el impero romano a muchos prisioneros de guerra se los vendía como esclavos. En su carta Pablo habla de esclavitud y libertad, realidades muy sentidas y concretas para las iglesias de Galacia.

Como en otras partes del imperio, había mucha actividad religiosa en Galacia. Sabemos por el libro de los Hechos que había judíos que se reunían en sinagogas junto a gentiles que temían a Dios, y que otras personas iban a los templos elevados a Júpiter. Era muy popular el culto de los habitantes de la región frigia a la madre de los dioses. En esta época dar culto al emperador, o culto imperial, estaba establecido en esta provincia; pero para participar de los ritos del culto imperial uno no tenía que dejar de practicar otra religión. Sólo tenía que considerar al emperador como un dios también. El culto imperial patrocinó muchas celebraciones como banquetes públicos y competencias gimnásticas. El calendario se llenaba de celebraciones especiales para ciertos días, meses, estaciones y años. Todas estas actividades del culto imperial llegaban a ser muy importantes en la vida social y política de la provincia. Había mucha presión social, y a veces legal, para participar. A los judíos se los eximía de participar porque a diferencia de las otras religiones ellos creían en un solo Dios. Puede ser que parte de la razón por la cual algunos enseñaban «otro evangelio» (1:6) era la de animar a los creyentes de las iglesias a seguir un calendario de celebraciones judías (4:10) y circuncidarse para identificarse mejor como parte del judaísmo y así también estar libre de la presión de rendir culto al emperador. Al mismo tiempo, podría ser que también lo hicieran para tratar de estar en paz con otros judíos. El hecho es que cuando Pablo estuvo en Galacia tuvo conflictos tanto con judíos como con paganos. Esas observaciones nos llevan a examinar el asunto de quiénes eran los que predicaban «otro evangelio» y así incitaban problemas en las iglesias de Galacia.

Los instigadores

Algún tiempo después de que Pablo fundara las iglesias en Galacia, llegaron otros que enseñaban un evangelio diferente al que él predicaba.

La enseñanza de esos maestros trastornaba las iglesias. Pablo escribió esta carta para responder a esa situación. Para entender bien la carta es importante que tengamos una idea clara de quiénes eran esos instigadores (5:12) y cuál era su mensaje.

Pablo menciona a los instigadores varias veces en su carta (1:6-9; 3:1-2, 5; 4:17; 5:7-12; 6:12-14) y podemos inferir mucho acerca de ellos. Aparentemente no pertenecían a esas iglesias porque a lo largo de toda la carta Pablo usa «ustedes» para dirigirse a los miembros de las iglesias y «ellos» para referirse a los instigadores. Eran personas que se identificaban como cristianos y predicaban a Jesús. Parece que eran judíos, no sólo porque ponían tanto énfasis en las leyes y las tradiciones judías, sino también porque se habían circuncidado (6:13). Podría ser que vinieran de Jerusalén como los que llegaron a Antioquía (2:12) y eran parte del grupo en Jerusalén que Pablo consideraba «falsos hermanos» (2:4). Aunque es obvio que Pablo veía alguna similitud entre las situaciones que enfrentó en Jerusalén y Antioquía y la que estaban enfrentando las iglesias en Galacia, no usó estos ejemplos para identificar el origen de los maestros que estaban «sembrando confusión» en Galacia (1:7). Es posible que los mismos maestros se consideraran enemigos de Pablo y tuviesen el propósito de atacarlo y rebatir su misión. Pero es más probable que se consideraran ante todo misioneros o evangelizadores que predicaban el evangelio, un evangelio que, según ellos, era más completo que el que predicaba Pablo.

Estos maestros, cristianos judíos, predicaban a Jesús, pero añadían otras cosas. Predicaban a Jesús *y* la circuncisión, Jesús *y* la ley, Jesús *y* las festividades judías (3:2; 5:3-4; 4:10, 21; 6:13, 15). Aparentemente, al igual que Pablo, predicaban que Jesús era el mesías y que Dios había actuado a través de Jesús para proveer la salvación. Pero a diferencia de Pablo adoctrinaban que para ser un verdadero cristiano, para recibir toda la bendición de Dios, era necesario ser parte del pueblo judío. Por eso llegaron a decir que Pablo no predicaba un evangelio completo, le faltaba una segunda parte. Según ellos, para ser miembros completos del pacto, del pueblo de Dios, tenían que circuncidarse y practicar otros aspectos claves de la ley y las tradiciones que diferenciaban a los judíos de los paganos. Probablemente predicaban que para recibir las bendiciones prometidas a Abraham los hombres debían circuncidarse, al igual que Abraham. En resumen, podemos decir que enseñaban que para ser un verdadero cristiano uno tenía que ser como un judío. Y por eso frecuentemente usamos el término «judaizantes» cuando hablamos de esos maestros.

¿Por qué predicaban un evangelio diferente al de Pablo? Podríamos decir sencillamente que tenían un modo de pensar diferente. Pero podemos intuir otras razones que les llevaría a tratar de convencer a los cristianos gentiles a vivir como judíos. Por una razón u otra, los judaizantes habían sufrido persecución debido a que los cristianos gentiles no se circuncidaban (6:12). Es importante recordar lo que mencionamos antes: ésta era una cultura que ponía mucho énfasis en el honor. El perder honor era algo que se quería evitar. De igual manera, ya que se trataba de una sociedad colectiva no individualista, la identidad social del grupo al cual uno pertenecía tenía mucha importancia. Tal vez nosotros nos preocupamos más al pensar «¿Que opinarán de mí?», pero en la cultura del aquel tiempo la preocupación más probable giraba en torno a la pregunta: «¿Que pensarán de nuestro grupo?»

Por un lado, en una cultura que valoraba lo antiguo más que lo contemporáneo y donde las religiones tenían muchos ritos y celebraciones, es posible que la gente de otras religiones se burlasen de los cristianos porque participaban en un movimiento tan nuevo y tan informal como el de las iglesias que fundó Pablo en las cuales no se practicaban ritos como en otras religiones. Para los judaizantes, identificarse con algo antiguo y con todo un sistema de ritos y celebraciones como los del judaísmo les ayudaría a obtener estatus y aceptación. Por otro lado, es muy probable que otros judíos criticasen a los judíos cristianos por juntarse con gentiles cuando se reunían en sus iglesias, especialmente porque a menudo comían juntos, algo que al menos algunos judíos consideraban inapropiado. Es muy probable que los judaizantes viesen su evangelio y práctica de la vida cristiana como una respuesta muy positiva a dichas situaciones. En contraste con lo que enseñaba Pablo, ellos tal vez pensaban que su combinación de Jesús y la ley de Moisés facilitaría que más personas, tanto judíos como gentiles, aceptaran el evangelio de Jesús. Es posible que sintieran tanto celo por su mensaje y tanta presión de otros judíos que terminaran animando a los cristianos gentiles a circuncidarse y después separarse de otros cristianos incircuncisos, tal como había pasado en Antioquía (2:11-14).

Pablo respondió a las acciones y enseñanzas de los instigadores con esta carta. Lo hizo no sólo porque estaba preocupado por la confusión que había respecto al camino correcto de salvación, sino porque estaba preocupado que a causa de ellos las iglesias en Galacia iban a dividirse tal como había sucedido con la iglesia de Antioquía. Aún peor: si no se dividían y todos seguían a los misioneros judaizantes, pronto desaparecerían en Galacia las comunidades que eran manifestaciones del verdadero evangelio. Por lo tanto, Pablo escribió la carta porque quería corregir el concepto de comunidad cristiana que tenían los gálatas. Tanto Pablo como los judaizantes tenían inquietudes respecto a la comunidad. El asunto central no era ayudar a la gente a que se liberara de su sentimiento de culpa personal; la idea principal era la definición de la comunidad cristiana y quiénes podían participar juntos en la cena del Señor.

El estereotipo de los instigadores

Tradicionalmente, los cristianos han visto el judaísmo como una religión legalista. Legalista no sólo en el sentido de tener muchas reglas, sino también en el sentido de enseñar explícitamente que, para ser aceptados por Dios y ser incluidos entre los salvos, es necesario cumplir ciertas reglas. Por eso nos hemos formado un estereotipo de los judaizantes como personas que enseñaban una mezcla de justificación por las obras y justificación por la fe en Cristo. Es cierto, como vimos antes, que los instigadores judaizantes ponían mucho énfasis en las reglas y las tradiciones del judaísmo, pero recientemente E.P. Sanders ha demostrado convincentemente que los judaizantes no enseñaban un mensaje de salvación por las obras porque el mismo judaísmo no enseñaba que uno lograba su salvación por sus obras.[8] Sanders ha señalado que en escritos judíos cercanos a los tiempos de Jesús y Pablo está escrito que la salvación es por la gracia de Dios y que la ley se dio en el contexto del pacto. La relación de Israel con Dios precedía a la ley. Ellos describían la ley no como una manera de alcanzar la justificación, sino como un medio para ayudarles a vivir justamente. El trabajo de Sanders dice que es imposible que Pablo confrontara una enseñanza de salvación por las obras porque tal enseñanza no existía. Por lo tanto, Sanders cree que en su carta a los gálatas, Pablo no ataca el legalismo ni un entendimiento de que la salvación sea por las obras.

Acepto la posición de Sanders en cuanto se nos muestra que los judíos enseñaban una salvación basada en la gracia de Dios, razón por

---

[8] E.P. Sanders, *Paul and Palestinian Judaism*, Fortress Press, Philadelphia, 1977, pp. 180, 419-428.

la cual tenemos que evaluar nuestro estereotipo de los judíos y de los judaizantes. Sin embargo, a diferencia de él, mantengo mi posición de que en Gálatas Pablo atacó un legalismo de justificación por las obras. Lo anterior parece contradictorio, pero no lo es. Sanders evalúa lo que está escrito en los textos y no piensa en cómo los textos eran interpretados y vividos. En este aspecto comete un error. En nuestro propio contexto evangélico podemos ver a quienes dicen que creen que su salvación es por la gracia de Dios y, sin embargo, viven como si fuera por sus obras que se salvan, y que así Dios y la iglesia los aceptará. Hay muchas iglesias que predican en contra de la idea de la justificación por las obras, pero a la vez practican un legalismo severo. Dagoberto Ramírez lo describe de la siguiente manera:

> Mientras por un lado proclamamos desde los púlpitos la libertad a la cual Cristo nos ha llamado, por otro se suelen imponer estrictas y, a veces, absurdas disposiciones morales que no hacen necesariamente a la esencia del evangelio. Hay iglesias que están sobrecargadas de prohibiciones y el evangelio de Jesucristo, lejos de posibilitar una vida libre en el amor de Dios, transforma la comunión eclesial en una verdadera opresión.[9]

Por cuanto el judaísmo ortodoxo enseñaba la doctrina que la salvación se alcanza por la gracia, Sanders presume que los judíos no tenían problemas con el legalismo. En oposición a esto, yo presumo que los humanos naturalmente piensan que necesitan ganarse la aceptación y aprobación de Dios y que fácilmente distorsionan un mensaje de gracia y actúan como si nuestra salvación dependiera de las obras.

No debemos evaluar las palabras escritas aislándolas de la vida. Tenemos que evaluar cómo las personas responden a las palabras. Aunque los textos de los judíos explícitamente mencionan la gracia de Dios, su enfoque principal es presentar y discutir reglas; reglas que los judíos usaban para trazar lineas de división entre judíos y gentiles y entre los justos y pecadores judíos. Así que, aunque no enseñan la justificación por las obras, los textos son tierra fértil para el legalismo. De manera similar, aunque los instigadores en Galacia no enseñaban explícitamente que uno tenía que ganarse la salvación por las obras, es muy probable que los miembros de las iglesias escuchasen el mensaje sobre *Jesús y la*

---

[9] Dagoberto Ramírez F., «La carta a los Gálatas: un manifiesto acerca de la libertad cristiana», *Teología en Comunidad* (1989) 3 :21.

circuncisión y pensasen que tenían que obtener la aceptación de Dios y de la iglesia (véase el comentario a 1:6-10). Por eso, sostenemos que en la carta Pablo sí ataca el legalismo y la idea de la justificación por las obras. Sin embargo, consideramos muy valioso el trabajo de Sanders. Primero, porque al refutar el estereotipo de los judaizantes nos aleja también de la posibilidad de leer la carta a los gálatas como si fuera una medicina, no para nosotros, sino para aquellos que enseñan que la justificación es por las obras. Los judaizantes, al igual que nosotros, predicaban la salvación por la gracia. Por eso necesitamos aceptar la posibilidad de que lo que les dijo Pablo puede tener significado también para nosotros. Segundo, el trabajo de Sanders nos ayuda a ver que si sostenemos que la carta a los gálatas es una discusión sobre si los individuos se salvan por las obras o por la gracia, tenemos un enfoque demasiado limitado de la carta. En Gálatas, Pablo ataca algo mucho mayor y más profundo que sólo una enseñanza equivocada sobre la salvación por las obras. El punto principal para Pablo no es el contraste entre gracia y obras: es el contraste entre la nueva creación por la cruz y el mundo malvado (6:14; 1:4).[10] La discusión de la gracia y las obras es parte de ese tema más amplio. Un enfoque en la nueva creación necesariamente se centrará en la acción de Dios y en la gracia. De igual manera, si se hace hincapié en las obras, el enfoque y el énfasis en la actividad humana demuestran que las raíces están puestas en el mundo malvado. El legalismo es un síntoma de eso. Pablo no sólo quiere atacar una doctrina equivocada; quiere ir a sus raíces. Quiere librar a los gálatas de lo que en este libro voy a llamar *religión* y del peligro de ser una iglesia *delimitada*.

En las próximas secciones explicaré estos dos conceptos: la religión y las diferencias entre un grupo delimitado y un grupo centrado. Usaré estos conceptos a través de todo el comentario para iluminar el pensamiento de Pablo. No son términos que Pablo haya usado y necesitamos tener cuidado de no imponer significados a la carta de Pablo que ni él mismo reconocería. Sin embargo, también tenemos que entender que no escribió la carta a los gálatas para describir su situación. Ellos no necesitaban una descripción de sus circunstancias porque estaban inmersos en la situación.

Quiero dar un ejemplo para ilustrar aquí la diferencia entre nuestra tarea de leer la carta hoy en día y la tarea de quienes primero la recibieron.

---

[10] Beverly Roberts Gaventa, «The Singularity of the Gospel: A Reading of Galatians», en *Pauline Theology*. vol. 1, ed. Jouette M. Bassler, Fortress Press, Minneapolis, 1991, p. 149.

Suponga que hace algún tiempo prediqué un sermón. Ahora imagínese que algunas personas me escriben unas notas por correo electrónico respondiendo al mismo. Una nota dice: «Fue un buen sermón. Me ha dejado pensando mucho sobre cómo invertimos el tiempo en casa. Pero me parece que su exhortación fue demasiado fuerte. ¿No seria suficiente simplemente tener cuidado en relación al contenido y no poner limites en la cantidad de tiempo que invertimos?» Otra persona escribe: «Fue un buen sermón. Le felicito por tratar un tema tan importante y que hemos ignorado en la iglesia. Sin embargo, me parece que hubiera sido mejor pedir acciones mucho más drásticas – hasta tal vez la abstención total.» En nuestro ejemplo estas supuestas personas no tuvieron que explicarme detalles, ni mencionar el tema principal del sermón, porque ya sabía de qué se trataba. ¿Qué pasarían si otras personas que no oyeron el sermón leyeran estas notas y mis respuestas en las cuales menciono la televisión?. Ellos necesitarían discernir cuál era el contenido del sermón usando los detalles de las notas. Si después hablan con otras personas para describir el sermón, seguramente usarían términos y conceptos adicionales a los presentes en los correos electrónicos. Por ejemplo, podrían pensar que el tema central no fue la televisión, sino un ejemplo de un tema más amplio como los medios de comunicación o la cultura del video o las relaciones intrafamiliares. De manera similar, en este comentario trato de observar los detalles de la carta para hacer una descripción mas amplia de la que hace Pablo porque no necesitaba hacerlo. Aunque lo que sigue no son términos que usa Pablo, pienso que concuerdan con lo que está en la carta sin ser una imposición a la misma.

Una definición de religión[11]

Uso aquí la palabra «religión» con una connotación negativa. Comprendo que la palabra se usa de diferentes maneras. Mi interés no es convencer a los lectores a que siempre usen el término de la manera en

---

[11] Esa descripción de religión se apoya en la obra de Jacques Ellul, entre la que se incluye: Jacques Ellul, *Living Faith*, Harper & Row, San Francisco, 1983; *Perspectives on Our Age*, Seabury, New York, 1981, pp. 85-111; *La subversión del cristianismo*, Ediciones Carlos Lohlé, Buenos Aires, 1990. También ver: Karl Barth, *La revelación como abolición de la religión*, Ediciones Marova, Madrid, 1973. Explico en más detalle este tema en el capítulo dos de *¡Basta de religión!: Cómo construir comunidades de gracia y libertad*, Ediciones Kairós, Buenos Aires, 2005. Otros que también usan el término y el tema de la religión en sus interpretaciones de los escritos de Pablo incluyen a: J. Louis Martyn, *Galatians* The Anchor Bible, Doubleday, New York, NY, 1997 y Juan

que yo lo uso en este libro, sino que espero que el lector entienda cómo lo empleo aquí. Por religiosidad me refiero a nuestra tendencia humana a tratar de obtener, por nuestros esfuerzos, el favor de Dios, los dioses o lo que actúe como Dios en nuestra vida. No hago un contraste entre la religión verdadera y la religión falsa. El contraste existe entre la religión y el evangelio del cristianismo. Es importante notar que formas religiosas del cristianismo abundaban tanto en la Galacia del primer siglo como las hay actualmente en América Latina. Así que muchas veces en este libro el contraste será entre un cristianismo religioso y lo que podríamos llamar un cristianismo auténtico.

La religión nos provee medios para complacer a Dios (o a los dioses), con la esperanza de recibir algo de Dios o aplacar su ira y evitar el castigo. La religión también provee medios, como las líneas de división que trazaban los judíos para separar a los miembros de los excluidos o no-miembros, y así darle confianza a los miembros de que sus acciones los habían colocado con seguridad dentro del círculo de los ya aprobados. Los medios que se emplean para quedar bien con Dios (o los dioses) y trazar líneas divisorias pueden ser modos de portarse, ritos, experiencias, sacrificios o creencias. La religión se fundamenta en esfuerzos humanos. En contraste, la fe cristiana está basada en la acción de Dios. La religión es parte del mundo malvado; la fe cristiana es parte de la nueva creación.

Como analizaremos en el texto (véase la sección sobre 4:3-11) en cierto sentido la religión es una fuerza independiente, un poder que transforma algo que no es religión, como el judaísmo o el cristianismo, en un sistema muy religioso. La religión es un poder que esclaviza y que destruye la comunión y la auténtica comunidad.

Una respuesta común al legalismo es desechar las reglas «legalistas». Aunque hay reglas que se prestan más al legalismo y la religión, uno podría mantener una actitud religiosa sin reglas. Esto quiere decir que podría haber grupos que se sienten superiores a los demás por no tener reglas y que sienten que Dios va a bendecirlos más que a otros por no ser legalistas. Pero al fin, su actitud no es tan diferente de la de quienes tienen muchas reglas y se sienten superiores por cumplirlas.

Es importante notar que el problema en sí no son las reglas o los mandamientos. Pensar en una acción específica como el diezmo, por ejemplo,

---

Luis Segundo, *El hombre de hoy ante Jesús de Nazaret, tomo II/1, Historia y actualidad: sinópticos y Pablo*, Ediciones Cristiandad, Madrid, 1982.

nos ayuda a ver que el problema es la religión, no el mandamiento. En una comunidad religiosa los miembros diezman porque el pastor les ha impuesto tal obligación. Tal vez unos lo hacen porque piensan que es una manera de comprar la bendición de Dios; otros lo hacen por temor a lo que los otros pensarán si no lo hacen. Sin embargo, sea como sea, todos se llenan de un sentido de superioridad al hacerlo. Al contrario, en una comunidad cristiana auténtica, los cristianos reconocen que diezmar es un acto difícil y no natural en este mundo tan esclavizado por el dinero. Diezman como un acto de libertad por la inspiración y el poder del Espíritu Santo. Algunos dan con un espíritu de gratitud por todo lo que han recibido, otros lo ven como un acto de solidaridad con la comunidad. Puede ser que algunos no sientan el deseo de dar, pero aun así dan porque reconocen que este acto es una manera importante de combatir la esclavitud al dios *mamón*. Hay razones diferentes, pero la decisión de dar nace *en* ellos en lugarde ser algo impuesto. La diferencia es que la primera comunidad tiene sus raíces en el mundo malvado mientras que la última está cimentada en la nueva creación.

En resumen, podemos decir que el problema en Galacia no era que los judaizantes explícitamente enseñaban una doctrina de salvación por las obras, ni tampoco era que Pablo quisiese cambiar algunas leyes por otras menos legalistas. El problema era una forma religiosa de cristianismo más ligada al mundo malvado que a la nueva creación. A Pablo le preocupaba que la perspectiva religiosa de los judaizantes pudiera destruir las comunidades cristianas en Galacia. Aunque los instigadores explícitamente no enseñaban que los cristianos gentiles tenían que cumplir ciertas leyes para ganar la aceptación de Dios, Pablo percibía que sus enseñanzas fácilmente podían someter a la gente a la esclavitud de la religión. Bajo la influencia de la religión, los gálatas podrían mal interpretar la importancia de las obras humanas para la salvación y su posición en la comunidad, y entonces empezar a trazar líneas divisorias entre quienes eran considerados verdaderos cristianos por la religión y aquellos que no cumplían los requisitos.

Grupo delimitado y grupo centrado

Un concepto de las ciencias sociales nos ayudará a profundizar en este tema de la religión y será también una gran ayuda para iluminar el significado de la carta. Paul Hiebert, misionero y antropólogo menonita, explica la diferencia entre un grupo delimitado y uno centrado, para aplicarla posteriormente a la iglesia.[12] En términos generales, el grupo delimitado instaura una lista de características imprescindibles que determinan si la persona pertenece al grupo o no. A cualquier persona que tenga las características o cumpla con lo exigido se la considera parte del grupo. Hiebert explica que los grupos delimitados están caracterizados por una línea divisoria claramente marcada. La linea define claramente si uno es parte del grupo o no. El grupo tiene carácter uniforme porque sus miembros exhiben uniformidad en las características medidas y controladas por la línea que delimita el grupo. Asimismo, el grupo tiene carácter estático. La única posibilidad de cambio es la de modificar la manera en que se pondrían a sus miembros a uno de los dos lados de la línea. Como la línea divisoria es la que define el grupo y le da su identidad, un grupo delimitado pondrá mucho énfasis y energía en cuidar dicha línea y mantenerla clara. Si la definición de la línea no es clara o si se empieza a restarle importancia, el grupo empezará a desintegrarse porque lo que dio forma al grupo como tal ya no existe.

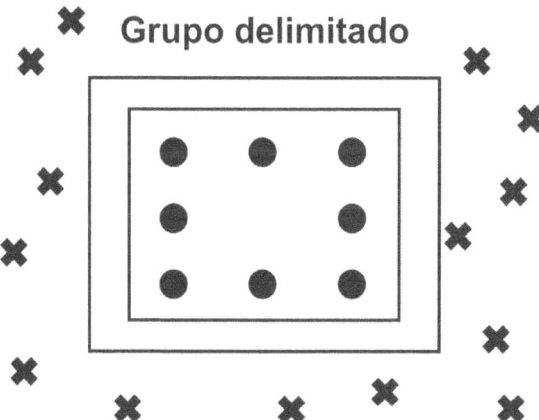

En contraposición, está el grupo centrado, el cual se crea al definir el centro y al observar la relación que existe entre las personas y el centro. Hiebert afirma asimismo que algunos pueden estar lejos del centro, pero gravitan hacia él y por lo tanto forman parte del grupo. En cambio, algunos pueden estar cerca del centro, pero alejándose de él y por lo tanto

---

[12] Paul G. Hiebert, «Conversion, Culture and Cognitive Categories», *Gospel in Context*, vol. 1, no. 4, (octubre de 1978):24-29.; Paul G. Hiebert, *Anthropological Reflections on Missiological Issues*, Baker Books, Grand Rapids, 1994, pp. 107-130.

no son parte del grupo. Lo importante es la dirección. Las personas, ¿van hacia el centro o van en la dirección opuesta? Así, pues, todavía se puede distinguir a quienes están «adentro» y los que están «afuera», pero el enfoque del grupo está en el centro en sí y no en las líneas divisorias.

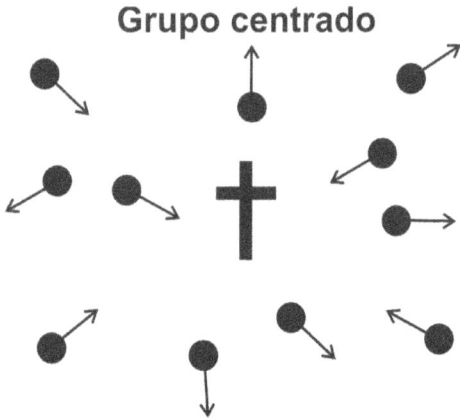

Se puede trazar una línea entre los que están en el grupo y los que no lo están, pero la línea no define el grupo. La línea es producto del proceso mismo. Si quitamos la línea todavía se puede distinguir quienes pertenecen al grupo al observar su relación con el centro.

Las personas que se relacionan con el centro naturalmente tienen una identidad distinta de quienes no lo hacen. Las personas dentro del grupo no necesariamente tienen características uniformes, pero todas se encaminan hacia la misma meta. El grupo centrado pone su énfasis y energía en mantener la relación con lo que está en el centro y no se preocupa por mantener bien marcada la línea divisora porque no es la línea la que define la coherencia del grupo.

Hay dos tipos de cambios presentes en un grupo centrado. El primero es un cambio de relación, o una conversión, hacia el centro. Ese cambio tiene que ver con la manera en que la persona entra al grupo, al establecer una relación con lo que es central para el grupo. El segundo tipo de cambio es el movimiento acercándose *al* centro o alejándose *de él*. Dicho cambio es dinámico y los miembros no necesariamente caminan al mismo ritmo. Se entiende que existan diferencias entre los miembros del grupo, que dependen de su distancia del centro. Sin embargo, no importa la distancia del centro si uno está en relación con él y no le da la espalda. Si la relación con el centro no se interrumpe, uno es parte del grupo. Todos participamos en grupos delimitados y centrados a lo largo de nuestra vida. No se trata de que uno de los dos sea siempre negativo y el otro sea siempre positivo. Los dos tienen su lugar. Pero hay grupos que operan mejor según empleen un esquema u otro. Por ejemplo, la ciudadanía de un país o un grupo étnico son grupos delimitados. El hecho de que a veces estos dos no concuerden son una muestra de cómo se definen estos grupos. Por ejemplo, en América Latina hay grupos étnicos que se distinguen por su idioma, características fisiológicas, prácticas culturales, historia común y por la «sangre». Tal es el caso de los indígenas *embera* (Panamá/Colombia). Si uno no nace *embera* y no tiene las características que distinguen a los *embera* de otros grupos, uno no es *embera*. Pero los *embera* que nacen a un lado de la frontera entre Colombia y Panamá son colombianos y los que nacen al otro lado son panameños. No importa si alguien dice: «No puede ser. Somos todos *embera*. ¿Cómo es que no somos del mismo país?». La línea divisoria del grupo, los *embera*, es diferente de la línea divisoria del otro grupo, ciudadanía del país.

Hay grupos con descripciones iguales pero un grupo es delimitado mientras que el otro es centrado. Por ejemplo, podríamos hablar de un grupo de aficionados del equipo de fútbol Olimpia que establece requisitos para ser miembro, como pagar una cuota anual y asistir a cierto número de partidos y eventos del club. Habrá muchas personas que, aunque son aficionados del Olimpia, no son parte de ese grupo delimitado. Es interesante notar que en realidad uno podría ser miembro del grupo delimitado sin apoyar al equipo si el grupo no exigiera como requisito la lealtad al equipo. Si pensamos en un grupo centrado de aficionados del Olimpia haríamos la pregunta: ¿Cuál es su relación con el equipo Olimpia? ¿Siempre se identifica con el equipo Olimpia cuando juega? Si uno responde «sí» entonces uno es parte de ese grupo centrado de aficionados del Olimpia.

Puede ser que usted ya haya relacionado este tema con la situación en Galacia y con las iglesias actuales. La verdad es que hay mucho que reflexionar sobre este tema. Sin embargo, no vamos a entrar en eso ahora. Más bien, como dije antes, nos valdremos de este tema de grupos delimitados y centrados para iluminar el texto de Gálatas. Mientras analicemos el texto de la carta reflexionaremos sobre las implicaciones para la iglesia actual. Solo haré la observación de que al desarrollar el tema de grupo delimitado nos hemos introducido en un elemento de lo que he llamado religión: la característica que posee al ofrecer esquemas que permiten distinguir quiénes pertenecen o no a un grupo. Podemos ahora añadir que la religión conduce a las personas a practicarla en forma de grupo delimitado.[13]

La forma de la carta

Pablo se dio cuenta de lo que enseñaban los instigadores en las iglesias de Galacia y respondió con una carta. Es importante resaltar la manera en que Pablo escogió responder. J. Louis Martyn propone que básicamente Pablo tenía tres alternativas.[14] (1) Podía usar la enseñanza de los judaizantes como marco de referencia para su carta y corregirles punto por punto. (2) Podía empezar en un lugar totalmente distinto del discurso de los instigadores y presentar el evangelio de manera que no tuviera ninguna relación con la forma y el lenguaje que usaban los judaizantes. La debilidad de la primera opción es que podría comunicar que el problema era sólo una confusión sobre unos puntos de doctrina y nada más. Así que, si los otros maestros hacían unos ajustes en su enseñanza, todo estaría bien. La segunda opción evita ese problema pero no responde directamente a lo que los otros enseñaban. Así pues, Pablo escogió una tercera forma: empezó su argumento en un punto o fundamento básico, diferente a la enseñanza de los judaizantes. A través de la carta estableció una relación con el mensaje de los otros, y a veces usó los mismos términos o figuras que ellos utilizaban (como Abraham). Pero Pablo los colocó dentro de un marco totalmente diferente. Lo central para los judaizantes era una línea religiosa basada en acciones humanas que separaba a quienes pertenecían al pueblo de Dios de quienes no, y para ellos el punto central era que todos tenían que actuar como judíos para ser verdaderos cristianos. Pero Pablo no entró en una discusión sobre qué acciones ponían al ser humano a un lado de esa línea o al otro. Proclamó que la acción de Dios en la cruz nos arranca del presente mundo vil y hace todo nuevo. Las líneas religiosas y culturales de los instigadores

---

[13] Doy varios ejemplos contemporáneos de iglesias que practican el paradigma de un grupo delimitado en el primer capítulo de mi libro, *¡Basta de religión!: Cómo construir comunidades de gracia y libertad.*

[14] J. Louis Martyn, «Events in Galatia: Modified Covenantal Nomism Versus God's Invasion of the Cosmos in the Singular Gospel», en *Pauline Theology.* vol. 1, ed. Jouette M. Bassler, Fortress Press, Minneapolis, 1991, p. 162.

ya no tenían sentido. Por lo tanto, Pablo proclamó que lo que distinguía a la comunidad cristiana no eran las acciones religiosas sino el hecho de no marcar diferencias entre las personas en función a sus acciones religiosas, su sexo, su raza o su estatus social o económico. Pablo inició una discusión de ética (5:13-6:10) no para definir mejor quién es un buen cristiano, sino para ayudar a la comunidad cristiana a expresar mejor su libertad y amor, los cuales nacen de la acción de Dios. Pabló predicó el evangelio de la nueva creación el cual es anti-religioso, en lugar de un evangelio envuelto en la religión del mundo malvado.

Pablo quería que los gálatas vivieran otra vez en esa nueva realidad. Escribió esta carta para producir ese cambio y no sólo para corregir unos puntos erróneos de la enseñanza de los instigadores.

El apóstol escribió esta carta a grupos de personas que iban a escuchar a alguien que la leía de principio a fin, probablemente más de una vez. Es bueno tratar de «sentarnos» con una de las congregaciones de Galacia y tratar de imaginar cómo interpretarían lo que escuchaban y también tratar de imaginar qué efecto esperaría Pablo que tuviera la carta en esas situaciones. Él quería que los gálatas experimentaran el evangelio de Jesucristo de nuevo de manera que el mensaje de los instigadores judaizantes perdiera todo su atractivo y pareciera innecesario y aun peligroso para la vida de la comunidad cristiana.

Palabras finales

Al principio de esta introducción dije que necesitamos leer Gálatas de nuevo tratando de dejar de lado la idea de que ya conocemos su contenido. Escribí aquello no porque la salvación personal no sea importante, ni porque la carta de Gálatas no diga cosas muy importantes sobre la salvación personal. Mi intención era ampliar nuestro concepto del mensaje de Gálatas, con la esperanza que nos demos cuenta de que podemos beneficiarnos mucho con esta carta, y también para ver la manera de utilizarla en la vida de nuestras iglesias. No estoy invitando a una nueva lectura de Gálatas porque piense que la manera en que la mayoría hemos interpretado la carta no tenga valor y falte a la verdad, sino porque este texto tiene más valor y verdad. No propongo descartar verdades importantes, tales como que la salvación es por la gracia y no por las obras; mi deseo es profundizar y ampliar nuestro concepto del evangelio al leerla desde una nueva perspectiva.

Con este mismo espíritu, quiero mencionar que me he enfocado en la religión no porque crea que es lo único que Pablo tenía en mente cuando hablaba de la esclavitud al mundo malvado. Por ejemplo, hemos visto que los judaizantes también estaban esclavizados a un imperialismo cultural que les llevó a interpretar la acción salvadora de Dios en términos raciales y culturales. Más adelante reflexionaremos de manera más amplia sobre lo que podría incluirse en la liberación del mundo malvado en el tiempo de Pablo y en la América Latina de hoy.

El texto dentro de nuestro contexto actual

En la introducción hice un comentario negativo sobre Lutero al decir que la tendencia de leer la carta a los gálatas desde la perspectiva de la experiencia de Lutero nos ha llevado a malinterpretarla. Aquí quiero incluir un comentario positivo sobre Lutero. Él leyó la crítica de Pablo contra los maestros judaizantes, al igual que la que se podía hacer en contra de los abusos de la Iglesia Católica Romana en el siglo XVI. Lutero conocía bien la diferencia entre los maestros que fomentaban la idea de la circuncisión como algo indispensable y quienes vendían indulgencias 1500 años después. Sin embargo, la analogía entre las dos distorsiones del evangelio era suficientemente similar que al leer Gálatas Lutero escuchó la palabra de Dios dirigida a la situación y a las luchas de su situación. Sería un error tomar la interpretación de Lutero en su contexto, trasplantarla y querer aplicarla hoy en día como si el mensaje de Pablo fuera válido para toda época y todo contexto cultural. Sin embargo, es positivo seguir el modelo de Lutero de entablar un diálogo entre el texto y su contexto. Por lo tanto, seguiremos su modelo al leer la carta a los gálatas en búsqueda de analogías entre la misma y nuestra situación actual, especialmente en las secciones del libro que ofrecen reflexiones sobre la relación entre el texto y nuestro contexto.

Reconocemos que nuestro contexto actual es diferente al contexto de Pablo. Por eso este comentario y esta serie de comentarios[15] tienen secciones que intentan dar ideas para sermones y reflexionar sobre las implicaciones del texto bíblico para el contexto iberoamericano de hoy. La respuesta a la pregunta ¿Qué significó ...? no necesariamente nos dice qué significa para nosotros hoy. Es de gran valor reflexionar sobre su significado en el contexto de América Latina hoy, pero teniendo en mente que

---

[15] *Comentario Bíblico Iberoamericano,* publicado por Ediciones Kairós, Buenos Aires.

no es lo mismo que reflexionar sobre su significado para África o Europa. En estas secciones no pretendo dar todas las implicaciones ni voy a entrar en tanto detalle y profundidad como en las secciones sobre el texto en su contexto original. Una razón sencilla es que las implicaciones van a ser diferentes para diferentes lectores e iglesias. Aunque es posible hablar en términos generales sobre América Latina como un bloque contextual, la realidad es que los contextos son muy disímiles en diferentes partes de América Latina o entre ésta y el contexto de los hispanoamericanos que viven fuera de su país de origen. Aun dos iglesias en una misma ciudad tendrán contextos diferentes y por lo tanto implicaciones diferentes. Por eso, no pretendo dar una lista de las implicaciones típicas del texto. Mi confianza no está puesta tanto en mis reflexiones sobre las implicaciones, sino en que cada iglesia, con nuevas perspectivas al leer el comentario, guiada por el Espíritu pueda encontrar las implicaciones más importantes para su contexto mientras profundice en el texto de la carta de Pablo a los gálatas. Espero y ruego a Dios, que mis reflexiones sobre las implicaciones e ideas para sermones estimulen a quien las lea en su propia reflexión. Espero que ustedes tomen más pasos en los senderos que he abierto y aún más: empiecen nuevos caminos que yo ni he imaginado.

Una nota más antes de empezar. He dicho «mis reflexiones» porque yo soy quien las escribe, pero muchas veces no soy autor sino comunicador de las ideas. He estado estudiando Gálatas con diversos grupos por más de veinte años en América Latina y en otros contextos, siempre con la pregunta: ¿Qué significa para nosotros hoy? He tomado muchos apuntes y mis reflexiones están influenciadas por las ideas y observaciones de muchas otras personas.

BOSQUEJO DE GÁLATAS

I. INTRODUCCION (1:1-10)
  1. Saludo (1:1-5)
  2. Reprimenda y maldición (1:6-10)

II. DEFENSA NARRATIVA DEL EVANGELIO DE LIBERTAD (1:11-2.21)
  1. El origen divino del evangelio que predica Pablo (1:11-24)
    El evangelio no es invento humano (1:11-12)
    La práctica religiosa en contraste con el llamamiento de gracia (1:13-24)
  2. Pablo en una reunión con los líderes de la iglesia en Jerusalén (2:1-10)
  3. ¿Dos mesas o una sola mesa? Confrontación en Antioquía (2:11-21)
    En defensa de la integridad del evangelio: Pablo reprocha a Pedro (2:11-14)
    Tanto judíos como gentiles son justificados por Jesucristo (2:15-21)
      Justificado no por las obras de la ley, sino por la fidelidad de Jesucrito (2:15-16)
      Morir y vivir (2:17-21)

III. EL EVANGELIO DE LIBERTAD: ARGUMENTOS CONTRA LOS INSTIGADORES (3:1-5:1)
  1. La cruz es la diferencia (3:1)
  2. Cómo los cristianos en Galacia recibieron el Espíritu (3:2-5)
  3. La promesa dada a Abraham (3:6-29)
    Los gentiles están incluidos entre los bendecidos por Abraham (3:6-9)

La muerte de Cristo nos libra de la maldición de la ley (3:10-14)

La promesa del pacto vino antes que la ley (3:15-18)

La función de la ley como guía (3:19-25)

Unidos en Cristo como descendientes de Abraham (3:26-29)

4. **La acción humana produce esclavitud, la acción de Dios produce libertad (4:1-11)**

   Antes, esclavos de fuerzas elementales; ahora, hijos de Dios (4:1-7)

   Que no vuelvan a la esclavitud (4:8-11)

5. **Apelación de amistad (4:12-20)**
6. **Alegoría de Agar y Sara (4:21-5.1)**

IV. **EXHORTACIONES A LOS GALATAS SOBRE VIVIR EN LIBERTAD (5:2-6:10)**

1. **Cristo y la libertad o la circuncisión y la esclavitud (5:2-12)**

   Un llamado a rechazar la circuncisión (5:2-6)

   Los instigadores y la ofensa de la cruz (5:7-12)

2. **Libertad a servir con amor (5:13-15)**
3. **Las obras de la carne y el fruto del Espíritu (5:16-26)**
4. **Vivir como familia de fe (6:1-10)**

V. **CONCLUSIÓN: LA CRUZ Y LA NUEVA CREACIÓN (6:11-18)**

I. INTRODUCCIÓN (1:1-10)

1. Saludo (1:1-5)

¹Pablo, apóstol, no por investidura ni mediación humanas, sino por Jesucristo y por Dios Padre, que lo levantó de entre los muertos; ²y todos los hermanos que están conmigo, a las iglesias de Galacia: ³Que Dios nuestro Padre y el Señor Jesucristo les concedan gracia y paz. ⁴Jesucristo dio su vida por nuestros pecados para rescatarnos de este mundo malvado, según la voluntad de nuestro Dios y Padre, ⁵a quien sea la gloria por los siglos de los siglos. Amén.

Cada época y cultura tiene sus normas y estilos para escribir cartas. En el imperio romano del primer siglo d. C. la costumbre era empezar una carta con el nombre de quien la escribía y el nombre del destinatario seguido por unas palabras de saludo.[1] Pablo sigue dicha costumbre.

Hoy el lector de la carta a los gálatas podría ver los primeros versículos como una mera formalidad como en cualquier carta de la época y proseguir al versículo 6, o leer el saludo rápidamente, y pensar que la verdadera carta, lo interesante, empieza después. Sin embargo, sería un error hacerlo de esta manera. Es verdad que en los primeros versículos Pablo sigue la fórmula común de su tiempo, pero hay diferencias. Las diferencias pueden enseñarnos mucho. Por ejemplo, la diferencia más grande entre Gálatas y las otras cartas de Pablo es que omite palabras positivas sobre los destinatarios. En sus otras cartas tiene una sección de acción de gracias y felicitaciones. Esto nos comunica algo importante que analizaremos en la próxima sección. Los aspectos únicos del saludo de la carta que aquí nos ocupa prefiguran el tono y los temas principales. Para Pablo el saludo no es mera formalidad. Con el saludo prepara el camino para lo que viene después y ya empieza a comunicar puntos importantes que va a desarrollar más adelante.

---

[1] Además de las otras epístolas en el Nuevo Testamento, Hechos 23:26 nos da un ejemplo de esa forma de empezar una carta.

Pablo empieza la carta, como todas sus cartas, con su nombre griego sin usar los otros nombres que seguramente tenía como ciudadano romano, nombres que otras personas usarían normalmente para demostrar su estatus de honor.[2] Desde la primera palabra Pablo muestra que, aunque vive y participa en este mundo, lo hace de una forma distinta. Como parte de la nueva creación (6:15) él está libre de la práctica, usada por otros, de enfatizar su superioridad sobre los demás en base a su estatus social. Como en muchas otras cartas, Pablo pone énfasis no en su categoría respecto al imperio romano, sino en que él es un apóstol de Dios, un enviado por Dios. La carta a los gálatas es la única en la que añade a su saludo las palabras descriptivas: «no por investidura ni mediación humanas» (1:1). Así, Pablo hace explícito un contraste entre la acción humana y la acción de Dios que será un tema central en la carta. Él ha sido enviado no por seres humanos, sino por Dios. Y como expondrá más adelante, el evangelio que predica no es invento humano, sino revelación de Jesucristo (1:11-12).

En esta carta Pablo no sólo dice que fue enviado por Jesucristo y por Dios Padre, sino que también añade la frase descriptiva «que lo levantó de entre los muertos» (1:1). Comunica que lo central de la identidad de Dios es su acción en Jesucristo, afirmando así la singularidad de esa acción. Otras cosas como la circuncisión y las costumbres judías palidecen en comparación con la acción divina. Es interesante que éste es el único lugar en la carta donde se menciona explícitamente la resurrección. Desde aquí en adelante su enfoque está en la cruz (ver más adelante el comentario a 3:1).

En la mayoría de las cartas, Pablo menciona el nombre o los nombres de quienes envían la carta junto con él (p. ej. «Pablo, Silvano y Timoteo, a la iglesia de los Tesalonicenses» [1 Ts 1:1]). No menciona nombres, simplemente dice «y todos los hermanos que están conmigo». Aparentemente, los gálatas no conocían a esos compañeros de misión. Sin embargo, Pablo los menciona en forma general y así comunica que lo que dice en la carta tiene el apoyo de otros. Esta mención también afirma el sentido comunitario del trabajo y pensamiento de Pablo. El mensaje que manda no es de un individuo a otros individuos sobre un evangelio

---

[2] Pablo no usa su nombre hebreo Saulo. Tampoco usa su nombre de familia (*nomen*) ni su nombre personal (*praenomen*) que hubiera tenido como ciudadano romano (Ben Witherington III, *Grace in Galatia: A Commentary on St. Paul's Letter to the Galatians*, Eerdmans, Grand Rapids, 1998, p. 70).

individualista. Pablo escribe como parte de una comunidad a otras comunidades, «las iglesias de Galacia» (1:2). Aparentemente, los problemas que le motivan a escribir esa carta no existen sólo en una o dos iglesias, sino que son problemas de las iglesias de Galacia en general (sobre el lugar y contexto de esas iglesias ver en la Introducción del comentario).

Pablo siempre usa el saludo «gracia y paz» (1:3). «Gracia» se refiere a la manera misericordiosa de actuar de Dios que nos libera. En griego la palabra «paz» significa ausencia de guerra. Sin embargo, Pablo usa la palabra «paz» con el sentido de la palabra hebrea (*shalom*) que es mucho más amplia y comunica un estado de salud, bienestar, armonía e integridad en las relaciones interpersonales. Así que el saludo tiene especial relevancia en esta carta porque los gálatas han confundido el evangelio de gracia. No viven en la libertad que produce esa gracia y entonces, en vez de paz, en sus comunidades cristianas hay desacuerdos, conflictos y división.

Solamente en Gálatas Pablo amplía ese saludo de gracia y paz con un resumen conciso de la narrativa del evangelio que él proclama. «Jesucristo dio su vida por nuestros pecados para rescatarnos de este mundo malvado, según la voluntad de nuestro Dios». Normalmente no usa el plural «pecados» sino el singular «pecado» que comunica que el pecado es un estado de alienación, o aun una fuerza o poder que nos esclaviza. Por esta razón y otras,[3] algunos eruditos bíblicos piensan que la primera parte de esa oración es tomada de una declaración confesional de los cristianos[4] de ese tiempo. Es posible que los mismos misioneros judaizantes usaran esa afirmación de fe. Con la siguiente frase Pablo amplía el significado del evento de la cruz y comunica de una manera apocalíptica que la cruz no sólo provee perdón para nuestros pecados, sino también nos da libertad del mundo malvado. En las tradiciones apocalípticas de los judíos, la historia del mundo se dividía en dos eras: la presente, corrupta, y la venidera, cuando la justicia de Dios sería establecida.[5] Con esta frase Pablo proclama que por la acción de Dios en Jesús existe la

---

[3] Ver J. Louis Martyn, *Galatians,* The Anchor Bible, Doubleday, New York, 1997, pp. 88-90; Witherington, p. 76.

[4] Mi uso del término «cristiano» es anacrónico. En esa fecha probablemente todavía no se conocía tal término y el cristianismo y el judaísmo no eran vistos como movimientos separados. Los «cristianos» eran un movimiento dentro del judaísmo. Uso el término porque es común hoy.

[5] P. ej. Isaías 60; 65:17-25; 2 Esdras 7:50; 1 Enoc 91:15-17; 2 Baruc 15:8; 44:8-15.

posibilidad de experimentar dicha libertad y de vivir como parte de una nueva creación hoy, en medio de este mundo malvado.

Afirmar que esta es la voluntad de Dios era una manera de criticar la idea de que la cruz en sí no era suficiente, que se necesitaba añadir ritos y reglas religiosas para mantener el lugar en el pueblo de Dios. Por tercera vez en ese corto saludo Pablo describe a Dios como Padre (vv. 1, 3, 4). Con esto reafirma el carácter de las relaciones interpersonales del evangelio y del cristianismo: no se trata de un asunto de reglas y religión. Anticipa el tema que proclamará en Gálatas 4:4-7. Los gálatas ya son hijos de Dios y no hay necesidad de circuncidarse para ello.

También Gálatas es la única carta en que Pablo termina el saludo con una doxología. J. Louis Martyn sugiere que el propósito es crear un ambiente de adoración a Dios, llevar a los gálatas a decir «Amén» con él y afirmar el evangelio que acaba de proclamar de nuevo para empezar la carta.[6]

En este corto saludo Pablo deja en claro que la acción de Dios es central. No menciona ninguna acción humana y tres veces es Dios quien actúa (para hacer de Pablo un apóstol; para levantar a Jesús de la muerte; y para librarnos del mundo malvado.) El rescate del mundo malvado no es condicional. Pablo no dice que Jesús proveerá libertad del mundo malvado si hacemos tal o cual cosa y cumplimos ciertas reglas. Este énfasis ofrece un contraste completo con lo que en este comentario llamo "religión" (ver «Una definición de la religión» en la Introducción). La religión pone el énfasis en la acción humana, lo que el ser humano tiene que hacer para recibir algo de Dios o aplacar a Dios para evitar el castigo. No son los esfuerzos humanos los que consiguen un lugar seguro como miembro de un grupo cristiano.

En este saludo, sin embargo, Pablo va más allá de sólo enfatizar la acción de Dios para mostrar cómo el evangelio es diferente de todas las religiones en Galacia, que incluye la perversión religiosa del cristianismo y del judaísmo. Pablo proclama que por la acción de Dios hay libertad del mundo malvado, la cual incluye la libertad de la esclavitud de la religión, y mucho más. Es importante que pensemos un poco en lo que él considera el mundo malvado. ¿De qué rescata Jesús a los gálatas? Es probable que el apóstol viese varias formas de esclavitud en Galacia (ver «El impero romano», «La provincia de Galacia», y «Grupo delimitado y

---

[6] Martyn, *op. cit.*, pp. 87, 92.

grupo centrado» en la Introducción). Un aspecto del mundo malvado en Galacia eran los grupos delimitados que esclavizaban a quienes estaban dentro de sus líneas de división religiosa y excluía a quienes quedaban fuera de ellas. Además de la esclavitud a la religión Pablo había visto esclavitud humana, lo cual era cotidiano entre muchos campesinos y trabajadores en las ciudades. Otro tipo de esclavitud era la que padecían quienes vivían con temor a sufrir hambre. A veces había esclavitud al hambre. Asimismo, en aquella época había esclavos de temores a los poderes cósmicos, a ideas, fuerzas y tradiciones que llevaban a la gente a hacer distinciones entre unos y otros como sucedía con el imperialismo cultural de algunos judíos o con el sistema de privilegios de los romanos. También existía esclavitud a relaciones distorsionadas que producían toda clase de problemas como odio, disensiones, rivalidades e inmoralidad sexual (5:19-21). Una parte de esa alienación era fruto del sistema que facilitaba la distinción entre personas honorables y no honorables, un sistema corrompido por los poderes del mundo malvado. Todas esas cosas del mundo malvado presentaban barreras que no permitían a las personas vivir en libertad, como seres humanos en la manera en que Dios los creó. Libertad del mundo malvado es libertad para vivir como verdaderos seres humanos en comunión con otros.

Otra manera de asimilar lo que Pablo quiere comunicar con la frase «mundo malvado» es verla como lo opuesto a la gracia y la paz (*shalom*) que él deseaba para los gálatas. En el mundo malvado hay una gran falta de gracia. La ley, no la gracia, reina –la ley religiosa, la ley económica, la ley de mérito personal que usamos para calificar a las personas y su estatus y valor. En el mundo malvado hay una gran falta de paz. No sólo es que había violencia en Galacia, pero también falta de salud y de bienestar a nivel personal y comunitario.

A lo largo del libro desarrollaremos el tema de las implicaciones de haber sido rescatados del mundo malvado y ser parte de una nueva creación. Lo que importa ahora es que comprendamos que Pablo proclama el evangelio de Jesús que hace mucho más que sólo ofrecer perdón de los pecados y salvación de almas individuales para rescatarlas del infierno. Él ve la acción de Dios en la cruz como una invasión al mundo malvado mediante la cual el Señor deshizo el control de los poderes de la esclavitud. El mundo malvado continúa. Pablo escribe acerca de la liberación del presente siglo malo (RVR 1:4) y no de la destrucción de ese mundo. Por eso, contrapone la nueva creación con el mundo malvado.

En la carta observaremos más contrastes como los que hemos visto en esta sección entre la acción de Dios y la acción humana, entre la gracia y la paz y el mundo malvado.

2. Reprimenda y maldición (1:6-10)

⁶Me asombra que tan pronto estén dejando ustedes a quien los llamó por la gracia de Cristo, para pasarse a otro evangelio. ⁷No es que haya otro evangelio, sino que ciertos individuos están sembrando confusión entre ustedes y quieren tergiversar el evangelio de Cristo. ⁸Pero aun si alguno de nosotros o un ángel del cielo les predicara un evangelio distinto del que les hemos predicado, ¡que caiga bajo maldición! ⁹Como ya lo hemos dicho, ahora lo repito: si alguien les anda predicando un evangelio distinto del que recibieron, ¡que caiga bajo maldición!

¹⁰¿Qué busco con esto: ganarme la aprobación humana o la de Dios? ¿Piensan que procuro agradar a los demás? Si yo buscara agradar a otros, no sería siervo de Cristo.

En sus cartas Pablo tenía la costumbre de ofrecer acción de gracias después de su saludo, así que generalmente empezaba con una frase como: «Doy gracias a mi Dios cada vez que me acuerdo de ustedes...» (Fil 1:3). Sin embargo, parece que en esta carta estaba tan molesto y sentía tanta urgencia que en lugar de eso fue directamente al grano: expresó su sorpresa, preocupación y palabras de maldición. Podemos imaginarnos que esas palabras francas y duras sorprendieron a quienes escuchaban y seguramente empezaron a hacerse la misma pregunta que nos hacemos nosotros hoy: ¿Por qué Pablo estaba tan alterado?

Pablo reprende a los gálatas diciéndoles: «Me asombra que tan pronto[7] estén dejando ustedes a quien los llamó por la gracia de Cristo para pasarse a otro evangelio» (1:6). Notamos que escribe en presente, «estén dejando». Los gálatas estaban en el proceso o en riesgo de dejar el evangelio. Tenemos que tener muy en claro en nuestras mentes que él se dirige a cristianos que ya han entendido y experimentado el evangelio de Jesús. No les escribe para explicarles cómo entrar en la familia de Dios. Les escribe para rescatarlos de perder la libertad que ya tienen

---

[7] No sabemos si «tan pronto» se refiere a tan pronto después de que Pablo había estado con ellos o tan pronto después que llegaran los misioneros judaizantes.

I. INTRODUCCIÓN (1:1-10)

en Cristo. Pablo les proclama el evangelio, pero podríamos decir que no está evangelizándolos, sino evangelizándolos de nuevo (ver 4:19). El que los llamó no fue él sino Dios.[8] Existe una separación de Dios, porque una confusión (1:7) acerca del evangelio va de la mano con una confusión de cómo es Dios y eso conduce a una distorsión o alienación en su relación con Dios. Veremos que el hecho de aceptar otro evangelio significa creer en otro dios.

Pablo afirma que en realidad sólo hay un evangelio. ¿Qué significa «evangelio»? La palabra griega significa «buena noticia». En el imperio romano era común usar la palabra en su forma plural, buenas noticias, en la propaganda del culto imperial al proclamar victorias militares u honores dados al emperador. (Para más información sobre el culto imperial ver «La provincia romana de Galacia en el tiempo de Pablo» en la Introducción.) Posiblemente, los cristianos empezaron a usar intencionalmente el término siempre en singular,[9] en contraposición al uso de la palabra en el culto imperial, algo así como para afirmar que Jesús, no el César, es el Señor. Seguramente Pablo y otros cristianos usaban el término «evangelio» (buena noticia) por la influencia del uso de la forma hebrea de la palabra en Isaías 52:7[10] y 61:1. Tomando en cuenta el uso romano y judío de la palabra, Richard Hays escribe: «Debemos entender que el evangelio es el mensaje proclamado en forma triunfante de que Dios ha vencido y ha empezado a reinar. Eso ayuda a explicar por qué Pablo ve el mensaje de los misioneros como un "no-evangelio"; desde su punto de vista la enseñanza de los misioneros sólo mantiene el *status quo* que existía antes de Jesús. El "evangelio" de ellos no reflejaba el efecto transformador en el mundo de la muerte y la resurrección de Jesús».[11]

Es probable que Pablo usase el término «otro evangelio» porque los misioneros judaizantes decían que enseñaban el evangelio y era este «otro evangelio» el que causaba los problemas en Galacia. Sin embargo, en el versículo 7, Pablo inmediatamente afirma que en realidad no hay otro evangelio. Sólo hay un evangelio y los misioneros judaizantes que

---

[8] En los escritos de Pablo es Dios quien «llama», p. ej. Gá 1:15, 5:8; Ro 8:30, 9:11-12; 1Co 1:9; 1Ts 2:12, 5:24.
[9] Martyn, *op. cit.*, pp. 129-130.
[10] Pablo cita, con pequeños cambios, este pasaje en Romanos 10:15.
[11] Richard Hays, «The Letter to the Galatians», en *The New Interpreter's Bible*, vol. 11, Abingdon Press, Nashville, 2000, p. 205.

han llegado están dando vuelta o tergiversándo[12] el verdadero evangelio y así confundiendo y perturbando a los gálatas. Los que escucharon las palabras de Pablo cuando se leyó su carta en las iglesias de Galacia sabían bien cuál era el mensaje de los otros misioneros porque ya lo habían escuchado. Él no tiene que repetir en la carta el supuesto evangelio de ellos. Sin embargo, nosotros hoy necesitamos deducir el mensaje distorsionado del evangelio a través de lo que dice en la carta.

Podemos decir con cierta certeza que estos maestros llegaron de afuera; eran judíos cristianos y enseñaban lo que ellos consideraban un evangelio de salvación por Jesucristo. Es probable que se consideraran misioneros o evangelizadores. Sabemos que estaban tratando de convencer a los cristianos gentiles en las iglesias de Galacia que debían circuncidarse (5:3; 6:13, 15). También parece que enfatizaban la importancia de obedecer al menos parte de la ley de Moisés y celebrar ciertas fiestas judías (3:2; 5:3-4; 4:10, 21). Por una razón u otra, los judaizantes habían sufrido persecución debido a que los cristianos gentiles no se circuncidaban (6:12). Además de evitar persecución, los judaizantes probablemente tenían otras razones que motivaban su misión. Aparentemente los misioneros pensaban que sería mejor para los gentiles cristianos y para la misión de la iglesia en general que todos los cristianos vivieran como si fueran judíos. Por eso les enseñaban los aspectos clave de la ley y las tradiciones que distinguían a los judíos de los paganos. Trataban de judaizar a los gentiles cristianos y por eso los llamamos «judaizantes». Sin embargo, Pablo no los llama ni misioneros ni judaizantes sino «instigadores» (5:12). (Para una explicación más completa de quiénes eran los instigadores, qué enseñaban y por qué, ver «Los instigadores» y «El estereotipo de los instigadores» en la Introducción.)

Para Pablo, lo que hacían los instigadores era tan problemático que pronuncia un anatema contra los que predican un evangelio distinto al que habían predicado él y sus compañeros de misión (1:8-9). Es importante notar que sus imprecaciones son condicionales y abiertas. Se aplicarían a cualquiera que proclame un evangelio falso, aun si fuera el mismo Pablo quien lo predicase. Obviamente no piensa alterar el evangelio, pero al incluirse bajo la amenaza del anatema demuestra que, por sobre todas las cosas, no está pidiendo lealtad a él mismo sino al evangelio.

---

[12] Donde la NVI usa «tergiversar» otras traducciones usan: pervertir (RVA), alterar (RVR), dar vuelta (BLA), trastornar (VP), deformar (BJ), cambiar radicalmente (LNB).

I. INTRODUCCIÓN (1:1-10)

Hemos visto cómo Pablo usa palabras francas y fuertes, como en el versículo 6. Obviamente, está muy molesto. Tal vez pensamos, al igual que los primeros oyentes: «¿No está Pablo reaccionando de forma exagerada? ¿Es tan malo lo que enseñan los judaizantes? Después de todo no es que estén intentando llevar a los cristianos a creer en otros dioses». Se podría decir que Pablo debería estar contento puesto que los judaizantes animan a los gálatas a circuncidarse y no a practicar la prostitución ritual en un templo pagano. No es que estén quitando elementos importantes del mensaje de Pablo. Los judaizantes también predican que nuestra salvación es por la cruz y la resurrección de Jesús. Solamente añaden algunas cosas para mejorar o complementar el evangelio. Pablo predica a Jesús. Los judaizantes predican a «Jesús y...». Predican a Jesús *y* la circuncisión, Jesús *y* la ley, Jesús *y* las tradiciones judías. La «y» es el gran problema que cambia todo. Pablo predica a Jesús y punto. Por la acción de Dios en Jesús somos salvos y liberados de las fuerzas del mundo malvado. Por la acción de Dios en Jesús se ha formado la comunidad cristiana. Mas una vez que se predica a «Jesús y la circuncisión» o «Jesús y la ley», el mensaje cambia totalmente de un mensaje cristiano a un mensaje religioso que comunica que la acción humana también determina si nos salvamos o no, y si formamos parte de la comunidad cristiana o no.

Los seres humanos somos naturalmente religiosos, es decir que naturalmente enfatizamos las acciones humanas como algo fundamental en nuestra relación con Dios. Pensamos que Dios actúa en respuesta a nuestras acciones. Por lo tanto, vemos tales acciones, como las que acentuaban los judaizantes, como modos de obtener algo de Dios o de evitar su castigo. También las vemos como maneras de ganar la aceptación de otras personas en la comunidad de fe y de sentirnos superiores a los que no siguen las reglas y en consecuencia están fuera de las fronteras trazadas por las líneas de división (Ver «Una definición de la religión» y «Grupo delimitado y grupo centrado» en la Introducción).

Conviene notar que no es necesario enseñar a responder de una manera religiosa. Es natural. Como escribe Karl Barth: «No es que [los judaizantes] dejen de lado la fe o el evangelio, ellos domestican el evangelio, lo integran al común y natural punto de vista que en su relación con Dios el ser humano puede y debe usar su propio esfuerzo, que la gracia de Dios es algo que el ser humano puede y debe crear al observar ciertas pautas religiosas y que al observarlas se asegura de recibir la gracia de Dios.»[13]

---

[13] Karl Barth, *The Church Dogmatics*, vol. 4.1, T. & T. Clark, Edinburgh, 1956, p. 640.

Necesitamos tener muy en claro que no es que Pablo predicó que la salvación es por gracia y estos otros misioneros llegaron después y dijeron «No, no es así. La salvación no es por la gracia de Dios. El individuo se salva por sus obras.» Los judaizantes también enseñaban la salvación por la gracia (ver «El estereotipo de los instigadores» en la Introducción). Sin embargo, de una manera u otra comunicaban que la gracia de Dios no era suficiente, que la obra de Dios en Jesús no era suficiente. Es importante para la reflexión que haremos en relación a nuestro propio contexto que imaginemos algunas formas en que esto podría haber ocurrido. Es posible que los instigadores dijesen explícitamente que la salvación era por una combinación de la gracia de Dios y las obras humanas como la circuncisión (ver Hechos 15:1). Mezclado con la religión de los judaizantes también había un imperialismo cultural. Los judaizantes consideraban al pueblo judío superior a otros y como el único pueblo con quien se relacionaba Dios. Es posible que los misioneros judaizantes tuviesen en claro que, como judíos, su salvación era por la gracia y la acción de Dios, pero que también pensaran que los gentiles debían ser como los judíos para gozar de esa acción de gracia. De manera similar, también se podría entender y enseñar que la salvación es por la gracia y es para todos, pero que se tiene que seguir la ley de Moisés para ser parte del pueblo de Dios. Tal vez los judaizantes pensaban que predicaban un evangelio de gracia y acción de Dios, pero decían frases tales como «un cristiano verdadero hace...», y los gálatas entendían esas frases como palabras de religión que incluía la acción humana en el evangelio. Tal vez sólo era que hablaban más de reglas que de la acción de Dios y así sus palabras sobre la gracia resultaban invalidadas. De manera similar, puede ser que el problema principal no fueran sus palabras, sino sus actitudes y acciones. Tal vez predicaban la gracia, pero vivían la religión. De esta manera, se juzgaban a sí mismos y a los gálatas en base a sus acciones. Tal vez hablaban mucho acerca de quién era y quién no era un verdadero cristiano basándose en las acciones de las personas, acciones que las colocaban de un lado o del otro de una línea imaginaria de división. Todas estas son posibles formas en que los judaizantes podían tergiversar el evangelio. Es probable que fuese una mezcla de varias de esas posibilidades lo que pervirtió el evangelio en Galacia y produjo lo que en este comentario lo califico como una iglesia delimitada en lugar de una iglesia centrada (Ver «Grupo delimitado y grupo centrado» en la Introducción).

I. INTRODUCCIÓN (1:1-10)

Los misioneros judaizantes pensaban que predicaban el evangelio. Sin embargo, Pablo vio que ellos fomentaban un cristianismo religioso que se enfocaba en las acciones humanas y en líneas divisorias.

Volviendo a la pregunta original del porqué del enojo de Pablo, quiero ofrecer cuatro razones. En primer lugar, como mencioné antes, una confusión sobre quién es Dios y una comprensión equivocada del evangelio van juntos. Pablo estaba molesto porque los judaizantes no solamente ponían un énfasis diferente o añadían otros elementos al evangelio. Al predicar un mensaje religioso acerca de Jesús y la circuncisión, presentaban a un Dios diferente del que Pablo predicaba. O sea, no es que solamente presentaban dos maneras diferentes de ser hijo o hija del mismo Dios, sino que además presentaban dioses distintos. La acción del Dios religioso es condicional y depende de lo que hacen los seres humanos. El Dios de la Biblia toma la iniciativa y actúa para mostrar su amor a la humanidad. La religión concibe a Dios de una manera radicalmente diferente al Dios revelado por Jesús (ver el comentario a 3:1). A Pablo le preocupaba que los misioneros judaizantes distorsionaran algo fundamental, la manera en que los gálatas percibían a Dios.

En segundo lugar, Pablo estaba molesto porque la religión de los instigadores ignoraba la realidad que Jesucristo nos ha librado del mundo malvado. A Pablo le preocupaba que los cristianos en las iglesias de Galacia estaban regresando a algo de lo cual Jesucristo ya los había liberado (4:8-9). Podemos imaginar la frustración de Pablo al saber que los gálatas se preocupaban por algo que ya no tenía sentido. Si por la obra de Jesucristo formaban parte de la familia de Dios (1:2; 4:7), ¿cómo podía ser que pensaran que las acciones humanas determinan quién es y quién no es hijo de Dios? La religión de una iglesia delimitada es parte del mundo malvado. Los cristianos no tienen que preocuparse de sus presiones y líneas de división. Pablo también estaría triste por el imperialismo cultural al cual los gálatas se encontraban sometidos bajo la influencia de los judaizantes. Este es otro aspecto del mundo malvado que no tiene sentido en la nueva creación de Jesús donde una cultura o raza no es superior a otra (3:28).

En tercer lugar, Pablo estaba molesto porque sabía que los individuos iban a sufrir bajo la opresión de la religión, en lugar de experimentar la libertad del evangelio. Cuando los judaizantes añadieron elementos al evangelio lo cambiaron radicalmente. Deja de ser una fuerza antirreligiosa que libera y se convierte en una fuerza religiosa que esclaviza. En este sentido, la experiencia de Lutero al leer las cartas a los Romanos y a los Gálatas y de experimentar, a través de la gracia de Dios, la libertad de la opresión de la religión y de la culpa que se había acumulado en él, se combinan muy bien con las razones por las cuales Pablo escribió esta carta (Ver la discusión sobre Lutero y su influencia en cómo interpretamos Gálatas hoy en la Introducción).

Sin embargo, a Pablo le preocupaba no sólo la experiencia de los individuos en las iglesias de Galacia. Sino la manera en que la enseñanza de los instigadores afectaría a las comunidades cristianas. Para él lo que distinguía a la comunidad cristiana era que estaba centrada en la obra liberadora de Jesucristo, por lo cual era diferente de otros grupos y vivía una vida libre de las fuerzas del mundo malvado. Pablo veía que los judaizantes habían construido una comunidad de carácter delimitado, lo cual definía la comunidad cristiana en términos de la cultura de los judíos y el uso de prácticas judías que determinaban quién era parte de la comunidad y quién no lo era.

La cuarta razón por la cual Pablo estaba tan enfadado era que le preocupaba que una definición tan religiosa y tan cultural de la comunidad cristiana destruyera las iglesias que había establecido. Podrían ser destruidas por lo menos en calidad, si no en realidad. Veremos más adelante que Pablo tuvo experiencias con la religión y el imperialismo cultural antes y después de conocer a Cristo (1:13-15, 23, 2:4, 11-14). Sabía que lo que impulsaban los instigadores produciría división, persecución, prejuicios y enemistades. Pablo escribió esta carta para que los gálatas no olvidaran su experiencia de lo que era la verdadera comunidad cristiana.

Esta sección de la carta termina con una reflexión (v. 10) que también sirve de nexo con la siguiente sección. Aparentemente, los instigadores habían acusado a Pablo de predicar solamente una parte del evangelio y de no insistir en la obediencia a la ley y la circuncisión porque buscaba el favor de los gálatas. Sin embargo, con sus preguntas en ese versículo y el tono general de la carta, Pablo deja entrever que estaba dispuesto a decir cosas fuertes. En ese momento no estaba preocupado por ganarse la aprobación humana. La NVI no incluye la palabra «todavía» en la última oración presente en el texto griego y que varias otras traducciones sí incluyen. Cuando Pablo escribe: «Si todavía agradara a los hombres, no sería siervo de Cristo», nos deja saber que antes sí se preocupaba por lo que otros pensaban de él. Era algo fundamental en la mentalidad religiosa en la que él había vivido antes, pero ahora se siente libre de esta presión por la obra de Dios en Jesucristo.

La obra de Cristo (1:4) nos libera del peso de la culpa interna. Sin embargo, este versículo (10) nos recuerda que en la época de Pablo las personas se preocupaban más por el veredicto público (lo que la gente piensa de uno) que por el veredicto interno o judicial (ver «Una sociedad que busca el honor y que evita la vergüenza» en la Introducción). El evangelio que Pablo predicó nos libera de un sistema enviciado de la búsqueda del honor y de los grupos delimitados que instigan a las personas a observar los requisitos para «agradar a los demás».

¡SÍ! AL EVANGELIO DE JESÚS, ¡NO! AL EVANGELIO DE «JESÚS Y...» (1:1-10)

Después de poner tanto énfasis en la Introducción en la diferencia entre el contexto de los que recibieron la carta original y nuestro contexto actual, voy a decir algo que parece irónico. (Ver «El texto dentro de nuestro contexto actual» en la Introducción.) En relación a implicaciones para nuestras vidas puede ser que la observación más importante, no sólo para esta sección sino para toda la carta, sea reconocer la similitud entre las personas que recibieron la carta y nosotros. Es importante observar que Pablo escribió la carta a personas ya evangelizadas. En otras partes de la carta afirma que ellos ya habían experimentado la salvación y libertad por Jesús que proclama en el versículo 1:4 (3:1-5; 4:8-9, 13). Aun los instigadores eran cristianos, personas que creían en Jesús; no eran de otra religión que explícitamente hablaban en contra de Jesús (ver «Los instigadores» y «El estereotipo de los instigadores» en la Introducción). Así pues, cuando nos preparamos para predicar o enseñar esta carta es importante que empecemos con la actitud de que ella contiene un buen mensaje para todos, no sólo para los que no entienden que la salvación es por la gracia. Es mejor leer la carta con la actitud de que se dirige a personas como yo y que, me imagino, en su gran mayoría han experimentado la salvación por la gracia. Obviamente, como hemos visto arriba, cuando Pablo escribió la carta había confusión sobre el evangelio; por eso la escribió. En vez de pensar que las implicaciones principales de la carta son para otros es mejor preguntarnos ¿De qué manera esta carta es para mí y para mi iglesia? ¿Hay confusión sobre el evangelio entre nosotros también?

Una sencilla, pero importante implicación relacionada con esta observación, es que necesitamos ser re-evangelizados periódicamente. Necesitamos que se nos recuerde el amor y la gracia de Dios, de la libertad del mundo malvado que tenemos por Jesús. Pablo no veía este mensaje sólo como algo evangelizador para no-creyentes sino que escribe esas palabras (1:3-4) a personas que ya habían experimentado la salvación. Sus palabras son para nosotros hoy; reflexionemos sobre ellas. Proclamemos esas palabras a personas que no confían en Jesús y a quienes ya han aceptado a Jesús como su Salvador.

En vez de confiar que nuestro mensaje del evangelio está bien, que Pablo no estaría preocupado por nosotros porque enseñamos que la salvación es por la gracia y no por las obras, sería mejor reconocer que afirmar esa doctrina correctamente no prevenía a los instigadores judaizantes de distorsionar el evangelio. Así que si eso les sucedía a ellos ¿podría pasarnos lo mismo a nosotros también? El hecho de que una iglesia hoy afirme la doctrina de salvación por la gracia no significa necesariamente que no haya distorsión del evangelio. Un evangelio de «Jesús y...» está muy presente entre los individuos y en las iglesias de nuestro contexto. Preguntémonos, ¿a qué llamaría Pablo hoy «otro evangelio»?

La verdad es que hay muchos que hablan de la salvación por la gracia pero viven como si la salvación fuese por las obras. O como creo que pasaba con los instigadores, muchos dicen palabras de salvación por la gracia pero por sus actitudes y otras palabras comunican implícitamente que la salvación es por las obras. Probablemente, lo primero que nos viene a la mente son ejemplos similares a los de los instigadores y su énfasis en la circuncisión y otros ritos y reglas. En nuestro contexto actual, también hay ejemplos de iglesias que comunican implícita o explícitamente que para ser un verdadero cristiano uno tiene que cumplir con ciertas reglas o seguir ciertos ritos.[14] Tal vez no usan la frase «verdadero cristiano», pero comunican que «si uno no cumple con» queda fuera de la iglesia o pierde privilegios. Es fácil imaginar que las personas entienden eso («Jesús y...») como un evangelio y piensan que tienen que cumplir ciertos requisitos para que se los considere «buenos cristianos».

Sin embargo, es importante no quedarnos sólo con los ejemplos que nos vienen primero a la mente. El problema de un evangelio de «Jesús y...» no sólo está presente en las iglesias «legalistas». Otra vez repito la observación hecha anteriormente. No pensemos que las implicaciones

---

[14] Para ejemplos ver el primer capítulo de Marcos Baker, *¡Basta de religión!: Cómo construir comunidades de gracia y libertad*, Ediciones Kairós, Buenos Aires, 2005.

principales de la carta son para otros. Más bien preguntémonos: ¿En qué sentido esta carta es para mí y para mi iglesia? Por eso en este comentario no uso la palabra «legalismo» para describir el problema. Hay pocos que piensan de sí mismos como legalistas. En ese caso hablo de la religión y la religiosidad delimitada. (Ver «Una definición de la religión» y «Grupo delimitado y grupo centrado» en la Introducción.) En el segundo capítulo de mi libro *¡Basta de religión!: Cómo construir comunidades de gracia y libertad*, describo cómo rechacé el legalismo de mi iglesia cuando estuve en la universidad. Dejé de usar ciertas reglas para trazar una línea entre los verdaderos cristianos y los no cristianos, pero la verdad es que seguía trazando líneas divisorias. Al compararme con los demás, pensaba que estaba en lo cierto porque me preocupaba por los pobres, rechazaba el legalismo, estaba abierto a los dones del Espíritu y estaba comprometido con la justicia social. La verdad es que era tan religioso como antes y seguía con un evangelio de «Jesús y ...». La diferencia estaba en lo que venía después de la «y». Hay varias cosas que pueden distorsionar el evangelio para llenar ese espacio después de la «y». Esta carta, y esta sección de la carta, nos invitan a reflexionar sobre las relaciones entre la cultura y un evangelio de «Jesús y ...».

La verdad es que los instigadores practicaban un tipo de imperialismo cultural al comunicar a los gálatas que debían vivir como judíos para ser verdaderos cristianos. Desafortunadamente muchos de los misioneros que vinieron a América Latina hicieron algo similar, tanto los misioneros católicos de hace siglos como los evangélicos de la época moderna. De varias maneras presionaban a los que evangelizaban a que abandonaran distintos aspectos de su cultura y adoptaran características de la cultura de los misioneros. Sin embargo, no la presentaban como cultura europea o norteamericana sino como cultura cristiana. Es importante que los misioneros latinoamericanos que hoy van a otras culturas, tanto dentro de América Latina como afuera, sigan el modelo de Pablo y no el modelo de los instigadores que presentaban prácticas culturales como requisitos para ser verdaderos miembros de la familia de Dios.

Hay veces en que necesitamos decir «no, eso no es el evangelio», y «no, eso no está de acuerdo con el llamamiento de Dios para nosotros». El desafío está en encontrar la forma de hacerlo de una manera que no comunique un evangelio de «Jesús y ...». Mientras decimos «no» tenemos que estar seguros de que proclamamos con palabras, acciones y actitudes que el amor de Dios es incondicional. La gracia de Dios nos ha salvado.

El «no» que pronunciaba Pablo no se fundaba en alguna preocupación por mantener clara la línea de exclusión de una comunidad religiosa, ni era el resultado de su deseo de ganarse la aprobación de los demás (1:10). El «no» que Pablo menciona en contra de ese evangelio distorsionado de los instigadores estaba basado en un «sí» –el «sí» del amor de Dios. Parte del rescate del mundo malvado, mediante la obra de Jesús y la cruz, es identificar las fuerzas esclavizadoras de este mundo. El «no» de Pablo en esta sección es parte de la proclamación positiva de libertad de la carta entera. Parte del «sí» de la libertad es decir «no» a la religiosidad que excluye a los de afuera y esclaviza a los de adentro. En esta sección de implicaciones me he enfocado en asuntos religiosos y culturales similares al enfoque de Pablo. Sin embargo, la proclamación de libertad del mundo malvado y el ejemplo de Pablo de pronunciar un «no» como parte del «sí» de esa libertad nos llama a reflexionar sobre otras características del mundo malvado de nuestro contexto. Daré un ejemplo. El creciente espíritu del consumismo hoy nos dice que tener más dinero y más cosas significa tener una mejor vida. Es cierto que hay muchos que viven en gran necesidad, que podrían mejorar su calidad de vida con algunas cosas más o mejores. Sin embargo, es una quimera pensar que la acumulación de cosas siempre significa una vida mejor. Hay, además, otros aspectos negativos del espíritu del consumismo. En muchas situaciones, la cantidad de posesiones se usa para definir el estatus y la importancia de una persona en la sociedad. Muchos hoy en día trazan líneas de inclusión y exclusión basadas en el consumismo. Necesitamos decir «no» a la falacia del consumismo y decir «sí» a la realidad que nuestra identidad está en Cristo. Por la cruz hay libertad de la fuerza del consumismo.

Sintamos la pasión de Pablo en estos versículos. ¿Estamos como él apasionados y enojados por las distorsiones del evangelio en nuestro contexto? Jesús no era legalista. No practicaba una religiosidad delimitada. Más bien, en parte, se lo llevó a la cruz porque los fariseos y otros que sí practicaban una religiosidad delimitada exigieron su muerte. Pero tomemos nota: Jesús tampoco fue un hombre moderado. Si hubiera sido moderado, no lo hubieran crucificado. Jesús fue radical y rechazaba con palabras y acciones la religiosidad de exclusión de su día. Pablo también fue radical. ¿Y nosotros?

II. DEFENSA NARRATIVA DEL EVANGELIO DE LIBERTAD (1:11-2:21)

1. El origen divino del evangelio que predica Pablo (1:11-24)

El evangelio no es un invento humano[1] (1:11-12)

¹¹Quiero que sepan, hermanos, que el evangelio que yo predico no es invención humana. ¹²No lo recibí ni lo aprendí de ningún ser humano, sino que me llegó por revelación de Jesucristo.

Estos versículos son una transición. Repiten un tema que Pablo ya mencionó en el saludo (1:1) y que va a desarrollar autobiográficamente en los siguientes versículos. Algunos comentaristas han dicho que en esta sección Pablo defiende su autoridad de apóstol. Esto es algo que tenía que hacer antes de empezar a defender el evangelio que predicaba. Es muy probable que los instigadores hayan atacado a Pablo y que esta sección realmente funcione como una defensa de su autoridad. Sin embargo, hace mucho más que defender su apostolado. En estos versículos, Pablo comunica verdades teológicas de fundamental importancia para los gálatas.

Pablo reafirma que el evangelio que predica no es un invento humano. No es una tradición religiosa construida por seres humanos para obtener algo de Dios y para conseguir un estatus más elevado dentro de un grupo religioso. Pone mucho énfasis en que el evangelio no viene de seres humanos, sino que, como escribe, «me llegó por revelación de Jesucristo». Esa frase puede significar que Jesús le reveló el evangelio, o que Dios le

---

[1] Michael Winger escribió un ensayo de mucho valor sobre estos dos versículos, «Tradition, Revelation and the Gospel: A Study in Galatians», *Journal for the Study of the New Testament*, 53 (1994):65-86.

reveló Jesús a él.² Las dos posibilidades acentúan la acción de Dios y así establecen un contraste con la religión humana. Sin embargo, la segunda opción es la mejor forma de entender esa frase, porque está de acuerdo con lo que Pablo dice en 1:16, y porque comunica de manera más clara que el evangelio no consiste primordialmente en información, sino que es un evento y una experiencia. Pablo había escuchado la información o el contenido del evangelio a través de seres humanos. Había oído y rechazado su contenido cuando perseguía a los cristianos. Aceptar el evangelio no significaba que Dios solamente le había revelado la información a Pablo, sino que Dios se reveló a sí mismo en la persona de Jesús.

Por supuesto, hay contenido en el evangelio y es en esta carta Pablo escribe sobre este asunto. Sin embargo, sabemos por estos versículos que cuando él menciona el evangelio, por ejemplo en 2:14, se refiere no sólo a un conjunto de creencias correctas, sino a un encuentro con Dios. Podemos hacer otras dos observaciones que también son centrales en la carta. Una es que la religión es algo natural para los seres humanos. La segunda es que la acción de Dios es necesaria para que podamos vivir de manera diferente de lo que es natural para el ser humano. El evangelio y la vida cristiana son radicalmente diferentes de la religión. Como Pablo ya lo había proclamado (1:4) enfatiza de nuevo que lo que se necesita no es un conjunto más de prácticas y creencias humanas, sino una acción de Dios de carácter radical. La religión nace naturalmente de nosotros, mientras que la vida cristiana requiere de la obra de Dios en nosotros.

La práctica religiosa en contraste con el llamamiento de gracia (1:13-24)

> ¹³Ustedes ya están enterados de mi conducta cuando pertenecía al judaísmo, de la furia con que perseguía a la iglesia de Dios, tratando de destruirla. ¹⁴En la práctica del judaísmo, yo aventajaba a muchos de mis contemporáneos en mi celo exagerado por las tradiciones de mis antepasados. ¹⁵Sin embargo, Dios me había apartado desde el vientre de mi madre y me llamó por su gracia. Cuando él tuvo a bien ¹⁶revelarme a su Hijo para

---

² En términos gramaticales la pregunta es si la frase «de Jesucristo» es un genitivo subjetivo o un genitivo objetivo. Moisés Silva explica en detalle los varios argumentos en relación a cómo interpretar esa frase. Concordamos en que la forma objetiva es la mejor. Moisés Silva, *Explorations in Exegetical Method: Galatians as a Test Case*, Baker Books, Grand Rapids, 1996, pp. 64-68.

II. DEFENSA NARRATIVA DEL EVANGELIO DE LIBERTAD (1:11-2:21).

que yo lo predicara entre los gentiles, no consulté con nadie. [17]Tampoco subí a Jerusalén para ver a los que eran apóstoles antes que yo, sino que fui de inmediato a Arabia, de donde luego regresé a Damasco.

[18]Después de tres años, subí a Jerusalén para visitar a Pedro,[3] y me quedé con él quince días. [19]No vi a ningún otro de los apóstoles; sólo vi a Jacobo, el hermano del Señor. [20]Dios me es testigo que en esto que les escribo no miento. [21]Más tarde fui a las regiones de Siria y Cilicia. [22]Pero en Judea las iglesias de[4] Cristo no me conocían personalmente. [23]Sólo habían oído decir: «El que antes nos perseguía ahora predica la fe que procuraba destruir.» [24]Y por causa mía glorificaban a Dios.

En esta sección Pablo empieza a desarrollar los temas que presentó en los dos versículos anteriores, como se puede ver por el contenido. Además, usa una palabra griega de conjunción, *gar*, que comunica la estrecha relación entre lo que escribió en los versículos anteriores y lo que viene ahora. Aunque algunas traducciones, como la NVI y la RVR, no incluyen esta palabra, otras sí lo hacen empezando la sección con la palabra «pues» o «porque» (BJ y RVA). J. Louis Martyn opina que debemos incluirla en el texto. En su traducción, Martyn empieza el versículo 13 así: «Yo puedo darles evidencia de esa afirmación...».[5] El asunto no es tanto si debemos o no incluir la traducción de la palabra *gar* en el versículo. Es común no incluirla para que la lectura de los versículos sea más fluida. (Por ejemplo, *gar* también aparece en los versículos 10, 11, y 12 pero no está incluído en el texto de la NVI). Menciono esta conjunción para enfatizar lo que sigue (podríamos decir hasta 2:21), donde Pablo desarrolla la importante afirmación que hizo en los versículos anteriores.

Los miembros de las iglesias en Galacia ya conocían el pasado de la vida de Pablo (1:13). Por eso, el propósito de estos versículos no era tanto informarles, sino recordarles algunos puntos de relevancia en relación al mensaje de los judaizantes. Pablo primero escribe sobre su activo involucramiento en perseguir a la iglesia cuando aún pertenecía al judaísmo. ¿Qué era el judaísmo para él? A partir del texto sabemos algunas cosas.

---

[3] 1:18 Aquí el autor usa *Cefas*, nombre arameo de Pedro; también en 2:9, 11, 14.
[4] 1:22 *de*. Lit. *en*.
[5] J. Louis Martyn, *Galatians*, The Anchor Bible, Doubleday, New York, NY, 1997, p. 153.

Primero, habla de haber pertenecido al judaísmo en el pasado, pero no en el presente. Esto significa que para él el judaísmo y el ser judío eran cosas distintas. Pablo todavía se consideraba judío (2:15; Ro 11:1). Segundo, ve una conexión entre lo que llama la práctica del judaísmo y las tradiciones de sus antepasados (1:14). El uso de la palabra «judaísmo» aquí y en la literatura de los Macabeos[6] indica que la misma no se refiere tanto a un conjunto de creencias o doctrinas, sino a una cultura. Se refiere a un conjunto de prácticas, como la circuncisión, una serie de fiestas y celebraciones y leyes sabáticas y dietéticas que separaban a quienes practicaban la cultura de los judíos de quienes practicaban la cultura de los gentiles, o del helenismo.[7] El judaísmo tenía el carácter religioso de lo que en este comentario llamamos «un grupo delimitado». (Ver «Una definición de la religión» y «Grupo delimitado y grupo centrado» en la Introducción.) No es algo que se recibe por revelación de Dios, sino que es una construcción humana. (Vemos este énfasis en sus palabras, «tradiciones de mis antepasados» referidas a las tradiciones y las reglas que los judíos habían desarrollado, además de lo que estaba escrito en la Tora.) Un grupo delimitado da a los seres humanos un sentido de seguridad y superioridad y les provee formas de trazar líneas divisorias que definen claramente quién pertenece a un determinado grupo religioso por cumplir las reglas y tradiciones y quién queda afuera.

El espíritu de la religión y el celo por mantener dichas líneas divisorias que marcan la identidad de un grupo delimitado llevan a la gente a condenar, perseguir y hasta eliminar a otros. Pablo hace referencia a ese espíritu dañino y destructivo de la religión en otras partes de la carta. Empieza aquí con un ejemplo personal. Su compromiso religioso y sus esfuerzos por ganar el honor dentro de un grupo delimitado le llevaron a perseguir con furia a la iglesia de Dios.

Pablo les comunica claramente a los gálatas que conoce bien el camino por el que transitan. Había estado muy involucrado en un grupo delimitado. Había cumplido cabalmente todo lo que los instigadores querían y por lo cual apremiaban a los gálatas. Había aventajado a muchos de sus contemporáneos en su celo exagerado por las tradiciones de sus ante-

---

[6] 2 Mac 2:21; 8:1; 14:38; 4 Mac 4:26.
[7] J. D. G. Dunn, *A Commentary on the Epistle to the Galatians*, A. C. Black, London, 1993, pp. 56-57.

II. DEFENSA NARRATIVA DEL EVANGELIO DE LIBERTAD (1:11-2:21).

pasados (1:14).[8] Los gálatas notaban que Pablo no había abandonado el judaísmo por fracasar en el cumplimiento de sus exigencias. Sus palabras implican que había seguido las tradiciones del judaísmo más seriamente que los mismos judaizantes que intentaban convencer a los gálatas de la importancia de dichas tradiciones. También es interesante notar que Pablo no comunica que tenía un sentido de culpa o frustración por no poder cumplir las reglas. Puede ser que ésta haya sido la experiencia de Lutero o de muchos de nosotros, pero aparentemente no fue la de Pablo. Él enfatiza la violencia y la división que produce un grupo religioso delimitado. No se trata solamente de la división entre el judaísmo y la iglesia de Dios. Cuando Pablo usa una palabra como «aventajar» nos dice algo sobre el espíritu de la religión. Nos dice que hay un espíritu de competencia dentro del grupo delimitado cuando una persona juzga a otros y considera a algunos con más estatus e importancia que a otros. Eso era parte del mundo malvado de su época (1:4) en forma general y específica. En general, los individuos pensaban que el honor era un bien limitado. Si uno gana honor, otro lo pierde. (Ver «Una sociedad que busca el honor y evita la vergüenza» en la Introducción.) La competencia y la violencia de las que habla Pablo eran producto de una expresión específica del mundo malvado, un grupo religioso delimitado. Veremos en los versículos siguientes que la acción de Dios produce algo muy distinto.

Con la expresión «sin embargo» (1:15) Pablo nos avisa que lo que sigue marcará un contraste con los versículos anteriores. Primero notamos que, en oposición al énfasis en la acción humana de los versículos 13 y 14 («mi conducta... [yo] pertenecía... [yo] perseguía... tratando de destruirla... yo aventajaba... mi celo»), ahora el énfasis está en la acción de Dios («Dios me había apartado... [Dios] me llamó... revelarme a su Hijo»). Igualmente observamos cómo la acción humana, que consiste en la predicación de Pablo, viene después y es la respuesta a la acción

---

[8] Lo que Pablo escribe en ese versículo concuerda con lo que dice en otras cartas sobre su éxito religioso en el judaísmo (Fil 3:4-6; Ro 11:1; 2Co 11:22). Cuando Pablo habla aquí de «celo» no sólo se refiere a la piedad personal que da mucha importancia al cumplimiento de las tradiciones. En su época y contexto la palabra «celo» tenía connotación especial pues indicaba que, además de vivir dentro de las líneas trazadas por el judaísmo para diferenciar a los judíos de los gentiles, también preservaba y defendía la pureza religiosa y étnica de los judíos que usaban cualquier medio necesario para tal fin, incluyendo la violencia. Normalmente esos esfuerzos, como en el caso de Pablo, estaban enfocados en otros judíos que no mantenían un judaísmo suficientemente puro. (Dunn, pp. 60-62; Richard Hays, «The Letter to the Galatians», en *The New Interpreter's Bible*, vol. 11, Abingdon Press, Nashville, 2000, pp. 213-14).

de Dios. Pablo repite el tema que mencionó en los versículos 11 y 12. Lo que predicaba no era un invento humano, sino la revelación misma de Dios. Como he dicho, Pablo marca este contraste para establecer la diferencia entre el evangelio que él predica y la religión humana. Sin embargo, aparentemente también defiende su autoridad de apóstol, cosa que es evidente en estos versículos.

La manera más obvia en que Pablo defiende su mensaje y la autoridad de su apostolado es enfatizando que el mensaje que predicaba lo había recibido directamente de Dios. No era que había recibido el mensaje de los apóstoles en Jerusalén y después lo había adoptado para predicarlo a los gentiles (1:16-17). Otra manera más sutil de defender su posición, que sin embargo es fuerte en sus implicaciones, está en el uso del Antiguo Testamento. El apóstol usa el mismo lenguaje e imágenes de Jeremías e Isaías y así sitúa su llamado en la misma línea con el llamado de los profetas del Antiguo Testamento. Pero Pablo avanza más al hacer alusión a textos de las Escrituras que incluyen un llamado a las naciones o a los gentiles.

> «Antes de formarte en el vientre, ya te había elegido; antes de que nacieras, ya te había apartado; te había nombrado profeta para las naciones (LXX: ethnê -- "gentiles")» (Jr 1:4-5).

> «Escúchenme, costas lejanas, oigan esto, naciones distantes: EL SEÑOR me llamó antes de que yo naciera, en el vientre de mi madre pronunció mi nombre... Y ahora dice el SEÑOR; que desde el seno materno me formó para que fuera yo su siervo, para hacer que Jacob se vuelva a él, que Israel se reúna a su alrededor; ...Yo te pongo ahora como luz para las naciones (LXX: ethnê -- "gentiles"), a fin que lleves mi salvación hasta los confines de la tierra» (Is 49:1, 5-6).

Así es que en Jeremías e Isaías Pablo encuentra una prefiguración de su propio llamado a llevar el evangelio a los gentiles. Entonces, aunque deja muy en claro que ya no participaba del judaísmo, en este versículo comunica que su llamado por parte de Dios y su mensaje sí estaban en continuidad con la misión del Dios del pueblo de Israel. Es cierto que las acciones de Dios al manifestarse a Pablo y de llamarle concuerdan con la relación de Dios e Israel como la vemos en Jeremías e Isaías. Sin embargo, hay un gran contraste con lo que Pablo había vivido y experimentado antes de su conversión.

Ese contraste en la vida de Pablo refleja un tema central en la carta: la diferencia entre el mundo malvado y la nueva creación que es producto de la obra de Jesucristo (1:4 y 6:15). Pablo presenta el judaísmo y su activa participación en el mismo de forma negativa. Según su punto de vista, esta es una característica del presente mundo malvado (1:4). Hace una distinción clara entre el activismo y la tradición humana en un lado y, en el lado opuesto, la acción de la gracia de Dios que le rescató del mundo malvado de la religión del judaísmo (1:4, 15). A través del evento de la revelación de Jesús, Pablo abandonó el carácter delimitado del judaísmo y experimentó la nueva creación de Dios. Su vida demuestra la realidad y la enormidad de esa gracia. Desde el punto de vista humano, las acciones de Pablo de perseguir a la iglesia de Dios, merecían un castigo severo antes que un rescate y llamamiento al ministerio.

Hay dos observaciones importantes que podemos hacer en relación al «mundo malvado», la «nueva creación» y la vida de Pablo. En primer lugar, después de su conversión, el apóstol pudo ver que el judaísmo era parte del mundo malvado, aunque no había pensado así antes de su encuentro con Jesús. Más bien había pensado lo opuesto y había visto el judaísmo como lo más santo y separado del mundo malvado. El cambio de su punto de vista no vino naturalmente, ni viene naturalmente para otros seres humanos. Requiere de la revelación de Dios que, como hemos dicho en la sección anterior, no sólo consiste en información, sino más bien en un evento y un encuentro.

La segunda observación que deseo hacer es ampliar lo que dije anteriormente sobre la diferencia entre ser judío y participar en el judaísmo. Por un lado, vemos una fuerte discontinuidad entre la vida de Pablo dentro del judaísmo y su nueva vida. Por otro lado, hay un énfasis de continuidad con las Escrituras, con los profetas del Antiguo Testamento y con el Dios del pueblo judío (1:15). Cuando Pablo critica al judaísmo o a las tradiciones judías, no hacía lo que hoy llamamos «comentarios antisemíticos». Hablaba contra la perversión religiosa de la relación o del pacto que existía entre los judíos y Dios. De la misma manera, hoy Pablo hablaría en contra de una perversión religiosa de la fe cristiana. Como veremos en el capítulo cuatro, para Pablo el problema de la religión no se limitaba a un grupo o a una raza.

Para terminar el versículo 16, Pablo dice «no consulté con nadie», y en los versículos siguientes insiste en que no recibió este mensaje de otros seres humanos. El apóstol hace una afirmación fuerte: «Dios me es testigo que en esto que les escribo no miento» (1:20). Por eso, podemos estar casi seguros de que aquí él responde a las acusaciones de los instigadores.

Aparentemente ellos habían dicho a los gálatas que Pablo había recibido el evangelio originalmente de los apóstoles en Jerusalén, pero que después se había apartado de ese mensaje y ahora predicaba otro evangelio. Por eso Pablo aclara dos puntos. Primero, demuestra que el mensaje que predica es auténtico porque nace de una revelación directa de Dios. No es algo que él aprendió de otras personas. Segundo, recalca que prácticamente no estuvo con los apóstoles y, cuando se encontró con ellos, fue después de tres años y estuvo sólo con dos de ellos por quince días (1:17-19). Sin embargo, lo que sí quiere comunicar es que ellos estaban de acuerdo con lo que él predicaba. Pablo implícitamente lo establece en esta sección y luego lo hará explícitamente en el segundo capítulo. Con estos dos puntos, Pablo contradice lo que los instigadores les habían dicho a los gálatas sobre su mensaje.

Para cerrar esta sección, Pablo habla de las iglesias en Judea para apoyar los dos puntos mencionados anteriormente. Lo que estas iglesias decían acerca de él (1:23) no sólo era una manera de confirmar su credibilidad, sino que también constituye una muestra de la diferencia que existe entre la religión, el mundo vil y la nueva creación de Dios. La religión había producido violencia y división. Por la acción de Dios había reconciliación. Los que antes temían a Pablo ahora glorificaban a Dios por su labor (1:24). Antes había persecución, ahora hay predicación (1:23).

La religión produce división y violencia, la revelación de Dios da vida (1:11-24)

Pablo ratifica que lo que predica no es invento humano sino revelación directa de Dios. La experiencia que describe en esta sección afirma que a veces Dios se manifiesta personalmente a los individuos. Sin embargo, para muchos contextos hoy las implicaciones más importantes de esta sección no tienen tanto que ver con esa afirmación sino con advertencias sobre el abuso y la distorsión de ciertas personas que proclaman tener una revelación de Dios. Muchos usan lo que ellos llaman «revelaciones» para fortalecer su autoridad personal, para empezar una iglesia o movimiento, y muchas veces para enriquecerse. Aquí hay algunas observaciones importantes que pueden ayudarnos a discernir si lo que una persona dice en realidad es revelación de Dios o es un invento humano. Pablo recibió una revelación de Dios pero también recibió de otros líderes respetados en la iglesia la confirmación de la autenticidad del contenido de su revelación (1:18-19; 2:6-9). Pablo recibió el contenido independientemente, pero éste concordaba con el evangelio predicado por los apóstoles y otros en la iglesia (1:23; 2:6-9). Por lo tanto, si hoy alguien dice que Dios se le ha revelado pero tal revelación no concuerda con el evangelio que Pablo y otros apóstoles predicaron, y si los líderes respetados de la iglesia no lo confirman, lo más prudente es ser precavidos.

Como hemos visto Pablo había tenido éxito en el judaísmo. Había sobresalido en el cumplimiento de las tradiciones y en sus esfuerzos por promoverlas y protegerlas. Su rescate o liberación por medio del evangelio (1:4) no fue una liberación de un sentimiento de culpa sino el rescate de un sistema de alienación, de división y hasta de violencia. El problema de Pablo no era una lista de faltas dentro del judaísmo, sino que había permitido que un sistema religioso delimitado dirigiera su vida. Una meta obvia para nuestra predicación y enseñanza es ayudar a las personas e iglesias a evaluar si la expresión del cristianismo que practican es una distorsión del evangelio tanto como el judaísmo de Pablo fue una distorsión de la revelación de Dios dada a Israel. (Para más sobre este tema, ver el comentario sobre 3:10-14.) ¿Viven ustedes una versión del cristianismo delimitado o centrado? (Ver «Grupo delimitado y grupo centrado» en la Introducción.)

Sin embargo, la religiosidad delimitada no es la única expresión del mundo malvado que nos impone un sistema distorsionado para medir nuestro éxito como seres humanos. Al reflexionar sobre Gálatas 1:14 Beverly Gaventa escribe: «El mundo de los medios de comunicación con su mensaje de que nuestra valía –especialmente aquella de las mujeres– en gran parte es atribuible a nuestra apariencia física, nos extiende en cada oportunidad posible la invitación a usar sus criterios para evaluar nuestra apariencia».[9] Gaventa proclama que la obra de Jesús (1:4) nos libera de ese sistema de logros y evaluación, tanto como liberó a Pablo del judaísmo. Hay varios otros sistemas delimitados que le dicen a la gente si tienen mérito o no y que crean división y sufrimiento emocional y físico. Es común en el contexto iberoamericano hacer distinciones y evaluaciones basadas en el color de la piel, el idioma o acento, el nivel de educación o el de sus ingresos. Es común evaluar a los individuos según la zona de la ciudad en que viven (o si viven en la ciudad o en un pueblo). Prediquemos que eso es parte del mundo malvado del cual Jesucristo nos ha liberado; esta actitud no es parte de la nueva creación (1:4, 6:15).

---

[9] Beverly Roberts Gaventa, «Is Galatians Just a "Guy Thing"?: A Theological Reflection», *Interpretation*, 54 (July 2000):274.

Estos sistemas de evaluación, diferenciación o estratificación de la gente causan división y hasta violencia, como fue el caso de Pablo y el judaísmo. La verdad es que la religión, como la defino en este comentario, ha sido una de las causas más comunes de violencia (ver «Una definición de la religión» y «Grupo delimitado y grupo centrado» en la Introducción.), como se ve a lo largo de la historia, incluyendo la historia de las Américas. En la época posmoderna, una manera propuesta para tratar de evitar la violencia y la exclusividad dañina de la religiosidad delimitada es trazar las líneas de división menos claras y/o darles menos importancia. Hay cierta lógica en esta estrategia. Si se hacen las líneas más borrosas es más difícil delimitar las divisiones y excluir a las personas. Es más difícil decir con claridad «Yo tengo razón, usted está equivocado». Sin embargo, esta estrategia también tiene desventajas. Como no hay claridad en las expectativas éticas, la tendencia es a caer en un relativismo moral. Con líneas más borrosas puede ser que haya mucho menos impulso religioso para la violencia, pero también hay menos claridad respecto a las acciones positivas y existe menos motivación para las mismas o para evitar acciones negativas. Como veremos en el resto de la carta, Pablo no responde al problema de la religiosidad delimitada con un llamamiento a hacer las reglas más llevaderas o las líneas de división más borrosas. Pablo no hace reajustes al paradigma de la religiosidad delimitada, sino que presenta un paradigma totalmente diferente, –paradigma que en este comentario he denominado una iglesia centrada. Busquemos la respuesta a la violencia de la religión no en una ética de moralidad relativista, sino en una ética centrada en Jesús.

El contraste que Pablo presenta entre la revelación de Dios y el invento humano de la religión contiene una observación implícita importante. La religión, en su caso el judaísmo, es natural para los seres humanos. Practicar una religión es natural. De manera similar a las implicaciones de la sección anterior, es importante que ayudemos a los miembros a no sólo mirar a otros y sus problemas con la religión, sino que también debemos exhortarlos a reconocer que tal vez tengan las mismas tendencias. La religión nos viene naturalmente, vivir el evangelio no es cosa natural: requiere la acción de Dios en nuestras vidas. Y, desafortunadamente, tenemos la tendencia a hacer lo que hicieron Pablo y otros judíos con el judaísmo: distorsionar la revelación de Dios y vivirla como una religión. Así es que esta sección nos invita a reflexionar sobre las maneras en que permitimos que nuestros instintos religiosos tergiversen el evangelio de Dios. Ayudemos a otros a preguntarse junto a nosotros de qué manera necesitamos nuevamente experimentar el evangelio revelado por Jesús.

Finalmente, notamos que el encuentro de Pablo con Dios no fue asunto sólo interior y personal, sino que lo impulsó a la misión. Como escribe Richard Hays: «Nuestra predicación sobre este pasaje no debe enfocarse en la experiencia personal interior de conversión; sino que debemos fijarnos en la acción de Dios de tomarnos y darnos el poder para hacer tareas que nunca hubiéramos imaginado».[10]

2. Pablo en una reunión con los líderes de la iglesia en Jerusalén (2:1-10)

[1]Catorce años después subí de nuevo a Jerusalén, esta vez con Bernabé, llevando también a Tito. [2]Fui en obediencia a una revelación, y me reuní en privado con los que eran reconocidos como dirigentes, y les expliqué el evangelio que predico entre los gentiles, para que no fuera en vano todo mi esfuerzo.[11] [3]Ahora bien, ni siquiera Tito, que me acompañaba, fue obligado a circuncidarse, aunque era griego. [4]El problema era que algunos falsos hermanos se habían infiltrado entre nosotros para coartar la libertad que tenemos en Cristo Jesús a fin de esclavizarnos. [5]Ni por un momento accedimos a someternos a ellos, pues queríamos que se preservara entre ustedes la integridad del evangelio.

[6]En cuanto a los que eran reconocidos como personas importantes –aunque no me interesa lo que fueran, porque Dios no juzga por las apariencias–, no me impusieron nada nuevo. [7]Al contrario, reconocieron que a mí se me había encomendado predicar el evangelio a los gentiles, de la misma manera que a Pedro predicarlo a los judíos.[12] [8]El mismo Dios que facultó a Pedro como apóstol de los judíos[13] me facultó también a mí como apóstol de los gentiles. [9]En efecto, Jacobo, Pedro y Juan, que eran considerados columnas, al reconocer la gracia que yo había recibido, nos dieron la mano a Bernabé y a mí en señal de compañerismo, de modo que nosotros fuéramos a los gentiles y ellos a los judíos. [10]Sólo nos pidieron que nos acordáramos de

---

[10] Hays, *op. cit.*, p. 220.
[11] 2:2 *para ... esfuerzo.* Lit. *para que yo no estuviera corriendo o hubiera corrido en vano.*
[12] 2:7 *el evangelio ... judíos.* Lit. *el evangelio de la incircuncisión, como a Pedro el de la circuncisión.*
[13] 2:8 *los judíos.* Lit. *la circuncisión*; también v. 9.

los pobres, y eso es precisamente lo que he venido haciendo con esmero.

Pablo enfatiza que el mensaje que predica lo recibió directamente de Dios. No es un invento humano ni una adaptación (o una corrupción de acuerdo al punto de vista de los instigadores) de una enseñanza recibida de otros apóstoles. Ahora Pablo enfoca su narrativa en Jerusalén para demostrar que los apóstoles aprobaban su predicación. Notamos en estos versículos que en forma cuidadosa, por un lado, Pablo aprovecha que su mensaje fuera aprobado por los líderes de la iglesia y, por otro lado, trata de evitar poner demasiado énfasis en la importancia o la autoridad de dichos líderes con el fin de no dar a entender que es un apóstol con menos autoridad. Obviamente, quiere demostrar que los dirigentes de la iglesia en Jerusalén ratificaban su misión y su mensaje para así fortalecer su argumento en contra de los instigadores. Al mismo tiempo nos muestra que, aunque experimentó la revelación de Jesucristo de una manera singular e individual, no se considera un misionero que trabaja en forma independiente del resto de la iglesia.

Según Richard Hays, al leer esta sección es de ayuda tener en cuenta dos puntos. Primero, notamos que hay tres grupos representados: uno está compuesto por Pablo, Bernabé y Tito; el segundo lo conforman los dirigentes de la iglesia en Jerusalén; y el tercero está integrado por el grupo de los «falsos hermanos» a quienes Pablo presenta como la raíz del conflicto. Segundo, notamos que esta sección narrativa prefigura el conflicto que en esos días tenía lugar en Galacia. Puede ser que haya habido una relación directa entre los instigadores en Galacia y los falsos hermanos presentados aquí. Aunque no lo sabemos con certeza, el paralelismo de las dos situaciones es obvio tanto para nosotros como probablemente lo fue para quienes escucharon la lectura de la carta en las iglesias de Galacia.[14]

Lo que Pablo describe en la primera parte del capítulo 2 tiene mucha semejanza con el concilio de Jerusalén descrito en Hechos 15:1-35. Por eso, la mayoría de los comentaristas piensa que en esta carta Pablo habla del mismo concilio que describe Lucas. Sin embargo, hay algunas cosas aparentemente contradictorias y algunos comentaristas piensan que Pablo se refería a su visita a Jerusalén que se menciona en Hechos 11:30. Aunque Moisés Silva ha demostrado que las diferencias no son

---

[14] Richard Hays, *ibid.*, p. 221.

II. DEFENSA NARRATIVA DEL EVANGELIO DE LIBERTAD (1:11-2:21). 73

tan contradictorias como parecen,[15] la realidad es que no sabemos con seguridad si lo que Pablo describe aquí es el mismo concilio de Hechos 15. Creo que Gálatas 2 y Hechos 15 hablan del mismo evento, aunque las verdades que aprendemos de esta sección no dependen de eso.

Pablo dice que fue a Jerusalén por revelación (2:2). Reitera que responde a Dios. No fue a Jerusalén porque otras personas con más autoridad lo llamaron. De acuerdo con Hechos 15, y pensando en Hechos 13:2-3, es posible entender esa revelación como una palabra de profecía recibida por alguna persona en una reunión de la iglesia de Antioquía. La iglesia respondió a esta profecía enviando a Pablo, Bernabé y Tito a Jerusalén.[16]

Pablo menciona explícitamente a dos miembros de la comisión. Bernabé era un judío «de buena raza» (Hch 4:36-37) con una relación estrecha y positiva con la iglesia de Jerusalén y a quien Lucas presenta como una persona de espíritu apaciguador que apoyaba la misión a los gentiles (Hch 9:26-27; 11:19-26). Desde el punto de vista de la precaución, Bernabé era la persona ideal e idónea para este viaje, pues facilitaría una recepción positiva por parte de la iglesia en Jerusalén. Sin embargo, vemos que Pablo no buscaba el camino de menor resistencia, así que también llevó a Tito, un griego incircunciso (2:1, 3) quien aparentemente se había convertido por el mensaje de Pablo (Tit 1:4). Presumimos que este fue un acto provocador y deliberado de parte del apóstol. La presencia de Tito enfrentaba directamente a los líderes de la iglesia con el problema de los gentiles convertidos. Los líderes no tendrían el lujo de hablar teóricamente sobre algo que sucedía en otra parte del mundo. Su decisión sobre la validez de la misión a los gentiles no se basaba en los requisitos del judaísmo (es decir, que los convertidos tenían que hacerse judíos primeramente) produciría un impacto inmediato sobre un hombre cuya conversión era fruto de la evangelización llevada a cabo por Pablo.

---

[15] Silva, *op. cit.*, pp. 113-139. Por ejemplo, Lucas escribe de una reunión pública y Pablo de una reunión privada. Sin embargo, es fácil imaginar que las dos podrían haber ocurrido en la misma visita. Otros comentaristas se preguntan por qué en Gálatas Pablo no menciona la visita a Jerusalén de Hechos 11. Sin embargo, el propósito de Pablo no es tanto reseñar todos sus viajes a Jerusalén, sino relatar cuando estuvo bajo la influencia directa de los apóstoles en Jerusalén.

[16] Puede ser que el mismo Pablo recibió la revelación de Dios. Sin embargo, es importante recordar que Pablo recibió revelación y dirección de Dios de varias formas y necesitamos estar dispuestos a aceptar varias interpretaciones de la manera en que pudo haber recibido la revelación de ir a Jerusalén (ver: Hch 9; 11:28; 13:2; 16:6-9; 18:9-10; 20:22-23; 21:4, 10-11; 22:17-21; 23:11; 27:23-24; 2 Co 12:2-4).

Individualmente Bernabé, Tito y Pablo representan características distintas e importantes de la misión a los gentiles. Sin embargo, la delegación que representan juntos es aun más importante. Los tres simbolizan la comunidad que Pablo presentará como producto de la acción de Dios por Jesucristo, una comunidad en la cual la circuncisión no es una barrera para la comunión. Por eso, la composición de la delegación es un testimonio de carne y hueso del evangelio.

En el segundo versículo del capítulo 2, vemos lo que ya hice notar en cuanto a la manera cuidadosa en que Pablo aprovecha que los líderes aprobaban su mensaje y, a la vez, trata de evitar darles demasiada importancia o autoridad. En esta sección, Pablo describe tres veces a los líderes como quienes eran reconocidos como dirigentes o personas importantes (2:2, 6, 9). La palabra griega que la NVI traduce como «eran reconocidos» puede tener cierto grado de duda o ironía. Pablo reconoce que ellos «tenían cierta reputación» (RVR), pero lo hace de manera tal de no quitar el énfasis y la importancia que ha puesto en el evangelio que recibió por revelación de Dios. Hace hincapié en Dios como la autoridad suprema y no se preocupa por la aparente importancia que pudieran tener ciertas personas (2:6).

El lector no se lleva la impresión que los apóstoles en Jerusalén expusieron a Pablo a un examen sobre el mensaje que predicaba, ni mucho menos que defendió el mensaje de forma débil y sin convicción. ¡No! Pablo dice que explicó (o expuso [RVR, BLA]) el evangelio a los líderes en privado (2:2). No sabía si iban a apoyarle, pero de ninguna manera dudaba del evangelio que predicaba. ¿De qué manera hubiese sido en vano su esfuerzo si la iglesia en Jerusalén rechazaba su mensaje y su misión a los gentiles? De una manera u otra, el rechazo de su misión por parte de los líderes en Jerusalén hubiese causado división y la destrucción de la comunidad cristiana representada en la comunión entre Pablo, Bernabé, y Tito. Como veremos, para Pablo no sólo sería un asunto de diferencias sobre ciertas reglas y tradiciones, sino una negación del evangelio de Jesucristo.

Pablo ilustra la respuesta de los líderes al decir que a Tito no se le obligó a circuncidarse (2:3). Más tarde, Pablo dirá que «no me impusieron nada nuevo» (2:7), pero en forma emotiva interrumpe su propio pensamiento para decirles a los gálatas que, aunque los líderes en Jerusalén aprobaron lo que predicaba, también había otros que se opusieron (2:4).

II. DEFENSA NARRATIVA DEL EVANGELIO DE LIBERTAD (1:11-2:21).

La frase «falsos hermanos» es similar a la frase «otro evangelio» (1:6-9) que Pablo ya usó. Esta frase implica que esas personas se consideraban cristianas (ver Hch 15:5), pero Pablo no los considera hermanos en la fe. Eran judíos cristianos a quienes algunas personas de la iglesia habían aceptado como hermanos. No eran judíos no-cristianos tratando de infiltrarse en la iglesia para causar problemas. Las motivaciones y preocupaciones de esos «falsos hermanos» eran similares a las de los instigadores que llegaron a Galacia (para más información sobre este tema ver la sección «Los instigadores» en la Introducción).

No queda claro si los falsos hermanos se habían infiltrado en la reunión particular que Pablo menciona o si habían ido de Jerusalén a infiltrarse en la iglesia de Antioquia en donde judíos y gentiles se reunían juntos. Lo que sí queda en claro es que Pablo ve esa infiltración como un ataque serio contra el evangelio. Podemos notar esa preocupación de Pablo por las metáforas de batalla y de esclavitud que emplea. En esta batalla Pablo y Bernabé ni por un momento acceden a someterse a las pretensiones de los falsos hermanos (2:5).

Pablo explica que no accedieron a estas pretensiones para que se preservara la integridad del evangelio entre los cristianos de Galacia (2:5). No quiere decir que en ese preciso momento en Jerusalén Pablo pensaba solamente en las iglesias de Galacia. Significa que reflexionaba y estaba preocupado por los cristianos gentiles en general, lo que incluía a los gálatas. Esta es otra manera en que Pablo entreteje su narrativa del pasado con la presente controversia en Galacia.

Varias versiones traducen una frase en el versículo 5 como: «la verdad del evangelio» (por ejemplo BJ, LNB, RVR, VP). Sin embargo, es mejor la traducción de la NVI: «la integridad del evangelio». Cuando leemos «la verdad del evangelio» es fácil pensar que Pablo se refería a la información correcta o a una formulación correcta del mensaje. Obviamente es una preocupación de Pablo. Sin embargo, como exploraremos en más detalle en Gálatas 2:14, cuando Pablo menciona la integridad del evangelio piensa en una realidad vivida por un encuentro con Jesucristo que nos ha rescatado del mundo malvado. Según Pablo, la integridad del evangelio está ligada a la libertad. Acceder a las pretensiones de los falsos hermanos sería negar la libertad que nos da Jesús, y se perdería la integridad del evangelio.

Esta es la primera vez que Pablo usa los términos «libertad y esclavitud» como pareja antitética. Usa estos términos con el mismo sentido en varios lugares de este escrito (2:4; 3:28; 4:1-11; 2:21-5:1; y 5:13) y por eso los consideramos un tema principal de la carta a los Gálatas. Richard Hays dice que es importante observar que «en la primera mención de estas palabras, "la libertad" se refiere a la asociación sin impedimentos de cristianos judíos y gentiles, mientras que "la esclavitud" se refiere a un intento de imponer el requisito de la circuncisión a los creyentes gentiles».[17] Vemos entonces que para Pablo la integridad del evangelio y la libertad en Cristo Jesús no sólo se dirigen al individuo, sino que tienen carácter comunitario. Estar centrado en Cristo tiene implicaciones en las relaciones interpersonales. La integridad del evangelio se manifiesta en un grupo que se centra en Cristo y que, por lo tanto, es libre de la esclavitud presente en los grupos delimitados donde se hace diferencia entre las personas de acuerdo a las líneas de división. (Ver «Grupo delimitado y grupo centrado» en la Introducción.)

Como ya hemos mencionado, los dirigentes en Jerusalén no le impusieron nada nuevo a Pablo. De hecho, Pablo escribe que reconocieron su misión de predicar el evangelio a los gentiles tanto como reconocieron la misión de Pedro de predicar a los judíos (2:6-7). Sin embargo, en medio de su informe a los gálatas sobre la aceptación y aprobación recibida por los líderes de la iglesia en Jerusalén, Pablo inserta una observación que de nuevo pone el énfasis en la acción de Dios y no en la autoridad de un líder u otro (28). El verbo griego *energeô* (en 2:8 traducido como «facultar» [NVI], «actuar» [RVR, BJ], «hacer» [BLA, LNB]) es una palabra que Pablo usa comúnmente cuando describe el poder de Dios que actúa a través de instrumentos humanos (Gá 3:5, 5:6; Fil 2:13; Col 1:29; 1Ts 2:13; cf. Ef 3:20). Por ejemplo en 1 Corintios Pablo escribe:

> Hay diversas funciones (*energêmatôn*), pero es un mismo Dios el que hace (*energôn*) todas las cosas en todos... Todo esto lo hace (*energei*) un mismo y único Espíritu, quien reparte a cada uno según él lo determina (1Co 12:6, 11).

Entonces, así como existe complementariedad en las dádivas otorgadas por Dios, también se complementan las dos misiones facultadas por Dios: la de Pedro a los judíos, y la de Pablo a los gentiles. Los dones en 1 Corintios y las misiones que se describen en esta carta son obra del Espíritu de Dios. De esta forma, Pablo comunica otra vez que la autoridad que él tiene de predicar el evangelio no viene de un acuerdo basado

---

[17] Hays, *op. cit.*, 2000, p. 225.

II. DEFENSA NARRATIVA DEL EVANGELIO DE LIBERTAD (1:11-2:21). 77

en negociaciones con los líderes en Jerusalén, sino que precisamente los líderes reconocen que Dios actúa en su vida y su misión y que es el instrumento para predicar el evangelio a los gentiles de la misma forma en que usaba a Pedro en la evangelización a los judíos.

Pablo cuenta a los gálatas que los dirigentes más relevantes, Jacobo, Pedro y Juan («las columnas»)[18] apoyaron la manera en que Dios utilizaba a Pablo y Bernabé con una señal de compañerismo, dándoles la mano (2:9). Pablo comienza la narrativa de aquella reunión en Jerusalén con la imagen del compañerismo cristiano entre él, Bernabé y Tito. Esta imagen representa simbólicamente que los que habían sido separados por las tradiciones de los judíos, ahora ya están unidos por la acción de Cristo y no es necesario circuncidarse y cumplir con las leyes y tradiciones judías para ser parte del pueblo de Dios. Ahora, al final del relato, Pablo expone otra imagen de compañerismo cristiano que representa simbólicamente la aceptación de los dirigentes de la iglesia en Jerusalén de lo que representaba la primera imagen.

Esta es una buena oportunidad para detenernos en nuestro análisis y recordar que Pablo escribió esta carta a las iglesias en Galacia y que seguramente una persona la leería, probablemente varias veces, en cada una de las iglesias. ¿Cómo habrán reaccionado los cristianos en Galacia al escuchar estas palabras? ¿Qué impresión habrán provocado las dos imágenes que acabo de describir?

Podemos imaginarnos que esta sección conmocionó a los oyentes. Por un lado, habrán notado que los dirigentes principales de la iglesia en Jerusalén no solo aprobaban y apoyaban el mensaje y la misión de Pablo, sino que no le exigieron a Tito que se circuncidara, que era exactamente lo que los instigadores judaizantes en Galacia demandaban. Por otro lado, los gálatas habrán notado la enorme similitud entre los «falsos hermanos» en Jerusalén y los instigadores que llegaron a Galacia. Hablar de libertad, esclavitud y de defender la integridad del evangelio en relación a los falsos hermanos es la manera en que Pablo comunica lo que pensaba respecto a los instigadores y su mensaje. Sin embargo, hemos visto que Pablo no necesita esconder o disfrazar sus palabras francas y fuertes (1:6-10). La suya no es una manera disimulada de refutar a los judaizantes en Galacia. Más bien por la forma del escrito es probable que no fuese

---

[18] Este Jacobo es probablemente el hermano carnal de Jesús (1:19) porque Jacobo, el hijo de Zebedeo y hermano de Juan, Herodes Agripa lo había hecho ejecutar (Hch 12:2). El Juan a quien se menciona aquí probablemente es el hijo de Zebedeo.

algo fríamente calculado, sino motivado por la emoción del apóstol. Y eso nos transmite exactamente lo mismo que comunica a los gálatas. Para Pablo lo que está en discusión es de suma importancia. Se trata de la diferencia de vivir en esclavitud en «este mundo malvado» (1:4) y de vivir en libertad como parte de la nueva creación por Cristo (6:15). No es un mero debate intelectual sobre temas doctrinales. Seguramente los cristianos de Galacia no sólo habrán notado su emoción. También habrán notado que los líderes de la iglesia en Jerusalén no apoyaban el mensaje que los instigadores enseñaban en esos días en Galacia.

Hasta este punto la narración de Pablo podría dejar a los gálatas un poco confundidos. Es muy probable que cuando llegaron los judaizantes proclamaban que venían con el apoyo de Jerusalén. Los gálatas ahora tenían que pensar que uno de los dos mentía o que los líderes en Jerusalén habían cambiado de parecer. Lastimosamente, en unos versículos más adelante, Pablo mismo admite que algunos de los líderes de Jerusalén habían mudado su parecer. Esto no significa necesariamente que cambiaron su posición a tal punto que oficialmente mandaron a los judaizantes a Galacia. Lo que sí puede significar es que los «falsos hermanos» seguían en la iglesia, crecían en número e importancia y enviaban misioneros a varias localidades. Sin embargo, para entonces Pablo había establecido una verdad irrefutable. En un momento determinado, la iglesia de Jerusalén de hecho apoyaba su posición y no aceptaba la de los falsos hermanos. Y eso seguramente causó una gran impresión en los oyentes.

Es probable que sus próximas palabras, «solo nos pidieron», captasen toda la atención de los oyentes. Podemos imaginar a los gálatas inclinándose para escuchar lo que sigue, pensando «Tal vez los judaizantes no están totalmente equivocados en insistir que tenemos que tomar ciertas prácticas de los judíos. Ahora sí vamos a saber cuáles leyes y tradiciones de los judíos tenemos que practicar». Sin embargo, lo que los dirigentes enfatizaron fue la importancia de seguir ayudando a los pobres. No seleccionaron una ley o un rito religioso que un grupo delimitado podía usar para definir quiénes pertenecían al grupo. Más bien, se enfocaron en algo que tenía que ver con el carácter de la comunidad. Una comunidad centrada en Jesús vive de una manera distinta a la de otros grupos en la sociedad. Los líderes de Jerusalén se preocupaban por la importancia de tener una identidad distinta, pero no pensaban en la circuncisión sino en la acción de ayudar a los pobres.

Desafortunadamente en vez de considerar ese pedido como un imperativo general, la gran mayoría de los comentaristas dicen que los líderes de la iglesia en Jerusalén pedían a Pablo y Bernabé y a las iglesias producto de su trabajo misionero, que ayudaran a los necesitados en la iglesia de Jerusalén a causa de la escasez de alimentos que sufría la ciudad. Esta interpretación hace de la petición algo muy ocasional: si no hubiera habido gran necesidad en ese momento, no hubieran dicho nada sobre ayudar a los pobres. Además, no comunica nada sobre la acción de las comunidades cristianas en relación a los pobres en sus propias comunidades cristianas y entre sus vecinos no cristianos. Esta interpretación deja esa frase como una añadidura a la reunión, como si este asunto no fuese central a la reunión en Jerusalén y, por lo tanto, algo que no era central en la carta tampoco. Consecuentemente, si quitáramos la frase de la carta no cambiaría la interpretación de la misma. ¿Pero es esa la mejor interpretación del versículo 2:10?

Bruce W. Longenecker ha estudiado cuidadosa y profundamente este versículo en particular y el tema general de Pablo y la pobreza.[19] Mantiene que es erróneo entender esa oración como una petición especifica en relación a una ofrenda para los pobres en la iglesia en Jerusalén. Opina que en esa interpretación vemos otro ejemplo de cómo los lectores de Pablo han deshecho la teología integral de Pablo.[20] Seguiremos los pasos de Longenecker con el objetivo de discernir la intención de los líderes en Jerusalén cuando dijeron esa frase y la intención de Pablo al incluirla en la carta.

Es importante notar que en los primeros tres siglos de nuestra era ninguna de las interpretaciones que tenemos de este versículo entendió esta frase como una petición específica para Jerusalén. Tertuliano, Orígenes, Atanasio y Aphrahat escribieron comentarios sobre el versículo y lo interpretaron en forma general y global.[21] Si aceptamos esa interpretación de la iglesia primitiva, nos queda decidir si los de Jerusalén le pedían a Pablo que hiciera algo que no hacía o si le pedían que no dejara de hacer que ya hacía.

Aunque la traducción «nos pidieron que nos acordáramos de los pobres» puede implicar que Pablo y Bernabé y sus comunidades de fe no

---
[19] Bruce W. Longenecker, *Remember the Poor: Paul, Poverty, and the Greco-Roman World*, Eerdmans, Grand Rapids, 2010.
[20] Bruce W. Longenecker, *Ibid.*, p. 206.
[21] Bruce W. Longenecker, *Ibid.*, pp. 161-166.

ayudaban a los pobres, también podríamos traducir la frase como «nos pidieron que continuáramos acordándonos de los pobres». De manera similar la frase «lo que he venido haciendo con esmero» puede significar que Pablo inició esa acción después de la reunión en Jerusalén o que lo había hecho con esmero antes de la reunión en Jerusalén y que continuó haciéndolo.[22] No podemos saber qué interpretación es la correcta con sólo observar la gramática. Bien podemos preguntarnos: ¿Qué actitud vemos en Pablo? ¿Hay evidencia de que daba importancia a ayudar a los pobres o se trataba de algo que hizo por presión de otros y que no era central en su teología y práctica? El tema está presente varias veces en la carta (5:13-15; 6:2; y 6:9-10) y también en palabras y acciones de Pablo en Hechos (20:33-35) y en otras cartas paulinas (Ro 12:13-16; 1Co 11:17-34; 2Co 9:13; Ef 4:28; 1Ts 5:14-15; 2Ts 3:16-13; 1Ti 5:3, 16; 6:17-18; Tit; 3:14). Consirando lo anterior entendemos aquí que se acordó de los pobres con esmero antes de la reunión en Jerusalén y que siguió haciéndolo después.

Si la acción de ayudar a los necesitados es importante para Pablo, ¿por qué los líderes en la reunión de Jerusalén la destacan? Para contestar esta pregunta Longenecker sugiere que veamos cuán común era la acción en favor de los pobres en la sociedad general del imperio romano en el primer siglo y la comparemos con la acción a favor de los pobres entre los judíos. Aunque Longenecker muestra que hubo iniciativas de ayuda a los necesitados en la sociedad en general, estas iniciativas eran menos comunes que entre los judíos, tanto los seguidores de Jesús como los demás.[23] Tanto en la ley como en los profetas, en las Escrituras hay un fuerte énfasis en la justicia y la ayuda a los pobres. Y vemos lo mismo en las palabras de Jesús y en las acciones de la comunidad cristiana en los primeros capítulos de Hechos. El tema está presente también en otros libros del Nuevo Testamento, especialmente Santiago.

Así, pues, una razón por la que los líderes en Jerusalén acentuaron el tema de ayudar a los pobres es que era un tema importante para ellos. (Si Jacobo [Santiago] mencionado en Gálatas es el mismo Santiago que escribió la epístola, podemos tener la seguridad de que éste fue un tema muy importante para él.) Así que lo enfatizaron no porque estuvieran preocupados por el comportamiento de Pablo en relación a los pobres, sino más bien por el comportamiento de los creyentes gentiles que no

---

[22] Bruce W. Longenecker, *Ibid.*, pp. 190-194.
[23] Bruce W. Longenecker, *Ibid.*, pp. 60-134.

habían experimentado la influencia de las tradiciones de los judíos en cuanto a ayudar a los necesitados.

Como veremos en el versículo 16 del capítulo 2, el judaísmo se enfocaba en varias obras de la ley para definir su identidad como judíos, la cual incluía la circuncisión. En la reunión en Jerusalén se afirma que los creyentes gentiles no debían practicar la circuncisión. Pero eso no significa que a los líderes no les preocupara el sentido de identidad de los grupos gentiles seguidores de Jesús. Es notable que, para marcar la identidad en forma delimitada, no impusieron otra obra de la ley en vez de la circuncisión pero sí señalaron algo de su tradición y práctica como judíos que no querían que se perdiese: ayudar a los pobres. Como escribe Longenecker: «La reunión en Jerusalén terminó con la afirmación de que, lo que uniría a las comunidades de judíos y de gentiles seguidores de Jesús, no sería la circuncisión sino el cuidado de los pobres».[24] Basándose en ese acuerdo y esa exhortación, las iglesias gentiles tendrían una identidad distinta que la de la sociedad, no basada en ritos o prácticas religiosas sino en su práctica a favor de los necesitados.

Aunque algún grupo delimitado podía usar la ayuda a los necesitados como una línea para incluir a todos los que pertenecerían al grupo, por varias razones dicha acción no se presta a ese propósito. Aunque ayudar a los necesitados requiere de la acción del individuo, también se enfoca en la comunidad como un todo, ya que tiene que ver más con el carácter del grupo que con ciertas acciones religiosas que los individuos pudieran practicar. En el contexto de la carta a los gálatas, la acción de ayudar a los necesitados se describe y se presenta de una forma centrada, ya que está relacionada con el énfasis de la comunidad cristiana en la cruz. Es decir, las acciones a favor de los pobres fluyen de su relación con Jesucristo y su imitación de él. Cristo dio su vida por otros (1:4, 2:20), así que los líderes de la iglesia en Jerusalén junto con Pablo llaman a las comunidades de fe a practicar un cuidado de otros que reproduzca esa estrategia (2:10; 5:13-14; 6:2; 6:9-10). Se practica esa ayuda a los necesitados dentro de la comunidad de fe. En una iglesia centrada cuando los participantes van acercándose al centro, Jesús, los miembros también se acercan el uno al otro. Un fruto de tener relaciones más estrechas es preocuparse el uno por el otro. También se practicó esa ayuda entre las comunidades cristianas, incluyendo el proyecto en el cual se involucró Pablo de mandar ayuda a los necesitados en Jerusalén (Ro

---

[24] Bruce W. Longenecker, *Ibid.*, p. 209.

15:25-27; 1Co 16:1-4; 2Co 8-9). Las acciones de los falsos hermanos de Jerusalén y de los maestros judaizantes en Galacia tenían carácter de una iglesia delimitada y produjeron esclavitud y división. En contraste con lo anterior, la acción de Jesús que Pablo predicaba produjo acciones de solidaridad entre grupos de judíos y gentiles que antes estaban alienados. Aunque se pone un énfasis especial en ayudar a otros de la familia de fe, también se exhorta a las comunidades centradas en Jesús a ayudar a los necesitados que no son parte de la familia (6:10). Mientras las acciones religiosas como la circuncisión producen división, la acción de ayudar a las personas que no son parte del grupo rompe las barreras y siembra un espíritu de invitación e inclusión en lugar de exclusión y separación.

Aunque es importante notar que la exhortación de acordarse de los pobres no es de carácter delimitado, es aun más importante que reflexionemos sobre lo que significa. Los líderes en Jerusalén sólo mencionan una cosa específica cuando bendicen la misión de Pablo y Bernabé a los gentiles. Obviamente, eso no quiere decir que la misión sólo era una obra: ayudar a los necesitados. Ellos sabían que Pablo y Bernabé hacían más que eso y les apoyaban en los otros aspectos de su misión. Era una misión integral. Pero el hecho de que resaltaran el asunto de acordarse de los pobres, muestra que para la iglesia en ese entonces cuidar de los necesitados no era una actividad más, algo bueno pero opcional. Lo consideraban central e importante para su identidad como comunidades de seguidores de Jesús.

De manera similar, al incluir esta exhortación de los líderes en la carta, Pablo comunica un «no» y un «sí» a los gálatas. Los líderes en Jerusalén no enfatizan la circuncisión, ni la observación del sábado ni el no comer con gentiles incircuncisos. Entonces en la carta, esta oración (2:10) funciona para comunicar a los cristianos gentiles de Galacia que los líderes de Jerusalén no consideran la circuncisión como algo central, tal como lo hacían los instigadores judaizantes. Funciona más bien para comunicar que algo central e importante en la vida de una iglesia es ayudar a los pobres. Al incluir esta exhortación Pablo apoya un tema central en la carta: la libertad de la esclavitud de la religión y la libertad para servir.

Un acuerdo para una misión integral (2:1-10)

Un debate sobre la circuncisión y la iglesia puede parecer muy lejos de nuestra realidad actual. Y literalmente es cierto. No es un asunto de discusión en las iglesias de hoy. Sin embargo, si nos introducimos en la narrativa y hacemos analogías entre la circuncisión y situaciones actuales nos damos cuenta que el texto es muy relevante y contextual. Es un asunto de identidad. Si una iglesia basa su identidad en temas nacionales, culturales o religiosos, entonces repite el error de los falsos hermanos. Pablo insiste en que no dejemos que la cultura o la religión definan la identidad de la iglesia, sino que ayudemos a nuestras iglesias a definir su identidad en la vida, crucifixión y resurrección de Jesús.

A Pablo, Bernabé y Tito se los envía a Jerusalén en respuesta a una revelación de Dios. Eso nos muestra que a Dios le interesa la unidad de la misión. Es importante notar que Pablo obedece a la revelación. En la iglesia a muchos les parece más fácil la división que el diálogo. Fácilmente Pablo hubiera podido pensar que no valía la pena buscar unidad con los líderes más conservadores y tradicionales de Jerusalén. Vemos en Pablo un espíritu de obediencia a Dios y apertura al diálogo con otros. Esto surge de la comprensión y buena relación que tiene con su Señor. Está centrado en Jesús. En un grupo centrado, las diferencias no deben llevar a los miembros al aislamiento. Prediquemos y practiquemos esas características de apertura, diálogo y comunión.

Desafortunadamente, muchas veces los cristianos y las iglesias no han sido fieles a lo que acordaron en Jerusalén. Un líder cristiano indígena norteamericano observó que el acuerdo en Jerusalén fue bueno, pero la iglesia no lo practica. Durante siglos, cristianos no indígenas les han dicho a los indígenas que deben vestirse como ellos, actuar como ellos, hablar como ellos, cantar como ellos, etc.[25] Vemos algo muy diferente en Pablo: no sólo no impone tradiciones judías en los que él evangelizaba, sino que abiertamente les dice que no es necesario seguir tales tradiciones. Y, aun más, el aboga en defensa de los cristianos gentiles ante el apremio de los falsos hermanos e instigadores. Sigamos el ejemplo de Pablo.

En la primera sección (1:1-10) Pablo escribe fuertemente en contra de lo que denomino evangelio de «Jesús y...» y en esta sección Pablo escribe en contra de los falsos hermanos y lo que he llamado religiosidad delimitada. Notamos en la sección anterior (1:11-24) que la respuesta de Pablo a la exclusión que los instigadores practicaban y la religiosidad delimitada que imponían, fue no sólo asunto de hacer unos reajustes tales como proponer unos requisitos más fáciles. Pablo practica un paradigma totalmente diferente –lo que en este comentario hemos llamado una iglesia centrada. La manera en que Pablo responde a los falsos hermanos nos muestra que el paradigma centrado incluye

---

[25] Terry Le Banc, Wheaton College Theology Conference, 7 de abril, 2011.

confrontación y declaraciones claras sobre comportamientos que no son apropiados. Incluye aun un sentido de quiénes pertenecen al grupo y quiénes no. Asimismo, la exhortación final de los apóstoles a acordarse de los pobres muestra que también hay exhortaciones claras de acciones que se esperan de alguien que tiene su vida centrada en Jesús. Exploraremos estos temas en las secciones finales de la carta (5:13-6:10), pero aun al principio de ella notamos que la confrontación y la exhortación ética son parte de vivir esa libertad como comunidad. Por lo tanto, nuestra respuesta a las distorsiones de la religiosidad delimitada no debe ser dejar de exhortar en nuestros sermones sobre la ética, sino hacerlo de una manera centrada no delimitada. (Ver la sección «Lecciones de Pablo de cómo dar exhortaciones sobre ética en nuestros sermones» en el comentario sobre Gálatas 6:1-10.)

En las siguientes secciones, mencionaremos más sobre la diferencia entre una iglesia delimitada y una iglesia centrada. Una diferencia, es entre el «deber» y el «poder». En una iglesia delimitada, la prédica siempre insiste en «tú debes». Hay deberes en una iglesia centrada, por ejemplo podríamos decir que ayudar a los pobres es un deber. Pero en una iglesia centrada hay más énfasis en el «tú puedes». Ciertamente, Pablo creía que ellos no debían vivir o comunicar un evangelio de «Jesús y...»; pero más que «no debían», Pablo decía «ustedes pueden» vivir libres de un evangelio de imposición y exclusión. Acordarse de los pobres no es algo natural, pero por la transformación experimentada mediante Jesús ellos *podían* hacerlo. Y el deber de ayudar a los pobres incluye un gran «tú puedes» en el sentido que si uno es parte de una comunidad de personas que ayudan a los necesitados significa que cuando uno tiene necesidades recibirá ayuda de los hermanos y hermanas. Prediquemos «tú puedes».[26]

En el entorno de Pablo y los gálatas había mucha pobreza. (Ver «El imperio romano en el tiempo de Pablo» en la Introducción.) Y en el contexto iberoamericano hay mucha pobreza. Los líderes de la iglesia en Jerusalén instan a Pablo a exhortar a los nuevos creyentes gentiles a ayudar a los pobres. Tomar una posición a favor de los pobres, les da a los nuevos cristianos y sus iglesias un carácter muy diferente al de otras personas y grupos en el imperio romano porque la mayoría de la sociedad no se preocupaba por los pobres. Los miembros de las iglesias tenían una identidad distinta como grupo, la cual no se basaba en prácticas de

---

[26] Ese contraste entre «tú debes» y «tú puedes» viene de un sermón dado por Karl Barth sobre Jer 31:33 con el título, «Tú puedes» (pp. 159-166). Es parte de una colección de sermones que Barth predicó en la cárcel de Basilea, Suiza: Karl Barth, *Al servicio de la palabra*, Sígueme, Salamanca, 1985.

II. DEFENSA NARRATIVA DEL EVANGELIO DE LIBERTAD (1:11-2:21). 85

religión delimitada sino en seguir el modelo de Jesús de tratar a los pobres y excluidos de una manera diferente que la sociedad en general. Tenemos la misma oportunidad y responsabilidad hoy. Vivimos en contextos de mucha pobreza y la gran mayoría de la población no se preocupa por los pobres y excluidos.

Algunos pastores de iglesias en contextos de pobreza extrema me han hecho observaciones importantes sobre este pasaje. Están de acuerdo con el llamado a ayudar a los pobres, pero dicen que es muy importante reflexionar sobre qué significa ayudar. Por ejemplo, un pastor indígena del Perú me dijo que reconoce como positivo que unos cristianos, en lugar de ayudar regalándoles cosas, les estaban enseñando a hacer pan, pero considera que no es suficiente. También necesitan capacitación sobre cómo venderlo y encontrar mercados donde venderlo. No es suficiente para una iglesia suponer que porque tienen buenas intenciones al ayudar a los pobres sus acciones son una verdadera ayuda. Hay buenos recursos que pueden guiarnos en este aspecto importante de la misión subrayada por los apóstoles de Jerusalén. Usémoslos.[27]

Ciertamente, ayudar a los pobres implica también atender a sus necesidades físicas y económicas. Sin embargo, si sólo los asistimos en esas áreas no los estaremos ayudando de forma completa y profunda. Necesitamos practicar una misión integral. En esta sección vemos que la misión integral significa poner énfasis en incluir a los excluidos y practicar una unidad centrada en Jesús y no en diferencias culturales o religiosas (2:4-5); significa predicar el evangelio (2:7) y atender a los pobres (2:10). Si sólo nos enfocamos en la evangelización, no estaremos practicando la misión que se describe en el texto bíblico. Si sólo nos enfocamos en las necesidades físicas tampoco practicaremos la misión que se describe aquí. Si practicamos esta misión poniendo énfasis en todas las dimensiones humanas, los estaremos ayudando de una forma profunda e integral. Sin embargo, no sólo cambian las áreas de atención, sino que también cambia el carácter de la relación con los pobres. En la misión integral los pobres estarán incluidos en una familia de fe centrada en Jesús como hermanos y hermanas; entonces, no será sólo cuestión de

---

[27] H. Fernando Bullón, *Misión cristiana y responsabilidad social*, Ediciones Kairós, Buenos Aires, tres tomos, 2009; Pedro Arana Quiroz, Samuel Escobar y C. René Padilla, *El Trino Dios y la misión integral*, Ediciones Kairos, Buenos Aires, 2003; Andrés Kirk, *La misión cristiana bajo la lupa*, Ediciones Kairós, Buenos Aires, 2011; C. René Padilla, *¿Qué es la misión integral?*, Ediciones Kairós, Buenos 2009; C. René Padilla, *Misión integral*, Ediciones Kairós, Buenos Aires, 2da. ed., 2014; Howard Snyder, *La comunidad del Rey*, Ediciones Kairós, Buenos Aires, 2da. ed., 2005; Juan Stam, *Las buenas nuevas de la creación*, Ediciones Kairós, Buenos Aires, 2003.

que quienes cuentan con más recursos económicos ayuden a los que tienen menos. Las relaciones serán mutuas, no un paternalismo sino un compromiso mutuo, una interdependencia donde todos y cada uno da y recibe. Parte de lo que significa ayudar a los pobres es cambiar la dinámica en la sociedad entre los pobres y los demás. Una iglesia centrada en Jesús que practica la misión integral puede hacerlo.

3. ¿Dos mesas o una sola mesa? Confrontación en Antioquía (2:11-21)

En defensa de la integridad del evangelio: Pablo reprocha a Pedro (2:11-14)

> ¹¹Pues bien, cuando Pedro fue a Antioquía, le eché en cara su comportamiento condenable. ¹²Antes que llegaran algunos de parte de Jacobo, Pedro solía comer con los gentiles. Pero cuando aquéllos llegaron, comenzó a retraerse y a separarse de los gentiles por temor a los partidarios de la circuncisión.²⁸ ¹³Entonces los demás judíos se unieron a Pedro en su hipocresía, y hasta el mismo Bernabé se dejó arrastrar por esa conducta hipócrita.
>
> ¹⁴Cuando vi que no actuaban rectamente como corresponde a la integridad del evangelio, le dije a Pedro delante de todos: «Si tú, que eres judío, vives como si no lo fueras, ¿por qué obligas a los gentiles a practicar el judaísmo?

La narración de Pablo cambia rápidamente de una escena de unidad y acuerdo a una escena de división y desacuerdo. En la sección anterior Pablo mostró que la iglesia en Jerusalén había afirmado el evangelio que Pablo predicaba y su misión a los gentiles. En Jerusalén la iglesia apoyó a Pablo y no a los falsos hermanos que habían tomado una posición similar a la de los instigadores judaizantes en Galacia. (Ver «Los instigadores» y «El estereotipo de los instigadores» en la Introducción.) Ahora Pablo les describe a los gálatas una situación en que unas personas seguían un mensaje similar al que los maestros judaizantes enseñaban en esos días en Galacia y cuyo resultado fue una tragedia de división. La destrucción de la unidad de la iglesia de Antioquía concretamente se ilustra por medio de la escena de dos mesas con una línea divisora entre ellas donde antes

---

²⁸ 2:12 los partidarios de la circuncisión. Alt. los judíos.

había sólo una mesa. Para empezar su argumento teológico, Pablo utiliza las dos imágenes opuestas de una mesa unida y las dos mesas separadas. El acuerdo en Jerusalén (2:6-10) se centraba en el asunto de la circuncisión. Pablo y la iglesia de Antioquía habían interpretado el significado del acuerdo como igualdad y comunión entre los cristianos judíos y los cristianos gentiles, de manera tal que comían juntos en la misma mesa. Aparentemente, otros líderes de Jerusalén no lo veían así y esperaban que los cristianos judíos mantuvieran sus tradiciones en cuanto a la forma de relacionarse con los gentiles, aun con los gentiles cristianos.

Lo interesante es que la ley de Moisés no contiene prohibición alguna con respecto a comer con los gentiles. Por esa razón, algunos piensan que el problema tenía que ver más con la comida que se servían que con el hecho de comer con los gentiles. Sin embargo, Pablo no hace mención de qué comían y, por lo tanto, parece que el problema era el hecho de comer con los gentiles en la misma mesa. En esa época era común entre los judíos desarrollar tradiciones que les ayudaran a evitar la posibilidad de desobedecer la ley. Entonces es muy probable que muchos judíos trataran de limitar sus relaciones con los gentiles para disminuir la posibilidad de tener contacto con alguna comida u otra cosa que les estaba prohibida por la ley, y para mantener su distinción como un pueblo diferente. Vemos ejemplos de esto no sólo en la Biblia (Hch 10:28) sino también en los escritos de Tacitus, un historiador romano. Describió a los judíos como misántropos quienes «comen separados» de otros.[29] Así que ley o no ley, aparentemente muchos judíos vivían como si hubiese una ley en contra de la práctica de comer con los gentiles.[30]

La comida, la mesa y la religión

Aun en nuestras sociedades hoy en día, compartir una comida involucra más que el simple hecho de comer. Muchas veces al compartir la comida en la misma mesa se comunica algo en cuanto al nivel de la relación y tiene implicaciones de mutualidad o reciprocidad. Notemos que «pan» está en medio de la palabra «compañerismo», del latín *cum* + *panis* o *juntos* + *pan*. Usamos la comida y la mesa para comunicar algo. Ya que es una parte central en ocasiones sociales, muchos se esfuerzan por

---

[29] Tacitus, *Histories* 5.5:1-2.
[30] Para más información sobre este asunto ver, E. P. Sanders, «Jewish Association with Gentiles and Galatians 2:11-14», en *The Conversation Continues* ed. R.T. Fortna and B. R. Gaventa, Abingdon, Nashville, 1990, pp. 170-88.

no compartir la misma mesa con ciertas personas. En el pasado reciente en Sudáfrica y en el sur de Estados Unidos había leyes que prohibían a los negros comer en restaurantes para los blancos; y en muchas casas en nuestro contexto en América Latina se da comida a los trabajadores de la casa, pero éstos no comen en la misma mesa con los patrones.

Si eso es cierto hoy, fue mucho más cierto en el tiempo de Jesús y Pablo. En general, su cultura tomaba mucho más en serio la mesa. Invitar a alguien a comer en la misma mesa era una fuerte muestra de aceptación y confianza. No compartirla con alguien comunicaba rechazo y desaprobación. Dennis E. Smith describe cómo las comidas eran utilizadas para definir delimitaciones sociales en la sociedad del imperio romano del primer siglo: «Con quien uno come define su lugar en el esquema social. El código social del banquete representa una confirmación de las delimitaciones sociales que existen... El acto de comer juntos crea un vínculo entre las personas. En el mundo antiguo ese simbolismo fue visto en varios aspectos del banquete como compartir la comida, la misma mesa o el mismo plato».[31]

En el Nuevo Testamento, el incidente en Antioquía es sólo una de las muchas ocasiones en que se menciona el tema de compartir la comida. Fue central en el ministerio de Jesús y también lo fue para los fariseos. Al discriminar y seleccionar a quiénes se invitaba y a quién no se invitaba a compartir la comida, los fariseos tenían la mentalidad de un grupo delimitado. El asunto de la mesa era una línea divisoria entre los que ellos consideraban fieles a las leyes y tradiciones y quienes consideraban «pecadores». (Ver «Grupo delimitado y grupo centrado» en la Introducción.) La línea de división comunicaba rechazo a los de afuera, e implicaba estatus y seguridad para quienes se encontraban en la misma mesa. En contraste, Jesús construyó una comunidad centrada e inclusiva. Quebró la barrera religiosa del grupo delimitado y borró sus líneas de división cuando compartió la comida con los de afuera, «los pecadores». Esos mismos temas y dinámicas están presentes en Antioquía, sólo que la pregunta ahora no es con qué judíos se debe comer, sino si los gentiles deben también participar.

Pedro era un judío que había seguido la tradición de no comer con los gentiles. Sin embargo, Dios le había mostrado una nueva realidad (Hch 10) y no nos sorprende que cuando llegó a Antioquía comía junto

---

[31] Dennis E. Smith, *From Symposium to Eucharist: The Banquet in the Early Christian World*, Fortress Press, Minneapolis, 2003, pp. 9-10.

II. DEFENSA NARRATIVA DEL EVANGELIO DE LIBERTAD (1:11-2:21). 89

con todos los cristianos judíos y gentiles. El hecho de que al principio comían juntos y después se apartaron, muestra una situación aún más triste y trágica. El asunto no sólo era con quién uno iba a comer antes o después del culto. Ya que en esa época la cena del Señor se celebraba con una comida, Pedro y los otros no sólo dejaron de comer con los gentiles, sino que también ya no celebraban juntos la cena del Señor.[32]

Además de leer las palabras de estos versículos (12-13), creo que es importante, visualizar los sucesos que se describen. El primer cuadro es una escena de «la nueva creación» que Pablo describe en 3:28. Hombres y mujeres, probablemente esclavos y libres, gentiles y judíos de varias regiones, todos comen juntos y así celebran su unidad en Jesucristo. En el segundo cuadro, vemos la misma mesa unida, pero a un lado hay un grupo pequeño, representantes de Jacobo (1:19; 2:9, 12) que acaban de llegar de la iglesia en Jerusalén. En vez de unirse a la mesa con los otros, explicaron que no podían comer con personas no circuncidadas, por lo cual buscaron otra mesa y comieron aparte.[33] Esa acción religiosa que muestra un carácter de imperialismo cultural, debía causar confusión y cierta ansiedad, tanto en los judíos que comían con los gentiles cristianos como con los gentiles menospreciados.

En las siguientes escenas vemos cambios. Primero, vemos que Pedro se retira de la mesa unida y se va a comer a la mesa de los judíos cristianos de Jerusalén. Es interesante que la palabra utilizada es *hypostello* que se traduce «retirarse» y es la misma palabra que se usa cuando un ejército se retira por razones tácticas. Por lo tanto, Pablo nos comunica que, debido a la presión de la delegación y de manera deliberada, Pe-

---

[32] En mi opinión la Cena del Señor para ellos, no era un evento ritual distinto de una comida juntos. Se trataba de comer juntos y reconocer con palabras o con una oración que se reunían por lo que había hecho el Señor y celebraban ese hecho. Otros piensan que como parte de una comida juntos se llevaba a cabo un acto especial en el cual se pasaba una copa de vino y se compartía el pan. No podemos estar seguros al respecto. Es probable que había variedad. Lo que si podemos afirmar es que, en contraste con la actualidad, la Cena del Señor si no era vista como el acto de comer juntos, sí se la celebraba en el contexto de una comida. Ver 1 CO 11:17-34; Robert Banks, *Paul's Idea of Community*, Hendrickson, Peabody, 1994, pp. 80-85; y Philip Esler, *The First Christians in Their Social Worlds: Social Scientific Approaches to New Testament Interpretation*, Routledge, London, 1994, p. 52.

[33] No sabemos exactamente cómo fueron los aspectos logísticos de esas comidas y si siempre tuvieron lugar en una casa en una mesa grande o si había varias mesas. Uso los términos «una mesa» y «dos mesas» para comunicar simbólicamente lo que sí sabemos del texto: antes habían comido juntos pero después se separaron.

dro deja de comer con los gentiles cristianos para evitar consecuencias negativas. En los próximos cuadros vemos que de a poco cada vez hay menos judíos cristianos que comen en la mesa unida hasta que, en el último cuadro, en una mesa vemos a un solo judío, Pablo, que come con los gentiles cristianos y todos los otros judíos que comen aparte. ¿Cómo cree usted que se habrá sentido un cristiano gentil en medio de semejante ambiente de exclusión?

En la introducción del comentario establecí la diferencia entre un grupo delimitado y un grupo centrado. En esta escena en Antioquia lo vemos en la práctica. Si en nuestra mente nos imaginamos que tomamos asiento en una de las mesas, podremos sentir la diferencia entre las dos maneras de definir quienes forman parte del grupo. Por influencia de la religión, los que llegaron de Jerusalén practicaban un cristianismo con características de grupo delimitado. (Ver «Una definición de la religión» en la Introducción.) En un grupo delimitado existe una línea que define claramente si uno es parte del grupo o no. Ellos definían su línea de exclusión en base a varias acciones y creencias. A través de este relato, sabemos que uno de sus requisitos era no comer con los gentiles. Como la línea divisoria es la que define el grupo y le da su identidad, un grupo delimitado pone mucho énfasis y energía en cuidar la línea y mantenerla clara. Esto lo vemos en los eventos que se nos relatan. Hay cierta seguridad mientras uno esté en el lado correcto de la línea. Podemos imaginar que quienes estaban en la mesa de los judíos cristianos sentían cierta superioridad por estar en la mesa de la pureza cultural y religiosa. ¿Pero cómo se habrán sentido los que estaban en la otra mesa? Aun los que estaban en la mesa de los judíos no podían estar del todo tranquilos y en libertad.

Todos en la mesa sabían lo que pasaría si por una u otra razón tropezaban y caían al otro lado de la línea. Sentirían vergüenza y rechazo al ser excluidos. Nos imaginamos que fue por esa presión y esas preocupaciones que Pedro se separó de la mesa unida. Es importante recordar que vivían en una sociedad que ponía mucho más énfasis en el veredicto público que en sentimientos internos de culpa. Lo que los demás pensaban era una motivación fuerte en sus vidas. En un grupo delimitado uno evita la vergüenza al mantenerse dentro de la línea. (Ver «Una sociedad buscando el honor y evitando la vergüenza» en la Introducción.)

En contraste, la mesa unida en Antioquia nos presenta un ejemplo concreto de un grupo centrado. El grupo centrado se crea al definir el centro y al observar la relación de las personas con dicho centro. Asimismo, algunos pueden estar lejos del centro, pero gravitan hacia él y por lo tanto forman parte del grupo. Los que comían juntos en Antioquia se fijaban en Jesús. Tenían en común una relación con Jesús. La identidad del grupo se basada en dicha relación con Jesús y no en cuestiones religiosas o culturales. Todavía se podía distinguir a quienes pertenecían a la comunidad cristiana: se diferenciaba entre los que estaban «adentro» y los que estaban «afuera», pero el enfoque del grupo estaba en el centro como tal y no en las líneas divisorias. Aquellos que se relacionan con el centro naturalmente tienen una identidad diferente de la de aquellos que no se relacionan con el centro del grupo.

Es importante notar que no es que el grupo delimitado se preocupe por el comportamiento de sus miembros, mientras que en el grupo centrado no lo hacen. Como veremos en los capítulos cinco y seis Pablo acentúa también la ética y el comportamiento de los cristianos, tal como ocurrió cuando Pablo confrontó a Pedro por su comportamiento. Por otro lado, no es que el grupo centrado hable de la salvación a través de Jesús mientras que el grupo delimitado no. La diferencia que vemos entre los dos grupos en Antioquia es la cuestión de sobre qué se basa la identidad y cómo afecta esto el papel de las acciones y comportamientos al definir quiénes pertenecen al grupo. Las dos perspectivas producen un fruto muy diferente: mientras que el grupo que define su identidad en base a lo que Dios había hecho en Jesús produce comunión que hace posible que personas que normalmente no se juntarían ahora se sienten a la misma mesa a comer, el grupo que se enfocaba en ciertas acciones específicas para definir su identidad produce división, exclusión y vergüenza.

Eso no quiere decir que los de Jacobo buscaban la división e intencionalmente escogieron la religión. El camino para llegar a ser un grupo delimitado puede ser gradual y sutil. Es fácil pensar que Jacobo y la delegación que él mandó estaban cautivados por una preocupación intensa y legalista por las reglas. Sin embargo, es probable que su preocupación fuese más allá de sólo guardar la ley y las tradiciones. Es importante recordar que en ese momento el cristianismo todavía era un movimiento dentro del judaísmo. Es posible que la iglesia en Jerusalén recibiera críticas de otros judíos no cristianos, por la manera en que los cristianos judíos se relacionaban con los gentiles. Entonces puede ser que los judíos de la iglesia en Jerusalén tuvieran la intención de mejorar sus relaciones con otros judíos al cambiar la práctica de relacionarse con personas no circuncidadas. (Para una discusión más detallada y otras opciones ver «Los instigadores» en la Introducción.) Sin embargo, esas preocupaciones y estrategias todavía quedan dentro de lo que en este comentario he llamado «religión». Ellos usaban acciones humanas para definir quién pertenecía y quién no pertenecía al pueblo de Dios y por eso llegaron a tener el carácter de un grupo delimitado.

Puede ser que Pedro se separara de la mesa unida para ayudar a la causa de la iglesia en Jerusalén o puede ser que lo hiciera por miedo a lo que otros pensaran de él –una reacción común frente a la presión religiosa. Si es la primea posibilidad, la segunda o una mezcla de las dos no lo sabemos. Lo que sí sabemos es que Pablo lo identificó como un acto religioso de hipocresía y contrario a la integridad del evangelio.

Como observamos en relación a Gálatas 2:5 varias otras versiones traducen la frase en el versículo 14 como: «la verdad del evangelio» (p. ej. BJ., LNB, RVR, VP). Sin embargo, la traducción de la NVI que se encuentra en nuestro texto es mejor: «la integridad del evangelio». Al decir «la verdad del evangelio» es fácil pensar que Pablo creyera que Pedro estaba confundido en relación a un punto doctrinal y que no tenía la información correcta sobre el evangelio. Es cierto que había confusión a nivel de doctrina. Sin embargo, cuando Pablo habla de «la integridad del evangelio» está pensando en una realidad vivida por un encuentro con Jesucristo que nos ha rescatado del mundo malvado. La integridad del evangelio no sólo es una colección de datos correctos: es vivir de acuerdo con la libertad que tenemos en Jesucristo. Pablo presenta una imagen que ilustra la integridad del evangelio: un grupo de personas judías y gentiles que comen en una sola mesa. La integridad del evangelio no es sólo una doctrina, sino una realidad social.

La integridad del evangelio incluye doctrina, pero es más que doctrina. Pedro, los de Jerusalén y los instigadores de Galacia enseñaban correctamente la doctrina que la salvación es por la gracia y por la obra de Jesús, no por obras humanas. Sin embargo, sus acciones en la mesa tenían el carácter de una religión humana enfocada en acciones humanas. Basaban su identidad de cristianos en esas acciones y se valían de acciones humanas para trazar una línea divisoria entre quienes ellos consideraban verdaderos cristianos y los que no debían sentarse a la mesa. Tenían ciertas doctrinas correctas pero no vivían la enterza del evangelio.

La diferencia entre la práctica de una religiosidad limitada y la práctica de un grupo centrado en el evangelio de Jesucristo se nota no solo en el contraste entre las mesas divididas y la mesa unida. También se observa en la manera en que Pablo confronta a Pedro. Las palabras «no actuaban rectamente, como corresponde a la integridad del evangelio» (v. 14) pueden llevarnos a imaginar a Pablo trazando una línea en forma delimitada. Podemos sentir que Pablo está diciendo: Pedro está del lado equivocado de la línea. Sin embargo, una traducción más literal nos hace ver cómo pensaba y actuaba Pablo en forma centrada. La palabra que la NVI traduce como «actuaba» y que la RVR traduce como «andaban» es «orthopodeō». Esa palabra griega tiene relación con la palabra «podólogo». Es una palabra relacionada con caminar y el «ortho» comunica que es de manera correcta. Hablando físicamente, si uno no camina rectamente visita a un podólogo para corregir el problema. Richard Hays sugiere la traducción: «no andaban rectamente hacia la verdad del evangelio».[34] Las palabras de Pablo demuestran una mentalidad centrada y no una mentalidad delimitada. Sus palabras se enfocan en la importancia de la dirección, en caminar hacia el centro que es la integridad del evangelio. Pablo está evaluando la relación de Pedro con el centro.

Pablo le pregunta a Pedro: «¿Por qué obligas a los gentiles a practicar el judaísmo?» (v. 14). Veremos en la siguiente sección que esa pregunta está enfocada a las prácticas que usaban los judíos para trazar líneas de división entre ellos y los demás. Pablo observa correctamente que Pedro ya había dejado ese uso de las tradiciones de los judíos. Había comido en la mesa unida, una mesa en la cual las personas tenían asientos no por el cumplimiento religioso de ciertas prácticas y tradiciones, sino por lo que Cristo había hecho al librarles del presente mundo malvado, incluyendo las divisiones prescritas por la sociedad y la religiosidad de las personas.

Otra vez podemos preguntarnos ¿por qué estaba tan molesto Pablo? (Ver el comentario sobre 1:6-10.) ¿Por qué confrontó a Pedro y protestó de una manera tan enérgica? Ciertamente es una tragedia pensar en las mesas divididas. Pero uno podría pensar que en vez de criticar a Pedro, Pablo podría haber motivado a los gentiles a que siguieran las tradiciones de los judíos para que pudiesen estar en paz con los judíos cristianos que se negaban a comer con ellos.

Antes de responder a esta pregunta tenemos que poner en claro que la discusión entre Pablo y los otros judíos cristianos no era un asunto individualista. La pregunta no era: ¿cuál es la vía correcta para la salvación

---

[34] Richard Hays, *op. cit.*, 2000, p. 235.

de un individuo? Más bien era un asunto de relaciones humanas a nivel colectivo. La pregunta es: ¿quiénes son el pueblo de Dios y qué es lo que les hace ser pueblo de Dios? No era que un grupo estaba aduciendo que uno se salva por gracia y el otro que uno se salva por obras (ver «El estereotipo de los instigadores» en la «Introducción»). Probablemente las personas enviadas por Jacobo se fijaban en lo que otros podían pensar de sus acciones, por eso no comían con los gentiles cristianos. No alegaban que los gentiles cristianos no se salvaban porque no cumplían con sus tradiciones.

Pablo estaba molesto y confrontó a Pedro porque cuando Pedro acepta las normas y las líneas de división impuestas por los que vinieron de Jerusalén, sucumbe y se somete a la religión de un grupo delimitado. Pedro traza una línea religiosa de división entre él y los cristianos gentiles. Su acción implica que la relación con Jesús no es suficiente para tener lugar en la familia de Dios. Esa manera de definir quién es y quién no es parte de la comunidad no procede de la nueva creación, sino del mundo malvado.

Aunque ceder a la posición de los de Jerusalén aparentemente traería paz y unión, Pablo sabe que sería una unión basada en la religión, no en Cristo, y la religión finalmente es agente de división. Tal vez uniría temporalmente, pero después causaría división porque en su fundamento un grupo delimitado pone énfasis en las divisiones y la exclusión, mientras que el evangelio en su fundamento destaca la unión y la inclusión.

Aunque es probable que Pedro y los otros judíos no consideraran esas tradiciones y leyes sobre la comida y la asociación con los gentiles como maneras de lograr la salvación y el amor de Dios, es posible que los cristianos gentiles y otros gentiles no cristianos entendiesen que debían hacer esas cosas para merecer la salvación y el beneplácito de Dios. Al ver que si uno sigue ciertas prácticas logra un asiento en la mesa, fácilmente puede pensar que la salvación se gana por cumplir determinadas normas.

Entonces, decir que Pablo confrontó a Pedro y escribió esta carta para prevenir la destrucción de la unidad de la comunidad, no significa que además no trata el tema de la salvación individual. (Ver la «Introducción», pp. 1-3.) La religión que divide un grupo también esclaviza a los individuos. Sin embargo, el hecho que Pablo hable sobre ese incidente en Antioquía muestra que el evangelio tiene implicaciones sociales y que Pablo tenía en mente el tema de la unidad de la comunidad cristiana cuando escribió la carta. Ver la carta a los gálatas sólo como una

II. DEFENSA NARRATIVA DEL EVANGELIO DE LIBERTAD (1:11-2:21). 95

discusión sobre la doctrina de la salvación para individuos, es hacer una lectura muy superficial de la misma. El hecho que Pablo incluyera estos versículos nos muestra que les escribió a los gálatas con dos imágenes en mente. Una ilustra la integridad del evangelio –un grupo de personas centrado en Jesús, judíos, gentiles, mujeres, hombres, esclavos y libres que comen en la misma mesa. La otra imagen es la de las mesas separadas en Antioquía. La mesa delimitada de los judíos cristianos en Antioquía ofrece unidad para los que están en la misma mesa, pero es una unidad basada en la exclusión, en la manera en que las acciones religiosas lo han hecho a uno diferente de los demás. La mesa de la primera imagen ofrece una unidad inclusiva basada en la obra de Cristo. Con estas imágenes en mente, Pablo escribe la carta para intentar mantener la unidad inclusiva y prevenir que ocurra la tragedia de las mesas separadas en Galacia.

LA VERDAD DEL EVANGELIO: UNA MESA UNIDA (2:11-14)

Desafortunadamente hay muchos ejemplos en América Latina con la misma dinámica de religiosidad delimitada que Pablo confrontó en Antioquia. Es probable que la mayoría de los lectores hayan experimentado personalmente o hayan observado una iglesia delimitada que distingue a los verdaderos cristianos de los que no lo son en base a una lista de reglas como «no se debe ir al cine» o «las mujeres no deben usar pantalones».[35] Necesitamos confrontar esas situaciones como Pablo confrontó a Pedro. Sin embargo, es importante que no nos limitemos a iglesias «legalistas». Hay muchas maneras de trazar líneas de división y tener una actitud de superioridad. Irónicamente he visto a cristianos que demuestran una actitud de superioridad por su liberalidad respecto a las reglas, pero es la misma actitud de superioridad que asumen quienes cumplen muchas reglas. En ciertos aspectos las dos iglesias pueden parecer opuestas, pero son similares al practicar una religiosidad delimitada. Tristemente todavía hoy tenemos problemas para compartir la mesa. Varios me han contado de su experiencia de exclusión de una mesa por parte de otros cristianos, por ser indígena o pertenecer a una clase económica baja. Otros usan sus experiencias especiales con Dios para trazar una línea. He experimentado eso, como también he visto la dinámica de la religión delimitada al hablar de justicia y acción social. Un cristiano en una iglesia con ese énfasis puede sentir la misma opresión

---

[35] Para varios ejemplos de esto ver el primer capítulo de Marcos Baker, *¡Basta de religión!: Cómo construir comunidades de gracia y libertad*, Ediciones Kairós, Buenos Aires, 2005.

y esclavitud que alguien en una iglesia legalista: puede tener miedo de que Dios y los demás en la iglesia sólo lo acepten si es suficientemente activo en asuntos sociales y si habla mucho de justicia. Hay dos implicaciones entretejidas. La primera es una llamada a confrontar, con la misma energía y convicción de Pablo la tergiversación del evangelio expresada en la religiosidad delimitada. La segunda es reconocer que esa religiosidad delimitada se manifiesta de diversas formas. El problema es el paradigma en sí mismo, y no las reglas, creencias, experiencias o acciones que se usan para trazar las líneas.

Una implicación importante surge de la realidad de las personas que Pablo critica, pues Pedro y los representantes de Jacobo habían experimentado la salvación mediante Jesús, una salvación por gracia. El mismo Pedro y algunos otros lo habían predicado en Jerusalén. Si les hubieran tomado un examen sobre la doctrina de salvación por la gracia cuando llegaron a Antioquia, hubieran aprobado. El problema no era lo que decían sobre la salvación por gracia, sino cómo vivían y qué decían sobre otras cosas. La implicación es que necesitamos vivir un evangelio de gracia, no sólo predicarlo.

Tenemos mucho por hacer al respecto en América Latina, aunque no solo allí.[36] Muchas veces cuando se les pregunta a los evangélicos qué se debe hacer para convertirse o para hacerse cristiano, dan respuestas que subrayan la gracia de Dios y el perdón de los pecados. Pero cuando hablan de la vida cristiana y la iglesia, el hincapié está en lo que uno tiene que cumplir. Enseñan que la salvación es por la gracia divina, pero viven enfatizando la conducta y el comportamiento humano. De esta manera, explícitamente dicen que uno no es un verdadero cristiano si no cumple con ciertas normas, e implícitamente comunican que la salvación y la aceptación de Dios es condicional.

En Honduras les pregunté a unas personas que habían visitado iglesias evangélicas qué se necesitaba hacer para convertirse o hacerse cristiano. Muchos me contestaron haciendo referencia al comportamiento y a cumplir reglas. Una vez una persona me dijo: «Casi acepté a Jesús en el culto anoche». Le pregunté por qué no lo había hecho. Ella me dijo: «Porque soy pecadora». Las iglesias comunican mucho más que lo que podríamos llamar el plan de salvación. A esa mujer, y a muchos otros,

---

[36] Varias personas de otros continentes que han leído *Basta de religión* o una versión similar del libro en inglés, me han hecho comentarios como: «Hay una gran necesidad de ese libro en mi país. Tenemos que traducirlo».

II. DEFENSA NARRATIVA DEL EVANGELIO DE LIBERTAD (1:11-2:21).

les comunicaron que uno tiene que ordenar su vida antes de ser salvo.[37] Debemos preocuparnos no sólo porque comunicamos mal el evangelio, sino porque esto también demuestra que los miembros de muchas iglesias en realidad no viven el evangelio.[38]

En Gálatas, Pablo no enfrentó una doctrina totalmente equivocada, pero sí una enseñanza del evangelio que había perdido su verdad porque estaba entretejida con la religión. Esa religión produjo la división y la esclavitud, de la misma manera en que actualmente lo hace la religiosidad delimitada. Necesitamos presentar no sólo una doctrina de salvación por gracia.[39] Debemos enfrentar abiertamente la tendencia religiosa humana y vivir un evangelio de libertad como una iglesia centrada.

En vista de lo que escribí anteriormente en las implicaciones, no quiero insinuar que todos andan mal en el contexto latinoamericano con respecto a este punto. Entre los cristianos he visto ejemplos muy positivos de la práctica de una mesa unida entre personas de diferentes razas y culturas, diferentes niveles de educación, diferentes niveles de ingresos, etc. También he visto la práctica intencional del paradigma centrado. Les comparto un ejemplo de la Republica Dominicana.

Un pastor compartió conmigo cómo la práctica del paradigma centrado estaba dando buen fruto en su iglesia. Había dos mujeres en el proceso de seguir a Jesús como su Señor y Salvador, pero todavía no habían decidido bautizarse. La vida familiar de las dos era difícil. El pastor les invitó a cantar en el coro, lo cual molestó a unos líderes de la iglesia. Pero el pastor, con mucha pasión, me dijo: «Era una cosa maravillosa. Las mujeres siguieron creciendo en su relación con Jesús: la madre agnóstica de una y el padre muy mundano de la otra (había sido sicario) visitaron la iglesia para oir cantar a sus hijas». Ellos le expresaron su gratitud al pastor por lo que ocurría en la vida de sus hijas mediante la obra de la iglesia.

---

[37] He hecho esas preguntas a personas de manera informal, pero también hice entrevistas en las iglesias evangélicas en un barrio en Tegucigalpa como parte de una etnografía. Parte de los resultados de esa investigación está en mi libro *¡Basta de religión!*

[38] Eso no es totalmente la culpa de las iglesias evangélicas. Los que mal entienden el evangelio han recibido sus ideas de otros lugares también. Pero siempre nos muestra una debilidad en las iglesias evangélicas.

[39] Richard Hays observa que muchos evangélicos tratan la fe misma o el acto de aceptar a Jesús como una obra aun cuando usan palabras sobre la gracia de Dios (Richard B. Hays, «Jesus' Faith and Ours: A Rereading of Galatians 3», en *Conflict and Context: Hermeneutics in the Americas*, eds. Mark Lau Branson y C. René Padilla, Eerdmans, Grand Rapids, 1986, p. 278).

Irónica y tristemente, el mismo día escuché la historia opuesta de una joven que también crecía en su relación con Jesús pero que se desanimó de asistir a la iglesia porque le dijeron que no podía cantar más en el coro hasta que se bautizara. Esas historias iluminan una implicación que necesitamos reconocer. Es más difícil practicar el paradigma centrado: requiere que al caminar con los hermanos y hermanas podamos discernir en qué dirección van, hacia Jesús o no, y determinar cómo ayudarles a acercarse más a Jesús. El paradigma religioso delimitado, en cambio, sólo traza líneas estáticas, sólo se tiene que ver a qué lado de la línea está la persona.

Pablo confronta a las personas, pero su objetivo no es excluirlas, sino excluir la religiosidad delimitada que es un poder que divide y esclaviza. Es imperativo que nosotros también trabajemos en desenmascarar y reducir ese poder. Pero debemos tener muy en claro que el objetivo es incluir a las personas en una mesa unida. La religión excluye, el evangelio centrado en Jesús incluye. En la predicación y en la enseñanza no ataquemos a las personas, sino a la religión como poder.

La mención de «la verdad del evangelio» (RVR) o «la integridad del evangelio» (NVI) nos da una excelente oportunidad para reflexionar y predicar sobre el concepto de la verdad. La época moderna ha dado preeminencia a un concepto de la verdad como algo abstracto, de información o de datos. Y ese concepto se ha infiltrado en la teología. Pero como notamos anteriormente, este texto muestra que la verdad del evangelio no es sólo una colección de datos correctos: más bien, es una realidad social vivida de acuerdo a la libertad que tenemos en Jesucristo. La verdad no es sólo algo que se repite sino que se vive. Como observa José Míguez Bonino, conocemos la verdad en hacer la verdad.[40] O podríamos decir, si no vivimos la verdad no la conocemos en forma completa. Entonces es importante en la predicación y en la enseñanza ayudar a los creyentes a tener ese concepto bíblico de la verdad.

Esta sección ofrece una buena oportunidad para corregir el concepto erróneo que tienen algunos respecto al evangelio de Pablo. Es cierto que Pablo se preocupaba por la salvación individual y que sus enseñanzas incluían los aspectos espirituales y futuros. Pero como notamos en la Introducción, la experiencia de Lutero ha influenciado excesivamente la lectura de Pablo. Al predicar y enseñar sobre este pasaje podemos ayudar a los oyentes a ver la preocupación de Pablo por la unidad de la

---

[40] José Míguez Bonino, *Doing Theology in a Revolutionary Situation*, Fortress Press, Philadelphia, 1975, p. 90.

comunidad. Podemos ayudarles a ver que la integridad del evangelio para Pablo incluía no sólo experiencias individuales, sino también una comunidad transformada. Mi tesis es que si podemos cambiar la manera en que se lee a Pablo (de una interpretación individualista y espiritualista a una que contenga más preocupación comunitaria), entonces se recibirán mejor otras enseñanzas sobre el evangelio integral.

Finalmente, una aplicación de valor para muchas iglesias es esta idea de compartir la mesa y comer juntos más a menudo, ya sea después de los cultos, antes de los estudios bíblicos o en las casas con otros miembros de la iglesia, etc. Este pasaje nos invita a reconocer que comer no es sólo un asunto de incorporar calorías al cuerpo. Algo importante ocurre cuando compartimos tanto la comida como la conversación alrededor de una mesa –especialmente si nos reunimos con personas que nuestra sociedad generalmente excluye. Un pastor colombiano hizo la observación que la división de la mesa no se da solamente por presión externa, como en Antioquia. Existe la autosegregación, así que muchas veces será necesario invitar a propósito a nuestra mesa a personas que normalmente no compartirían con los demás que están en la mesa.

Tanto judíos como gentiles son justificados por Jesucristo (2:15-21)

Las traducciones de la Biblia y comentarios sobre Gálatas muchas veces terminan el discurso de Pablo a Pedro con el versículo 14 y tratan lo que sigue como una parte distinta de la carta. Por el uso de las comillas la NVI nos ayuda a ver estos versículos (15-21) como parte del mismo discurso y así establecer una relación con las mesas separadas de la iglesia de Antioquía. Es importante que antes de leer estas páginas el lector del comentario lea las páginas previas (el análisis de 2:11-14) donde se habla del contexto del discurso y los primeros versículos del discurso.

Por supuesto, es una cuestión de interpretación decidir dónde termina el discurso dirigido a Pedro y dónde empiezan las palabras directas a los gálatas. Obviamente 2:14 se dirige a Pedro y 3:1 a los gálatas. El uso de los verbos en primera persona plural en 2:15-17 muestra que Pablo continúa su discurso a los judíos, no a los gentiles, razón por la cual creo que la NVI correctamente trata 2:11-21 como una unidad. A la vez, que no sea nítida la separación entre un discurso y otro muestra la manera artística en que Pablo teje una transición que junta los dos contextos. Richard Hays sugiere que el director de una película sobre ese texto podría empezar con escenas de las reuniones de la iglesia de Antioquía, como imaginamos en la sección anterior, para luego enfocarse en el versículo 14 donde Pablo confronta a Pedro, dejando a los de la iglesia de Antioquía en el fondo. Poco a poco iría enfocando la cara de Pablo hasta que Pedro y los de la iglesia de Antioquía desaparecerían después del versículo 18. Cuando llegamos a 3:1 las cámaras realizarían una toma más amplia. En ese momento las personas en el fondo aparecerían enfocadas otra vez, pero ahora son las caras de las personas de una de las iglesias de Galacia.[41]

La ilustración anterior nos ayuda a entender que es importante interpretar esta sección con el contexto del conflicto en Antioquía en mente, y reconocer que las palabras tienen mucho significado para los gálatas y mucha relación con su contexto.

Justificado no por las obras de la ley, sino por la fidelidad de Jesucristo (2:15-16)

> [15]Nosotros somos judíos de nacimiento y no `pecadores paganos'. [16]Sin embargo, al reconocer que nadie es justificado por las obras que demanda la ley sino por la fe en Jesucristo, también nosotros hemos puesto nuestra fe en Cristo Jesús, para ser justificados por la fe en él y no por las obras de la ley; porque por éstas nadie será justificado.

En el versículo 14 Pablo usa el pronombre singular «tú» al dirigirse a Pedro, para decirle «tú eres judío». En el versículo 15, abre el discurso diciendo «Nosotros somos judíos». En el versículo 14 Pablo llama la atención de Pedro sobre algo que hace Pedro, como judío cristiano, pero que él no hace. En el versículo 15 Pablo se une a Pedro comunicándole que «en esto somos iguales tú y yo». Sin embargo, al usar «nosotros» en este momento del discurso, Pablo también incluye a los otros judíos cristianos en Antioquía como Bernabé y a los que vinieron desde Jerusalén para presionarlos. Es importante notar que ese «nosotros» implícitamente incluye a los instigadores de Galacia que escuchan la carta.

Entonces Pablo afirma que Pedro, la delegación de Jerusalén, los judaizantes de Galacia y él, todos comparten el patrimonio de ser judíos. Hace eso para recalcar que todos los judíos cristianos, aun los judíos más conscientes de su identidad étnica y que se fijan mucho en ella,

---

[41] Richard B. Hays, *op. cit.*, 2000, p. 230.

están de acuerdo en confesar que su justificación es por Cristo. Así que Pablo utiliza la frase «nosotros judíos» para usar la afirmación sobre la justificación por Jesucristo como base de su argumento de que no es necesario que los gentiles sigan la ley y las tradiciones de los judíos en la nueva creación que Dios ha creado a través de Jesús.

Puede sorprendernos que Pablo, defensor de los gentiles cristianos, use la frase «y no "pecadores paganos"». Una traducción más exacta «y no "gentiles pecadores"» lo hace aun más fuerte. Tradicionalmente los judíos señalaban a los gentiles como pecadores por el simple hecho de no formar parte del pacto de Dios y por lo tanto la ley no se la habían dado a ellos. La ley era posesión de los judíos, mientras que los gentiles no eran parte del pacto y por eso estaban fuera de la ley. Los gentiles, por estar fuera de la ley, inevitablemente estaban en contra de la ley y no sabían cómo arrepentirse y recibir el perdón y la restauración de su relación con Dios y con el pueblo de Dios, ni si tendrían la oportunidad de hacerlo. De aquí que los judíos veían a todos los que no eran judíos como pecadores. Es importante notar que al usar la frase «los gentiles pecadores» no significa que ellos mismos no pecaran. Más bien marca un contraste entre los que formaban parte del pueblo de Dios y los demás. Y en ese sentido es correcta la frase que usa la NVI «pecadores paganos» si tenemos en mente que todos los que no eran judíos estaban en esa categoría.

Las comillas de la NVI comunican que al decir esto probablemente no eran palabras propias de Pablo sino que, con alguna ironía, emplea la misma frase que, suponemos, los de Jerusalén habían usado al acusar a Pedro y a los demás: «¿Cómo es que tú Pedro, un verdadero judío por nacimiento, comes con gentiles pecadores?» Mediante el uso de esa frase, irónicamente Pablo hace hincapié en el punto que va a desarrollar en el siguiente versículo. Aun los judíos cristianos que no son «pecadores» confían en Jesús para su justificación.

El versículo 16 es el centro del mensaje de Gálatas y el corazón del evangelio. Para entender el versículo es necesario desarticular las tres partes del mismo: el verbo «justificar» y las frases «las obras de la ley» y «por la fe en Jesucristo».

La justificación[42]

Cuando hablamos de justificación muchos tienen en mente la imagen de una persona de pie en frente de Dios, el juez supremo. Dios declara a la persona culpable porque no ha cumplido con sus criterios de justicia. La persona ha fallado por sus pecados. Sin embargo, por la obra de Jesús en la cruz, Dios ve a la persona como si no hubiese pecado y en su registro legal lo quita de la lista de los pecadores culpables y lo coloca en la lista de los justos. De acuerdo con esa imagen, en nuestras iglesias la justificación comúnmente se entiende como la experiencia del creyente que recibe el perdón de sus pecados y la liberación de un sentido de culpa.[43] Ese concepto de la justificación se ve claramente en la forma en que la versión de la Biblia *Dios habla hoy* traduce el verbo *dikaioun* o el sustantivo *dikaiosynē* como «libertad de culpa». Por ejemplo, en Gálatas 2:16 en lugar de usar la palabra «justificado» como otras versiones, Dios habla hoy usa su propia interpretación de lo que significa justificado: «Nadie queda libre de culpa por hacer lo que manda la ley».[44]

---

[42] Las fuentes principales para esta sección son: James D. G. Dunn, «The Justice of God: A Renewed Perspective on Justification by Faith», *Journal of Theological Studies*, vol. 43 (1992):1-22; James D. G. Dunn and Alan M. Suggate, *The Justice of God: A Fresh Look at the Old Doctrine of Justification by Faith*, Eerdmans, Grand Rapids, 1993; Richard B. Hays, «Justification» *Anchor Bible Dictionary*, vol. III, ed. David N. Freedman, Doubleday, New York, 1992, pp. 1129-1133; Richard B. Hays, «Psalm 143 and the Logic of Romans 3», *Journal of Biblical Literature*, vol. 99, no. 1 (1980):107-115; N. T. Wright, «Justification: The Biblical Basis», en *The Great Acquittal*, ed. Gavin Reid, Collins, London, 1980, pp. 2-37.

[43] Elsa Tamez observa que esa es en realidad la manera en que muchas iglesias en América Latina entienden la justificación:
Nadie negará, por ejemplo, que en el depósito de la teología común de nuestra gente, la justificación por la fe es concebida esencialmente como el perdón de pecados al pecador o la liberación de la culpa (por la sangre de Cristo en la cruz), reconciliación con Dios o estar en paz con Dios y la acción única y absoluta de parte de Dios. Desde el punto de vista semántico, estos tres aspectos surgen automáticamente de la conciencia de las personas al hacer alusión "al código" justificación por la fe. El desfase con la realidad es evidente, se habla de perdón de pecados en un sentido individual y genérico, de reconciliación, también en un plano individual y abstracto y de ausencia de participación humana (Elsa Tamez, *Contra toda condena: la justificación por la fe desde los excluidos*, DEI, San José, 1991, p. 20).

[44] Otros ejemplos *en que* la versión *Dios habla hoy* usa "libre de culpa" o "librar de culpa" en vez de "justificado" o "justificar" son: 2:16b, 21; 3:8, 11, 21; 5:4, 5. Estos ejemplos están en la segunda versión de *Dios Habla Hoy,* 1987. En la tercera edición

II. DEFENSA NARRATIVA DEL EVANGELIO DE LIBERTAD (1:11-2:21). 103

El concepto de justificación en esa traducción y en la imagen mencionada anteriormente, viene del concepto de justicia de nuestros sistemas judiciales y de la experiencia de Lutero, en lugar de fundamentarse en la experiencia de Pablo y en el concepto bíblico de justicia. Como recalqué en la introducción, Lutero era una persona cargada de culpa que trataba de obtener la paz con Dios mediante sus esfuerzos religiosos. Al leer Gálatas y Romanos Lutero experimentó la liberación de su culpa y sintió paz con Dios, no por sus obras, sino por la gracia de Dios. La experiencia de Lutero fue auténtica; podemos esperar que una persona en la misma situación hoy también tenga una experiencia similar al leer Gálatas. Sin embargo, una cosa es decir que Dios puede usar las palabras y los conceptos en la carta a los gálatas para llevar a una persona a experimentar liberación de la culpa, y otra muy distinta es decir que eso era lo que Pablo quería comunicar cuando hablaba de la justificación.

Pensemos en el contexto del versículo 16. Recordemos que Pablo había entablado una discusión con Pedro sobre la división de la comunidad cristiana en Antioquía debido a presiones religiosas. El contexto no requiere una conversación sobre cómo uno puede librarse de la culpa, sino sobre cómo ser incluido en el pueblo de Dios. De hecho, es exactamente eso lo que Pablo hace cuando escribe sobre el tema de la justificación. Para entender esto tenemos que dejar a un lado la experiencia de Lutero y el concepto de justicia usado en nuestros sistemas judiciales y pensar en el concepto relacional de justicia de los hebreos en el Antiguo Testamento. Antes de explorar el concepto de justicia en el Antiguo Testamento, voy a resumir brevemente lo que llamo el concepto jurídico de la justicia que utilizan nuestros sistemas judiciales hoy.

De acuerdo con el concepto jurídico, la justicia es una norma o los criterios que usamos para estimar si una persona es justa o no. En nuestros sistemas legales el papel del juez es evaluar objetivamente, de acuerdo con las leyes del país, si una persona es inocente o culpable. En casos criminales siempre hay alguien afectado por el crimen pero el asunto central es la posición del acusado ante la ley. El enfoque no está en la restitución del perjudicado, no es la reconciliación ni la satisfacción del perjudicado, sino la satisfacción de una entidad abstracta, la justicia, que sobrevuela sobre nosotros. Como se dice a veces, «deben satisfacerse

---
(1996) se ha hecho un cambio y se ha preferido usar la palabra "justo" en vez de dar su interpretación de lo que la palabra significa («nadie es reconocido como justo»).

las demandas de la ley». Al comparar al individuo con un ideal o código abstracto, se lo considera inocente o culpable, justo o injusto.

El concepto de justicia de los hebreos era muy diferente porque tenía un fundamento relacional. Al individuo se lo consideraba justo o injusto según cumplía o no sus pactos, acuerdos, deberes y responsabilidades con otros. Era imposible para los judíos concebir a alguien como justo «a solas», independientemente de otros. Lo importante no era cumplir las normas abstractas de moralidad, sino ser fiel a los acuerdos con otros.

Hay textos en el Antiguo Testamento que muestran claramente que los judíos tenían un concepto de justicia radicalmente diferente al concepto jurídico. Por ejemplo, en un salmo David clama a Dios: «¡Respóndeme por tu verdad, por tu justicia! No entres en juicio con tu siervo porque no se justificará delante de ti ningún ser humano» (Sal 143: 1-2 RVR). Imaginemos que una persona hoy, en nuestro contexto, en medio de su juicio en el juzgado admite que es culpable pero no quiere ir a la cárcel. ¿A qué apelará: al sentido de justicia del juez o a su sentido de misericordia? Si después de admitir su culpabilidad, le pide al juez que actúe con justicia, en realidad le estaría pidiendo que le mande a la cárcel. Sin embargo, eso es exactamente lo que hace David. Admite que es culpable, pero le pide a Dios que responda con justicia. El concepto de justicia de David incluye un fuerte énfasis en la fidelidad. En otras palabras, David admite que no ha sido fiel a sus promesas o pacto con Dios pero le pide a Dios que siga siendo fiel a sus promesas con él.

Vemos algo muy similar en Daniel 9:4-19. Daniel empieza su oración afirmando que Dios es justo: Dios ha sido fiel al pacto, pero el pueblo de Israel no ha sido justo.

> Señor, Dios grande y terrible, que cumples tu pacto de fidelidad con los que te aman y obedecen tus mandamientos: Hemos pecado y hecho lo malo; hemos sido malvados y rebeldes; nos hemos apartado de tus mandamientos y de tus leyes. No hemos prestado atención a tus siervos los profetas, que en tu nombre hablaron a nuestros reyes y príncipes, a nuestros antepasados y a todos los habitantes de la tierra. Tú, Señor, eres justo. Nosotros, en cambio, somos motivo de vergüenza en este día. (9:5-7).

Daniel reconoce que Dios ha sido justo al dejar que Israel sufra las consecuencias escritas en la ley de Moisés por no cumplir el pacto (12-14). Pero al final de la oración Daniel clama, no sólo por la misericordia de Dios sino también por su justicia. Dice: «Señor y Dios nuestro, que con mano poderosa sacaste de Egipto a tu pueblo y te has hecho famoso, como hoy podemos ver: ¡Hemos pecado; hemos hecho lo malo! Aparta tu ira y tu furor de Jerusalén, como corresponde a tus actos de justicia» (15-16). De acuerdo con el entendimiento hebraico de justicia, en el contexto de un pacto, Dios tenía derecho a castigar a Israel por no cumplir el pacto, pero también se consideraba justo que Dios cumpliera con su lado del pacto y fuera fiel a Israel lo perdonara y restaurara la relación aun que Israel no fuera fiel al pacto.

Una mujer, Tamar, nos da otro ejemplo del carácter relacional de la justicia en el Antiguo Testamento (Gn 38:1-26). Se hace pasar por prostituta con el fin de engañar a su suegro Judá para que él engendrase un hijo con ella, lo cual era su obligación porque había muerto el esposo de Tamar, pero Judá se negaba a hacerlo. Ella decide hacer algo que, de acuerdo con una norma abstracta de moralidad, se vería como un acto inmoral y consecuentemente como una falta contra la justicia. Sin embargo, cuando Judá se da cuenta de lo que había pasado proclamó que ella era más justa que él porque él era quien no había cumplido con su obligación de darle otro hijo al morir su esposo.

Estos tres ejemplos del Antiguo Testamento muestran una manera de entender y usar las palabras «justicia» y «justo» muy diferente del concepto de las palabras en nuestros sistemas judiciales actuales. Sin embargo, en América Latina todavía se usan ocasionalmente dichas palabras con un sentido relacional, tal como el de los hebreos del Antiguo Testamento. Por ejemplo, si alguien dice: «Mi jefe es muy justo», no quiere decir sólo que el jefe cumple las leyes del código laboral del país. Más bien indica que el jefe le trata bien, cumple sus promesas y le paga lo que merece.

Tanto en el contexto jurídico de hoy en día como en el contexto relacional del Antiguo Testamento, la palabra justicia está relacionada con términos como ley y castigo. Sin embargo, en el Antiguo Testamento muchas veces la justicia de Dios se vincula con palabras como fidelidad, misericordia y salvación.[45] Relacionar dichas palabras con justicia no tiene sentido si pensamos en la justicia de Dios desde la perspectiva del concepto jurídico. Desde la perspectiva jurídica, decir que Dios es justo significa que actúa de acuerdo a las normas de justicia y juzga con las

---

[45] Por ejemplo Sal 40:9-11; 98:1-3; Is 45:20-25; 51:4-8.

mismas normas, dándole a cada uno lo que merece. Desde el punto de vista hebreo, diríamos que Dios es justo porque es totalmente fiel a sus promesas y a los pactos que ha hecho. Entonces Dios, siendo justo, encontrará alguna manera de redimir a las naciones a través de los judíos. Su compromiso no es cumplir con criterios abstractos; su compromiso es ser fiel a sus pactos y con su pueblo. De manera similar, Dios consideraría justo a un judío si vive con quienes forman parte del pueblo de Dios de manera que demuestre su fidelidad al pacto con Dios.

Obviamente el concepto de justicia de los hebreos incluye leyes. El contraste no es entre una justicia con leyes o normas, y otra sin ellas. La diferencia está en el fundamento y el contexto relacional de las leyes de los hebreos. Dios le dio a Israel la ley en el contexto de un pacto con ellos. En contraste con nuestro concepto de ley como un estándar abstracto, el concepto de ellos era relacional en el sentido que Dios les dio la ley no para que se use como norma para premiar o castigar al individuo, sino como «la expresión de la intención divina para las relaciones en la comunidad redimida». Como observa Juan Driver, la ley era relacional en el sentido que presuponía una relación de pacto entre Dios y el individuo, y en el sentido que incluía medios para «el arrepentimiento humano y el perdón gratuito de Dios».[46]

Es importante notar que el concepto relacional de justicia tiene gran alcance social o comunitario. No sólo en el sentido de que en la ley se enfatiza la responsabilidad de ayudar y cuidar a los débiles y pobres, sino también porque el pacto y la ley están enfocados en la formación de un pueblo y no simplemente en el comportamiento de individuos.

Ahora bien, el lector podría pensar: Sí, es cierto que los hebreos tenían un concepto de justicia diferente al concepto jurídico actual. Siendo que Pablo era judío es muy probable que tuviese el mismo concepto relacional de justicia. Sin embargo, muchos de los cristianos en Galacia eran gentiles no judíos. ¿Cómo sabemos si ellos entendían «justificar» de la misma manera que Pablo? La realidad es que aunque el concepto greco-romano de justicia en el primer siglo fuera diferente al concepto hebreo, era relacional, lo cual lo hace más similar al concepto hebreo que al concepto jurídico de hoy.

---

[46] Juan Driver, *La obra redentora de Cristo y la misión de la iglesia*, Nueva Creación, Buenos Aires, 1994, p. 34.

II. DEFENSA NARRATIVA DEL EVANGELIO DE LIBERTAD (1:11-2:21).

Al ver las leyes y el sistema judicial del imperio romano, rápidamente podemos pensar que su concepto de justicia era muy similar al concepto jurídico de hoy. Sin embargo, esas leyes y sistema legal estaban dentro del contexto de una sociedad de honor y vergüenza, lo cual cambia la manera en que las personas entendían la justicia. En una sociedad de honor o de veredicto público, la alienación es la consecuencia fundamental por no cumplir con una ley. Las sanciones buscan excluir y avergonzar. Aun cuando la sanción sea física – inclusive en una ejecución– lo central es deshonrar o avergonzar a la persona. Vemos esto, por ejemplo, en el acto de la crucifixión, un evento público que traía mucha vergüenza. Entonces, si consideramos el significado greco-romano de la palabra «justificar», y no sólo su significado hebreo, debemos fijarnos en la importancia de estar en buena relación con los demás.

Volvamos a la carta de Pablo a los gálatas. Ahora podemos ver por qué la discusión sobre la justificación tiene íntima relación con la discusión sobre quiénes pueden comer juntos como pueblo de Dios en Antioquía. Las dos discusiones se enfocan en el mismo asunto: quiénes forman parte del pueblo del pacto. Si pensamos en la justificación como se traduce en la versión *Dios Habla Hoy* («nadie queda libre de culpa por hacer lo que manda la ley») no vemos esa relación. Sin embargo, N. T. Wright opina que la mejor traducción de *dikaiosynê* es «membrecía en el pacto» o «estatus en el pacto».[47] Si usamos esa traducción («nadie tiene membrecía en el pacto por las obras que demanda la ley») vemos claramente la relación entre la justificación y las dos mesas de Antioquía.

Para Pablo, ser justificado no significa que a uno se lo declare inocente de haber faltado a las normas o las leyes establecidas o que uno se comporte de manera aceptable respecto a un código legal. Ser justificado es ser puesto en una relación apropiada con Dios y estar incluido como partícipe del pueblo de Dios. No es un asunto de un libro de contabilidad legal donde Dios hace una maniobra legal en el libro y pretende no ver los pecados humanos. No se trata de una ficción legal, sino de estar incluido en una comunidad que está en buena relación con Dios.

Pensar la justificación como inclusión en el pueblo de Dios, o ser miembro de la comunidad del pacto, nos ayuda a sentir el aspecto comunitario de la palabra. Sin embargo, es importante recordar que en 2:16

---

[47] N. T. Wright, «Putting Paul Together Again: Toward a Synthesis of Pauline Theology», en Pauline *Theology: Toward a New Synthesis*, vol. 1, ed. Jouette Bassler, Fortress Press, Minneapolis, 1991, p. 201.

Pablo no escribe «justificación» sino «ser justificado». En el concepto relacional hebreo del verbo «justificar» hay un sentido de hacer lo justo, lo cabal o rectificar las relaciones distorsionadas, de modo que donde hay alienación y desacuerdo se rectifique la relación. En el Antiguo Testamento Dios proveyó un sistema de sacrificios para restaurar y rectificar las relaciones entre Dios y su pueblo. Ahora Pablo afirma que Pedro, él y los otros judíos están de acuerdo que esa rectificación viene a través de Jesús. Entonces decir que uno es justificado tiene un sentido de inclusión en la comunidad de fe y de rectificación de la relación con Dios y con los demás en la comunidad.

Podemos ver en los profetas y salmistas del Antiguo Testamento que la acción de Dios de justificar a alguien o a Israel a veces tenía un sentido escatológico y de vindicación (por ejemplo, Is 50:7-8; 51:4-5). Ellos veían un día en el futuro cuando Dios rectificaría la situación presente, rescatando a su pueblo de quienes le oprimían y entregando a sus enemigos a la destrucción. En Antioquia y en su carta a los gálatas, al parecer Pablo hace más hincapié en las implicaciones de la justificación en el presente. Sin embargo, por el énfasis que pone en la nueva creación (1:4; 6:15) es apropiado tomar en cuenta que cuando Pablo escribe que uno es justificado tiene un sentido presente, que ya es realidad, y un sentido escatológico, un «todavía no». Michael Gorman propone una definición de justificación que incluye el presente y el futuro, la relación vertical con Dios y también la horizontal con otros e incluye el significado de la definición tradicional, aunque va más allá de ella: «La justificación para Pablo se puede definir como el establecimiento o la restauración de relaciones cabales del pacto –fidelidad a Dios y amor al prójimo– con la esperanza firme de la absolución y vindicación en el día del juicio final».[48]

Para Pablo, la justificación a través de Jesús significa que los gentiles cristianos eran incluidos en el pueblo de Dios, no por las obras de la ley, sino por la acción de Dios en Cristo. Sin embargo, esta unión con Jesús tiene otras implicaciones también. Esto nos lleva a la siguiente pregunta: ¿qué son exactamente «las obras de la ley»?

---

[48] Michael J. Gorman, *Inhabiting the Cruciform God: Kenosis, Justification, and Theosis in Paul's Narrative Soteriology*, Eerdmans, Grand Rapids, 2009, p.53.

Las obras de la ley

Lutero interpretó «las obras de la ley» como una metáfora de los esfuerzos humanos necesarios para obtener la aprobación de Dios. Vio que Pablo contrastaba recibir la salvación por la fe o por los méritos ganados mediante las obras. Leyó las palabras de Pablo desde la perspectiva de su experiencia personal y de la situación de la Iglesia Católica Romana del siglo XVI. Como escribí anteriormente, decir que la experiencia de Lutero fue auténtica y que su enseñanza fue apropiada y necesaria para su contexto no significa que haya entendido de manera suficientemente clara lo que Pablo quiso comunicar a los gálatas.

Al aceptar la perspectiva de Lutero hemos tenido la tendencia a pensar que Pablo quería decir que nadie puede obtener la justificación mediante las obras de la ley por cuanto no hay ningún ser humano sin pecado. Ya que siempre fallamos es imposible obedecer toda la ley. Sin embargo, esto no tiene sentido por el simple hecho de que la ley misma presume que la gente va a fallar, razón por la cual Dios proveyó maneras para reconciliarse con él y con su pueblo aunque se cometieran faltas contra la ley. Es decir, aun en el Antiguo Testamento Dios no esperaba que el individuo ganara su salvación al no pecar. Como discutimos en la Introducción bajo la sección «El estereotipo de los instigadores», reconocemos que el judaísmo enseñaba que la salvación es por la gracia de Dios. Por eso, por el contexto de la situación en Antioquia y por lo que he explicado sobre el significado de la justificación, sabemos que en este versículo Pablo no habla de forma abstracta: no dice que uno no se hace merecedor de la salvación por las acciones humanas sino por la gracia de Dios. Pablo habla concretamente sobre cómo es que a los gentiles cristianos se los incluye en el pueblo de Dios y pueden sentarse junto a los judíos cristianos alrededor de la misma mesa.

Si las «obras de la ley» no son una metáfora general de los esfuerzos humanos para ganar la aprobación de Dios, ¿a qué se refieren? J. D. G. Dunn ha deducido que «las obras de la ley» se refieren a las prácticas de los judíos que funcionaban como símbolos de su distinción étnica, tales como la circuncisión, guardar el sábado y las restricciones sobre la comida y la mesa.⁴⁹ Los judíos usaban prácticas para trazar líneas de separación y distinguirse de los gentiles. Las obras de la ley funcionaban como un carnet de identidad étnica. Es probable que los judíos no enseñasen que uno tenía que cumplir con las obras de la ley para alcanzar la salvación, sino que las presentaran como manifestaciones de que uno era parte del pueblo de Dios o como maneras de mantener la posición en el pacto y en el pueblo de Dios.

La frase «obras de la ley», en principio, incluye la totalidad de la ley. No quiero comunicar que los judíos que la empleaban transmitían la idea de que uno debía practicar sólo una lista limitada y no toda la ley. Lo que quiero decir es que utilizaban esa frase especialmente para referirse a las acciones que enfatizaban su diferencia o separación de otros. De hecho Dunn cita ejemplos de los escritos de la comunidad de los esenios en Qumran que muestran que se valían de la frase «obras de la ley» para referirse a las prácticas de la ley que les hacía una secta distinta de otras en el judaísmo.⁵⁰ Así, la frase se refiere a ciertas acciones que se usaban como prueba decisiva para determinar si uno era un buen judío o no, y en todo caso, si era un buen miembro de esa secta.

Esta interpretación concuerda con el contexto inmediato del capítulo 2 y con el contexto de toda la carta a los gálatas. La circuncisión y el asunto de quién come en la misma mesa son temas centrales en la carta, razón por la cual creo que Pablo se refería a ellos al decir «las obras de la ley». De igual manera, la discusión del momento con Pedro no era si uno se salvaba por las obras o por la gracia. La controversia era si un cristiano judío debía comer en la misma mesa con un cristiano gentil. En otras palabras, la cuestión era si un cristiano gentil tenía que circuncidarse y seguir las leyes dietéticas de los judíos para ser considerado miembro del pueblo de Dios y poder comer en la mesa con los cristianos judíos.

Al usar esa frase Pablo les decía a los de Antioquia y de Galacia que identificarse con los judíos observando ciertas prácticas no era lo que determinaba si uno era o no parte de la familia de Dios. Por cuanto las obras de la ley funcionaban como líneas de división religiosa, los gálatas

---

⁴⁹ J. D. G. Dunn, *The Epistle to the Galatians*, A. C. Black, Londres, 1993, pp. 134-38; *Jesus Paul and the Law: Studies in Mark and Galatians*, SPCK, London, 1990, pp. 194-95; *The Theology of Paul's Letter to the Galatians*, Cambridge University, Cambridge, 1993, pp. 77-79. Ver también Richard N.Longenecker, *Galatians*. WBC, Word Books, Dallas, 1990, p. 86.
⁵⁰ J. D. G. Dunn, *The Epistle to the Galatians*, p. 136.

podían no entender la gracia de Dios y pensar que tendrían que hacer esas obras para ganar su salvación y para lograr un lugar en la mesa común a fin de celebrar la cena del Señor. Entonces, hay implicaciones en esa situación y en este versículo en cuanto a la manera en que uno entiende la salvación individual.[51] Sin embargo, Pablo no escribió sobre las obras de la ley principalmente para corregir una enseñanza equivocada sobre la salvación por las obras. Reprobó el uso de carnets religiosos o pruebas de verificación porque funcionaban en grupos delimitados como instrumentos de la religión para causar división, para llevar a una iglesia cristiana a no comer juntos en armonía.

Para sintetizar lo que hemos visto sobre el significado de la justificación y de las obras de la ley, puedo ofrecer esta paráfrasis del texto bíblico en mención: «Una persona no obtiene su justificación (no rectifica su relación con Dios) ni es incluida en la comunidad del pacto por mostrar un carnet de identidad étnica o por practicar tradiciones asociadas con el pueblo de Dios.» La próxima pregunta es: ¿Cómo se logra ser justificado e incluido en el pueblo de Dios? Contestaremos esa pregunta al investigar cómo traducir la frase: *dia pisteos Iēsou Christou*.

¿La fe de Jesús o la fe en Jesús?

La versión Reina-Valera de la Biblia traduce «dia pisteos Iēsou Christou» como un genitivo subjetivo, «por la fe de Jesucristo» (RVA y RVR), mientras que la Nueva Versión Internacional y varias otras versiones (BJ, BLA, LNB, PPT,[52] y VP) traducen la frase como un genitivo objetivo, «por la fe en Jesucristo». En el primer caso Cristo es el sujeto que actúa. En el segundo, Cristo es el objeto pasivo de la fe humana. La pregunta entonces es si nuestra fe nos justifica o si es la fidelidad de Jesús lo que nos justifica. No es posible reproducir exactamente en castellano la ambigüedad de esa frase en griego. Sin embargo, podemos dar un ejemplo paralelo. Si decimos «hemos sido justificados por el amor de Jesús» puede significar que el amor de Jesús nos ha justificado, o que nuestro amor a Jesús nos ha justificado. Necesitaríamos saber más sobre el contexto de la frase para saber cuál de los dos sentidos se quiere comunicar.

---

[51] En ese sentido la interpretación de Lutero es una aplicación apropiada del texto. Sin embargo, es una interpretación limitada y no alcanza la profundidad ni a las implicaciones sociales de la carta de Pablo.

[52] La versión *La palabra de Dios para todos* incluye una nota a pie de página que da como traducción alternativa: «por la fidelidad de Jesucristo».

Ha habido mucho debate entre especialistas de griego sobre cómo traducir esta frase aquí y en otros textos de Pablo (Gá 2:20; 3:22, 26; Ro 3:22, 26; Fil 3:9).[53] Ambas posiciones tienen buenos argumentos y las cuestiones gramaticales no resuelven el asunto. Gramaticalmente las dos opciones son correctas. Entonces la decisión de cómo traducir la frase tiene que ver más con la interpretación de lo que Pablo quiere comunicar con este versículo en el contexto de Gálatas. Si leemos Gálatas con la presuposición de que el mensaje central es que la aceptación de Dios depende de creer en Jesucristo y no de cumplir con determinadas acciones, entonces nos inclinaremos a creer que la fe del individuo es lo que se recalca en la carta y por lo tanto la traducción «obvia» sería «fe en». Sin embargo, en este comentario he expuesto la idea de que el mensaje central de Pablo no es ése. Gálatas no se centra en lo que el ser humano debe hacer para lograr un puesto en la mesa, ya sea obras o creencias humanas, sino en lo que Dios ha hecho para que los judíos y los gentiles se sienten juntos en torno a una mesa. La traducción «fe en» recalca la acción humana. Mediante esa frase se presenta el contraste entre dos acciones humanas al afirmar que la persona no se justifica por «A» (cumplimiento de las obras de la ley), sino por «B» (tener fe en Jesucristo). Ese no es el mensaje de Pablo. Como Karl Barth lo expresa:

> «Justificación por la fe» no puede significar que en lugar de las acostumbradas obras pecaminosas y las imaginarias obras

---

[53] Entre quienes argumentan a favor del genitivo subjetivo («la fe de Jesucristo») están: Markus Barth, «The Faith of the Messiah», *HeyJ*, 10 (1969):363-370; Richard B. Hays, *The Faith of Jesus Christ: The Narrative Substructure of Gal. 3:1-4:11*, segunda edición, Eerdmans, Grand Rapids, 2002, pp. 119-62; 272-297; Richard B. Hays, «Jesus' Faith and Ours: A Rereading of Galatians 3», en *Conflict and Context: Hermeneutics in the Americas,* eds. Mark Lau Branson y C. René Padilla, Eerdmans, Grand Rapids, 1986, pp. 257-280; Richard B. Hays, «*Pistis* and Pauline Christology», *Pauline Theology*, vol. IV, eds. Elizabeth E. Johnson y David Hay, Scholars Press, Atlanta,1997, pp. 35-60; Morna D. Hooker, «*Pistis Christou*», *New Testament Studies*, 35 (1989):321-342; Luke T. Johnson, «Romans 3:21-26 and the Faith of Jesus», *Catholic Biblical Quarterly,* 44 (1982):77-90; Richard Longenecker, *Galatians*, pp. 87-88, 93-94, 145; Martyn, *Galatians,* pp. 250-51 y 270-71; Entre quienes argumentan a favor del genitivo objetivo («la fe en Jesucristo») están: F. F. Bruce, *The Epistle to the Galatians: A Commentary on the Greek Text*, NIGTC, Eerdmans, Grand Rapids, 1982, pp. 138-139; James D. G. Dunn, «Once More *Pistis Christou*»,*Pauline Theology*, vol. IV, eds. Elizabeth E. Johnson y David Hay, Scholars Press, Atlanta,1997, pp. 61-79; Ronald Y. K. Fung, *The Epistle to the Galatians*, Eerdmans, Grand Rapids, 1988, pp. 114-115.

II. DEFENSA NARRATIVA DEL EVANGELIO DE LIBERTAD (1:11-2:21). 113

buenas el ser humano escoge y lleva a cabo las obras de la fe y logra de esa manera su propia justificación y perdón.[54]

Los que están a favor de la traducción en genitivo objetivo probablemente dirán que Barth no presenta de modo ecuánime su punto de vista. Y en cierta manera tienen razón. Como Hays lo expresa, ambas posiciones «recalcan la muerte y resurrección de Cristo como el acto decisivo de Dios del cual depende la justificación, y ambas están de acuerdo en que la confianza/fe es la respuesta apropiada al acto divino».[55] Aún así, aunque las palabras de Barth fuesen un tanto exageradas, son útiles por cuanto muestran la clara diferencia en el énfasis de las dos traducciones. La una hace hincapié en la acción de Dios; la otra concede más peso a la acción humana. Por otro lado, Barth no exagera el problema de la traducción «fe en». Aunque los traductores expliquen la justificación por la fe de manera distinta al modo en que Barth la describe, la traducción fácilmente se puede entender por la forma en que Barth la critica. Dada la propensión religiosa de las personas, una traducción que anima a la gente a ver la fe como una obra mediante la cual lograr algo, es una traducción nada prudente.[56]

En nuestros días la traducción «fe en» no sólo es imprudente en el sentido pastoral, sino que también parece que no refleja lo que Pablo quería comunicar a los gálatas. Conocía bien la tendencia religiosa de la gente, quienes presumen que deben hacer algo para alcanzar la gracia ante los ojos de Dios. Pablo rechazaría la traducción «fe en» porque deja espacio para la acción humana de manera velada, dando un paso atrás hacia la

---

[54] Karl Barth, *The Church Dogmatics*, vol. IV, 1, T. & T. Clark, Edinburgh, 1956, pp. 615-616. William Law dice: «Suponiendo que una persona dependa de su propia fe y otra de sus obras, entonces la fe de la una y las obras de la otra serían trapos inmundos sin valor alguno» (cita de Hays en, *The Faith of Jesus Christ*, p. 119. Ver también: William Dalton, *Galatians Without Tears*, Liturgical Press, Collegeville, 1992, pp. 43, 45; Hays, «Jesus' Faith and Ours», p. 267; Hays, «Justification», p. 1131).

[55] Hays, «Justification», p. 1131.

[56] En referencia a este asunto, es interesante que Moisés Silva critica la caracterización de Hays de la «fe que justifica» como una «obra» al decir que ése no era el entendimiento de fe de la Reforma. Para los reformadores, la fe era la renuncia de todo esfuerzo por lograr la justificación. Hays responde que el ataque no es contra los reformadores, «sino contra sus sucesores históricos, particularmente los evangélicos del siglo XX, entre quienes la tendencia [de hacer de la fe una obra] es una epidemia» (Richard Hays, «Postscript: Further Reflections on Galatians 3», en *Conflict and Context: Hermeneutics in the Americas*, eds. Mark Lau Branson y C. René Padilla, Eerdmans, Grand Rapids, 1986, p. 278).

esclavitud de la religión. En cambio, la traducción «fe de/fidelidad de» lleva a interpretar este versículo como una afirmación antirreligiosa tal como su autor tenía en mente; implica que la persona no se justifica por medio de acciones humanas, sino por la acción de Dios en Jesucristo.

Quiero dejar en claro que al preferir la traducción que usa el modo subjetivo genitivo («fe de») no intento negar la importancia de tener fe en Cristo o confiar en El. En otra frase en Gálatas 2:16 («también nosotros hemos puesto nuestra fe en Cristo Jesús») Pablo habla inconfundiblemente de fe en Cristo. No sugiero que Pablo no le da importancia al acto de confiar en Cristo. Sin embargo, como hemos visto desde los primeros versículos de la carta, pone el énfasis en cómo Dios ha actuado en Cristo para llevar a cabo nuestra liberación. Esto no descarta la importancia de la respuesta humana a la acción de Dios.

Si aceptamos traducir la frase *dia pisteos Iēsou Christou* en el modo subjetivo genitivo (que ve a Jesús como el sujeto que actúa) todavía nos queda definir si la traducimos como «por la fidelidad de Jesucristo» o «por la fe de Jesucristo». La primera opción nos ayuda a entender la frase en relación a la narrativa de la vida de Jesús. Mientras toda la humanidad vivía alienada de Dios, manifiesta por sus pecados o falta de rectitud en sus vidas, Jesús vivió en armonía con Dios Padre y con fidelidad a El. Dicha fidelidad se manifestó especial y completamente cuando dio su vida voluntariamente «por nuestros pecados para rescatarnos de este mundo malvado, según la voluntad de nuestro Dios y Padre» (1:4). Entonces en este acto no sólo vemos la fidelidad a Dios sino también la fidelidad a su pueblo, específicamente, y a la humanidad. Dios actuó por la vida, muerte y resurrección de Jesús para no abandonar a su pueblo a la esclavitud y muerte. (Para una exploración más profunda sobre el significado de «la fidelidad de Jesús» ver el comentario sobre 2:20.)

Después de haber explorado en detalle estas tres partes del versículo 16 voy a ofrecer una traducción y una paráfrasis del mismo sobre la base de lo que hemos visto.

Traducción:

> Por cuanto sabemos que la persona no se justifica por las obras de la ley sino por la fidelidad de Jesucristo, también depositamos nuestra confianza en él para ser justificados por la fidelidad de Cristo y no por medio de las obras de la ley (2:16).

Paráfrasis:

> Por cuanto sabemos que la persona no se hace justa ni es incluida en el pueblo de Dios por practicar las obras de la ley que lo distingue de otros grupos y culturas sino por la fidelidad de Jesucristo, también depositamos nuestra confianza en él para ser justos y estar incluidos por la fidelidad de Cristo y no por medio de las obras de la ley (2:16).

¿Qué le comunica Pablo a Pedro en este versículo? En esencia Pablo le recuerda a Pedro que ser miembro de la comunidad del pacto con Dios no depende de practicar determinadas cosas – la circuncisión, las leyes dietéticas, guardar el sábado. En cambio, su condición de miembros fieles de la comunidad se basa en la fidelidad y la obediencia de Jesucristo – hasta la muerte en la cruz. Su confianza de estar incluidos en el pueblo de Dios se basa en la acción de Dios en Jesucristo y no en la obediencia de ciertas leyes.

Pablo no le presentó esto a Pedro como una idea nueva; por el contrario, lo trajo a colación como algo sobre lo cual ya estaban de acuerdo – algo fundamental. Su punto era que las acciones de Pedro contradecían la verdad. «La desunión de la comunidad creada por Dios... [era] la negación de la justificación misma.»[57]

Hemos entrado en un estudio detallado de este versículo para entender lo que Pablo quiere comunicar con estas palabras. Es importante tomar un momento para reflexionar sobre lo que Pablo no dice. Después de criticar a Pedro por no actuar como correspondía a la integridad del evangelio (2:14), no le ofrece una lista de prácticas diferentes. No se trata de que los de Jacobo y los instigadores judaizantes en Galacia insistían que para ser un verdadero cristiano uno tenía que hacer A, B y C mientras que Pablo sostenía que para ser un verdadero cristiano uno tenía que hacer D, E y F. El problema no es que habían cometido un error en la lista de las obras de la ley que funcionaba como línea para definir quiénes eran cristianos. Pablo ofrece algo totalmente diferente: inclusión por la fidelidad de Jesús; no inclusión por estar de un lado de la línea al cumplir con ciertas acciones.

Esto enfatiza de nuevo la diferencia entre el paradigma del grupo delimitado de los judaizantes y el paradigma del grupo centrado de Pablo.

---

[57] Markus Barth, «The Kerygma of Galatians», *Interpretation*, vol. 21, no. 2 (Abril, 1967):142.

(Ver la discusión de 2:12-13 y «Grupo delimitado y grupo centrado» en la Introducción.) Si tanto Pablo como los judaizantes operaran con la mentalidad del grupo delimitado, Pablo plantearía un argumento que tendría en cuenta en qué consiste la verdadera línea de división entre los cristianos y los no cristianos. Sin embargo, Pablo ve el evangelio como algo radicalmente diferente al judaísmo religioso de su pasado (1:13). No arguye a favor de una adaptación ni por un grupo delimitado con acciones diferentes. Cuando responde a Pedro y habla de la justificación por la fidelidad de Cristo en verdad proclama un paradigma totalmente diferente al del grupo delimitado. Y la manera en que responde muestra que pone su fe y confianza en Jesús, no en obras que proveen un carnet de identidad. Como escribe Philip Esler, Pablo comunica a los cristianos «que nuestra identidad distinta como grupo, con todo el potencial para la vida que implica ser miembro de ese grupo, depende totalmente de Jesucristo y el significado salvífico de su muerte».[58]

Nos hemos detenido en un estudio extenso y profundo de este versículo, y es posible que con tantos detalles hayamos perdido el sentido y el significado radical del versículo como un todo. No sólo se trata de que Pablo revela un evangelio de inclusión basado en Jesús, un evangelio radicalmente diferente a la práctica religiosa del grupo delimitado de los judaizantes; Pablo también proclama algo radicalmente diferente a la mentalidad y a la práctica de la sociedad en general. En un contexto de intensa competencia por el honor, Pablo proclama que todos pueden tener un lugar en la mesa gracias a lo que Jesús ha hecho. En una sociedad en la cual las personas recibían el honor por el estatus de sus padres y en la que las personas siempre calculaban la manera de ganar más honor mediante sus acciones, Pablo proclama que el honor de ser parte del pueblo de Dios, se lo ha dado gratuitamente a toda persona que pone su fe en Jesús. Este mensaje de Pablo va contra la corriente de cómo funcionaba la sociedad. Pablo era entonces verdaderamente radical.

Por eso, aunque he puesto mucho énfasis en la fidelidad de Jesús y en la acción de Dios, es importante repetir que Pablo también habla claramente de la fe de la persona. No era fácil depositar la confianza en algo que iba tan contra la corriente. Como escribe N. T. Wright, «la fe en Dios... en ese evangelio... distingue de otros a las personas que ponen su confianza en las acciones de Dios por Jesucristo en vez de ponerla

---

[58] Philip F. Esler, *Galatians*, Routledge, London, 1998, p. 177.

II. DEFENSA NARRATIVA DEL EVANGELIO DE LIBERTAD (1:11-2:21). 117

en cualquier otra cosa».[59] Entonces, irónicamente, no es que Pablo les diga a Pedro y a los de Galacia que no hay distinción entre los cristianos y los no cristianos. Más bien, en contraste con los judaizantes y con su mentalidad de grupo delimitado, Pablo proclama que (al igual que en un grupo centrado) lo que distingue a los cristianos es que, por la fidelidad de Jesús, tienen un asiento en la mesa y no ponen su confianza en prácticas culturales o religiosas usadas para trazar una línea de división y así determinar quiénes pueden sentarse a la mesa.

Aunque me he enfocado en estas palabras como una conversación entre Pablo y Pedro en Antioquia también es importante recordar aquí que se trata de palabras en la carta dirigida a los gálatas. Pablo les comunica a ellos y a los instigadores el mismo mensaje que le comunica a Pedro. Sin embargo, a nivel pastoral y de proclamación toca una realidad diferente y de profunda importancia para los cristianos gentiles en Galacia. Seguramente se sentían avergonzados por no haber alcanzado la medida de lo que los instigadores judaizantes consideraban necesario para ser un verdadero cristiano. Los cristianos gentiles se encontraban en el lado malo de la línea trazada por un grupo delimitado, en un lugar de vergüenza. Por cuanto ésta es relacional, y es a la vez un veredicto público, la liberación de la vergüenza se logra al experimentar relaciones restauradas, al experimentar la inclusión y aceptación por parte del grupo. Entonces para los gálatas las palabras de Pablo sobre la justificación eran no sólo una explicación teológica sino también un mensaje sanador y liberador.

¿Es «la justificación por la fe» el mensaje central de Gálatas? Si la justificación se entiende en términos de nuestro sistema legal y sus leyes impersonales, entonces la respuesta es «no». Pero si se la entiende en el sentido del Antiguo Testamento hebreo, entonces la respuesta es «sí», pero con reservas. Sería más apropiado decir que es una de las maneras en que Pablo comunica su mensaje central en Gálatas.

En este capítulo he razonado que «la justificación por la fe» se refiere al hecho de que la inclusión en la comunidad de Dios no se basa en reglas religiosas que dividen, sino en la iniciativa de Dios que une a la gente. Esta comprensión de la justificación por la fe corresponde a la preocupación esencial de Pablo en Gálatas: prevenir las divisiones

---

[59] N. T. Wright, «Faith, Virtue, Justification and the Journey to Freedom», en *The Word Leaps the Gap: Essays on Scripture and Theology in Honor of Richard B. Hays*, eds. J. Ross Wagner, C. Kavin Rowe y A. Katherine Grieb, Eerdmans, Grand Rapids, 2008, p. 492.

causadas por la religión. Sin embargo, otras imágenes comunican ideas similares y son también centrales en la carta. Por ejemplo, la idea de adopción comunica también inclusión basada en la iniciativa de Dios (4:5). Liberación de la esclavitud de la religión en Gálatas significa que los cristianos no necesitan un carnet de identidad. Tal vez las imágenes más poderosas son las que se refieren a «una nueva creación» y a la liberación de «presente siglo malo» (6:15; 1:4). La relación con Jesucristo hace todo nuevo. Judíos y griegos, esclavos y libres, hombres y mujeres pueden sentarse juntos a una misma mesa. Como escribe N. T. Wright, cuando leemos a Pablo en su propio contexto y le permitimos definir los términos y fijar la agenda, «nos damos cuenta de que para él una comunidad unida es absolutamente central. La comunidad de Cristo, en Cristo, por el Espíritu es el corazón de todo... Cristianos judíos y cristianos gentiles comiendo en la misma mesa no es algo incidental de menor importancia. Es el punto central del argumento».[60]

Por lo tanto. es más adecuado decir que la justificación es parte de una constelación de imágenes relacionadas que hemos mencionado en el párrafo anterior. Hemos estudiado este versículo de una manera amplia no porque sea un concepto mucho más importante que otros, sino para que la manera común de definir la justificación por la fe no impida nuestro entendimiento de otros conceptos e imágenes en Gálatas.

INCLUIDOS EN LA MESA DE LA FAMILIA DE DIOS POR LA FIDELIDAD DE JESÚS (2:15-16)

Para comunicar la profunda riqueza de estos versículos necesitamos hacer tres cosas: enfocarnos en Jesús, enfocarnos en el carácter relacional y social de la justificación y enfocarnos en el carácter radical de la gracia de Dios. Compartiré unas observaciones sobre cómo hacer que cada uno de estos aspectos esté presente en la predicación; al final reflexionaré sobre algunas implicaciones para la evangelización.

Al leer el texto, es obvio que la obra de Jesús, no nuestras obras, es central y fundamental. Aunque puede ser obvio, no podemos pasar por alto este punto. Es importante que siempre tengamos en mente la propensión religiosa natural. Lo natural es transformar la fe en una obra que nos otorga salvación. Lo natural es confiar en practicar valores

---

[60] N. T. Wright, «Whence and Whither Pauline Studies in the Life of the church?» en *Jesus, Paul, and the People of God: a Theological Dialogue with N. T. Wright*, IVP Academic, Downers Grove, 2011, p. 266.

u obedecer reglas de la iglesia que son como nuestro pasaporte que nos permite entrar al pueblo de Dios. Entonces, cuando predicamos es importante preguntarnos: ¿Qué puedo hacer para ayudar a las personas a no distorsionar el evangelio? Lo más importante es comunicarles que la acción de Dios, por Jesús, nos provee salvación y un lugar en el pueblo de Dios. Nuestra fe y confianza en la acción de Dios es importante, y es importante incluir el tema en nuestros sermones como lo hace Pablo en el texto (2:16). Sin embargo, necesitamos tener cuidado. En nuestro entusiasmo por que la gente ponga su fe en Jesús, equivocadamente podemos enfatizar más la importancia de la decisión humana que la persona en quien ponemos nuestra confianza. Sigamos el ejemplo de Pablo y hablemos más de la trascendencia de la fidelidad y obediencia de Jesús para nuestra salvación, que de nuestra respuesta de confiar en Jesús.

Reconocer que Pablo interpreta la «justificación» desde una perspectiva hebrea no significa que esté equivocado el entendimiento protestante clásico de la justificación que trata de aliviar la carga de la culpa; más bien señala que es limitado. ¿Cómo podemos en la predicación ayudar a los oyentes a formarse un concepto más profundo y amplio de la justificación, en lugar de un entendimiento demasiado influenciado por la experiencia de Lutero y por el concepto de justicia jurídica actual? ¿Y cómo podemos ayudar a quienes no tienen ningún concepto claro de la justificación a que la entiendan de la manera explicada anteriormente? He aquí algunas sugerencias:

- Deje de usar la imagen de un tribunal de justicia de nuestra época y nuestro contexto para explicar el concepto de Pablo de la justificación.
- Ponga las palabras de Pablo sobre la justificación dentro de su contexto en el capítulo 2 de la carta. Utilice la imagen de la mesa dividida en Antioquia para explicar el concepto de Pablo de la justificación. En aquel entonces las preguntas centrales eran ¿quiénes podían sentarse a la mesa y qué les daba el derecho de estar en ella?
- Explique el concepto de justicia desde el punto de vista hebreo y en el contexto de una sociedad de honor que se fijaba en el veredicto público. Es importante observar el aspecto relacional de justicia cuyo énfasis está en la fidelidad a los pactos y acuerdos. Como vimos en la definición de Gorman, esto nos permite hablar de manera horizontal y vertical, presente y futuro.
- Aproveche la relación entre el concepto hebreo y el concepto cotidiano de «persona justa».

- Relacione situaciones similares de hoy con el suceso de Antioquia.
 Use ejemplos de líneas trazadas en la sociedad que definen a algunas personas como incluidas y a otras como excluidas. Invite a los oyentes a recordar cómo se sintieron al estar del lado equivocado de una línea, y reflexionar sobre cómo se sienten al ser honrados y estar incluidos.

- Deje de lado lo abstracto y la presentación de la justificación sólo como una transacción en un registro legal en los cielos. Acentúe lo concreto: que gracias a la fidelidad de Jesús podemos tener nuevas relaciones con Dios y otras personas, y podemos sentirnos libres del peso de la exclusión y la vergüenza. Nos liberamos de la carga de la culpa, pero también Dios hace cambios que nos hace más íntegros y partícipes en el pueblo de Dios hoy.

Al predicar sobre este texto, es importante incluir el contexto de la situación en Antioquia no sólo para entender mejor el concepto de Pablo sobre la justificación, sino también para comunicar mejor lo radical que es la gracia de Dios. Las mesas divididas en Antioquia son una muestra de cómo funciona la religión, pero no sólo la religión sino la sociedad en general. En la sociedad uno tiene un lugar en la mesa según los bienes que posee, lo que paga, su "éxito", sus parientes, lo que hace, quién conoce, su raza, su nivel de educación, etc. Es normal la separación de las mesas y hacer distinciones entre las personas. La mesa unida en Antioquia es radical. Es radical no sólo porque hay personas que normalmente estarían separadas y ahora comen juntas, pero es aun más radical por lo que Pablo dice muy claramente: todos están a la mesa no por sus propios méritos o acciones sino por gracia, por la obra de Dios a través de Jesús. La gracia siempre es radical porque va en contra de lo normal y esperado. Sin embargo, la manera en que Pablo presenta la gracia de Dios (2:11-16) es especialmente radical en contextos donde hay grupos de personas excluidas, ignoradas o aisladas. En América Latina tenemos la oportunidad de proclamar algo radical y sanador a personas avergonzadas por otros en la sociedad. Dios les ofrece vindicación. La justificación por Jesús significa que ellos tienen un lugar no sólo de inclusión sino de honor por ser parte de la familia de Dios. Ese honor no viene de sus acciones o esfuerzos; son incluidos por los esfuerzos de Jesús. Prediquemos ese mensaje radical.

El concepto de justificación se emplea frecuentemente en la evangelización. El significado con que se lo usa en la evangelización es importante no sólo por su beneficio si la persona responde positivamente, sino también porque actúa como introducción a la vida cristiana de discipulado y es un prefacio a la teología. El concepto común de la justificación provee un fundamento pobre tanto para el discipulado como para la teología, porque no establece relación alguna entre la justificación (salvación) y la ética ni entre la justificación y la comunidad cristiana. El punto central es que Dios ve al individuo como un pecador. En contraste, el empleo del concepto de justificación que se presenta en este comentario tiene grandes ventajas en la evangelización. Así desde el momento de su conversión, la persona entenderá que su conversión tiene implicaciones comunitarias y verá la ética como algo integral de la vida y la teología cristiana. Como veremos en la próxima sección, entenderá que su fe no sólo es asunto de dar una afirmación intelectual, sino participar en la fidelidad y obediencia a Jesús.

Morir y vivir (2:17-21)

> [17]Ahora bien, cuando buscamos ser justificados por[61] Cristo, se hace evidente que nosotros mismos somos pecadores. ¿Quiere esto decir que Cristo está al servicio del pecado? ¡De ninguna manera! [18]Si uno vuelve a edificar lo que antes había destruido, se hace[62] transgresor. [19]Yo, por mi parte, mediante la ley he muerto a la ley, a fin de vivir para Dios. [20]He sido crucificado con Cristo, y ya no vivo yo sino que Cristo vive en mí. Lo que ahora vivo en el cuerpo, lo vivo por la fe en el Hijo de Dios, quien me amó y dio su vida por mí. [21]No desecho la gracia de Dios. Si la justicia se obtuviera mediante la ley, Cristo habría muerto en vano.[63]

Pablo empieza este párrafo repitiendo probablemente una acusación que los judíos cristianos de Jerusalén habían hecho contra de Pedro, contra él y de otros cristianos en Antioquia, similar a la que aparece en 2:15. A ellos se los acusaba de ser pecadores no por cometer acciones inmorales, sino por no mantener su distinción étnica como judíos al no cumplir las leyes y las tradiciones de no comer con los gentiles. Es como si Pablo estuviese repitiendo su acusación, pero para contradecirla. Algo así como «Bien, si el hecho de comer juntos con cristianos gentiles califica a alguien de pecador, entonces, según su definición, somos pecadores. Pero surge una pregunta: ¿Significa entonces que Cristo está al servicio

---

[61] 2:17 *por* Lit. *en.*
[62] 2:18 *Si uno vuelve ... se hace.* Lit. *Si vuelvo ... me hago.*
[63] 2:21 Algunos intérpretes consideran que la cita termina al final del versículo 14.

del pecado? Es imposible, de ninguna manera».[64] Como escribe Walter Hansen: «Desde la perspectiva de sus acusadores, comer con los gentiles es pecado porque va contra la ley. Desde la perspectiva de Pablo, comer con los gentiles no es pecado porque el evangelio demanda que uno lo haga».[65]

Pablo acepta que ser justificado por la acción de Jesús lo lleva a uno a relacionarse en comunión con personas que antes consideraba pecadoras, pero rechaza la idea de que sea una acción pecaminosa. De hecho, dice lo opuesto en el próximo versículo, lo cual nos hace pensar en «el muro de enemistad» mencionado en Efesios 2:14-16. Si él siguiera a quienes destruyeron la unidad de la comunidad cristiana en Antioquia al trazar líneas de división religiosa basadas en leyes y costumbres culturales de los judíos, sí sería una transgresión en contra de Cristo. Otra vez en este versículo, sentimos que para Pablo esta carta y el evangelio de Cristo no sólo se enfocan en tener doctrinas correctas sobre la salvación. Se trata más bien de una fuerza que destruye barreras religiosas de división. Desde el punto de vista de Pablo, sería una gran transgresión empezar a reconstruirlas. Desde la perspectiva de un grupo religioso delimitado lo que identifica al cristiano es que cuida las líneas de división. Pablo dice lo opuesto y sería una transgresión practicar una religión delimitada. (Ver «Una definición de la religión» y «Grupo delimitado y grupo centrado» en la Introducción).

Hasta este punto de la sección Pablo usa «nosotros» refiriéndose a Pedro y a sí mismo como judíos cristianos. En los versículos 19 y 20 cambia y se refiere sólo a sí mismo al usar «yo».[66] Podemos ver esto como una transición de su discurso a Pedro para pasar a su discurso a los de las iglesias en Galacia, tal como describí en la introducción de esta sección (2:15-21). Pablo deja muy en claro («por mi parte», dice) que no volverá a las prácticas religiosas del judaísmo (1:13-14). No usará las obras de la ley para construir un muro o para trazar líneas de división. Él ha muerto a la ley.

---

[64] Puede ser que la frase «Cristo está al servicio del pecado» también fuese usada por los de Jerusalén o por los mismos judaizantes en Galacia. Ver Martyn, *op. cit.*, 1997, p. 255.

[65] G. Walter Hansen, *Galatians*, The IVP NT Commentary Series, InterVarsity, Downers Grove, 1994, p. 71.

[66] Tome nota que en la nota de pie de la NVI dice que literalmente el 2:18 está en primera persona singular.

II. DEFENSA NARRATIVA DEL EVANGELIO DE LIBERTAD (1:11-2:21).

Es difícil determinar claramente lo que Pablo quería decir con la frase: «mediante la ley he muerto a la ley». Un significado podría ser que por su propia actividad religiosa llegó a ver y experimentar que el judaísmo que practicaba no era algo de vida sino de muerte. Sin embargo, no hay muestras de que Pablo hubiese dudado y luchado y que por eso dejó el judaísmo. Más bien, comunica que tenía mucho celo por el judaísmo y que practicaba las obras de la ley mejor que otros, de forma intachable (1:13-14; Fil 3:6). Una mejor interpretación (apoyada en los versículos 3:13 y 6:14) es enfocarse en Cristo y en la cruz. La forma religiosa de la ley jugó un papel importante en la crucifixión de Jesús. Entonces como la muerte de Pablo a la ley sucedió al ser «crucificado con Cristo», en un sentido la acción de la ley de matar a Jesús en la cruz contribuyó a liberar a Pablo de la ley. Sin embargo, Pablo no explica la frase y no sabemos con seguridad lo que quiso comunicar al afirmar que «mediante la ley he muerto a la ley».

Lo que sí queda claro es que Pablo ha muerto a la ley para vivir para Dios. Pensemos en el Pablo de antes, el que tenía tanto celo por la ley y las tradiciones del judaísmo. ¿Qué habría dicho él? En vez de decir «he muerto a la ley», habría dicho algo así como «estoy dispuesto a morir para defender la ley». Probablemente habría dicho también «estoy dispuesto a matar para defender la ley». J. Louis Martyn nos invita a imaginar cómo respondieron los judaizantes, quienes en forma de grupo delimitado tenían tanto celo por las obras de la ley que separaban al verdadero pueblo de Dios de los demás. Martyn piensa que al escuchar palabras tan opuestas a su manera de pensar, probablemente saltaron y gritaron ¡blasfemia![67]

Cuando en el versículo 20 Pablo dice que ha sido crucificado con Cristo «no se está refiriendo simplemente a alguna experiencia mística privada».[68] Más bien se refiere, a la experiencia que todos los cristianos tienen de estar unidos con Cristo. Pablo explica en más detalle esta experiencia cuando usa la misma frase «crucificado con Cristo» en su carta a los Romanos.

> ¿Acaso no saben ustedes que todos los que fuimos bautizados para unirnos con Cristo Jesús, en realidad fuimos bautizados para participar en su muerte?[4] Por tanto, mediante el bautismo fuimos sepultados con él en su muerte, a fin de que, así como Cristo resucitó por el poder del Padre, también nosotros

---

[67] Martyn, *op. cit.*, 1997, p. 257.
[68] Hays, *op. cit.*, 2000, p. 243.

llevemos una vida nueva. ⁵ En efecto, si hemos estado unidos con él en su muerte, sin duda también estaremos unidos con él en su resurrección. ⁶ Sabemos que nuestra vieja naturaleza *fue crucificada con él* para que nuestro cuerpo pecaminoso perdiera su poder, de modo que ya no siguiéramos siendo esclavos del pecado;⁷ porque el que muere queda liberado del pecado. (Rom. 6:3-7; cursiva añadida).

Al leer el versículo 20 en su contexto vemos que Pablo destaca que, al ser crucificado con Cristo, ha muerto su vieja identidad moldeada por la religiosidad del judaísmo y enraizada en ella. Ya no vive de acuerdo con el espíritu del grupo delimitado y su identidad no depende de esas líneas de división basadas en obras de la ley. Su nueva vida y nueva identidad vienen por estar unido a Cristo. De nuevo Pablo hace hincapié no en las acciones humanas y afirma que ahora sus acciones humanas se basan en la fidelidad del Hijo de Dios y vienen por El. Como expliqué en relación al versículo 16, en vez de «fe en el Hijo de Dios», una mejor traducción es «fe del Hijo de Dios» o «la fidelidad del Hijo de Dios».

He abogado en favor de la traducción «la fidelidad del Hijo de Dios» en el versículo 20 y por la traducción «la fidelidad de Jesucristo» en el versículo 16, pero no he explorado qué significa esa frase. Nos ayuda considerar que se usa en relación con el término «justificado», un término relacionado con el pacto. Esto nos invita a pensar en la fidelidad de Jesucristo no de manera abstracta, como una cualidad, sino concretamente en relación al pacto entre Israel y Dios. Jesús ha obedecido y ha sido fiel al lado humano del pacto. Él cumplió el pacto que Israel no cumplió.

Para entender mejor esta frase es bueno cotejarla con algunos versículos del Antiguo Testamento. En Isaías 58 leemos que el que vive como justo, como se describe en ese capítulo, «será llamado reparador de muros derruídos» (Is 58:12). En el libro de Ezequiel, Dios se lamenta de no poder encontrar a nadie que interceda y lo detenga de consumirles con el fuego de su ira (Ez 22:30-31). Dios habló por medio de Jeremías diciendo: «Recorran las calles de Jerusalén, observen con cuidado, busquen por las plazas. Si encuentran una sola persona que practique la justicia y busque la verdad, yo perdonaré a esta ciudad» (Jr. 5:1, cf Ez 22:30-31). Cuando no se encontró a tal persona, Dios tomó sobre sí mismo la situación humana, se encarnó en Jesús para ser el justo y vivir en obediencia y fidelidad.

II. DEFENSA NARRATIVA DEL EVANGELIO DE LIBERTAD (1:11-2:21). 125

Estos pasajes del Antiguo Testamento no sólo nos ayudan a entender el significado de la fidelidad de Jesús; también nos muestran que la idea que muchos son justificados por la fidelidad de uno, tiene sus raíces en el Antiguo Testamento. El texto dice que Dios perdonará y restaurará a todo el grupo por la justicia de una persona dispuesta a actuar en beneficio de otros. Vemos claramente estas ideas del Antiguo Testamento en la carta de Pablo a los Romanos cuando describe que, por medio de la fiel obediencia de Jesús, hemos sido justificados y entramos en una relación cabal con Dios.

> "Y ahora que hemos sido justificados por su sangre, ¡con cuánta más razón, por medio de él, seremos salvados del castigo de Dios! Porque si, cuando éramos enemigos de Dios, fuimos reconciliados con él mediante la muerte de su Hijo, ¡con cuánta más razón, habiendo sido reconciliados, seremos salvados por su vida!... Por tanto, así como una sola transgresión causó la condenación de todos, también un solo acto de justicia produjo la justificación que da vida a todos. Porque así como por la desobediencia de uno solo muchos fueron constituidos pecadores, también por la obediencia de uno solo muchos serán constituidos justos." (Ro 5:9-10, 18-19).

Pablo termina el versículo 20 y empieza el 21 con palabras de amor y gracia de Dios. Es probable que los instigadores hayan acusado a Pablo de desechar la gracia de Dios porque veían la ley como don de Dios y entonces la equiparaban con la gracia de Dios. Pablo dice que él no ha desechado la gracia de Dios e implícitamente los acusa de desecharla al actuar como si la muerte de Cristo no tuviese importancia. Podemos poner el comentario de Pablo en forma de una pregunta para ver claramente su lógica: Si ser hecho justo o si la justificación se obtiene por la ley, ¿por qué fue necesaria la muerte de Jesús en la cruz? Los del grupo delimitado, con su celo por las acciones humanas que separan al pueblo de Dios de los gentiles paganos, se presentan como quienes toman más en serio el evangelio y las cosas de Dios. Pero en este discurso, y en el versículo 21 en particular, Pablo deja muy en claro que es él y la práctica del grupo centrado quienes en realidad toman muy en serio el evangelio y las cosas de Dios. Cuando Pedro rechaza la mesa unida y no quiere comer con los gentiles cristianos, está viviendo como si la cruz no tuviese efecto. Los que son crucificados con Cristo no se separan unos de otros, sino que comen juntos en la misma mesa.

LIBERTAD DE LA RELIGIOSIDAD POR LA CRUZ (2:17-21)

Varias veces en el comentario he dejado en claro que creo que la preocupación central de Pablo al escribir esta carta no son los individuos sino la comunidad cristiana. También varias veces he dicho que eso no significa que no haya preocupación por los individuos. Hay implicaciones para los individuos. Esta sección es una muestra de eso. Pablo se fija en su experiencia individual. Si seguimos a Pablo cuando predica sobre este pasaje, no hablaremos solamente de la experiencia de justificación individual como la de tener el perdón de los pecados. (Nótese que Pablo ni menciona especificamente ese tema en esta carta.) Mucho más que sobre el perdón de los pecados esta sección nos invita a predicar sobre la transformación de la identidad de la persona por la cruz, y la unión con Cristo. Como escribe Richard Hays: «Pablo describe la experiencia de poner fin a su vida y su mundo anterior y la de entrar a una nueva realidad donde ahora el «yo» no es señor de su vida... se ha transformado para el servicio». Sobre la base de los versículos anteriores predica la posibilidad de libertad de la religiosidad delimitada por medio de Jesús, estos versículos demandan la predicación de la obligación de no participar en la práctica de la religiosidad delimitada que levanta muros de exclusión.

En el contexto de toda esta sección (2:11-21) los versículos 19-20 proveen una buena oportunidad de invitar a seguir el modelo de Pablo y abandonar el esfuerzo por vivir de acuerdo a la religiosidad delimitada y convertirse a una vida centrada en Jesús. Se puede sugerir que los oyentes recuerden la manera en que han excluido a otros con actitudes de superioridad religiosa y también a que evoquen la carga de las líneas divisorias en su propia vida –la presión de cumplir las reglas, la amenaza de la vergüenza y, tal vez, la exclusión y vergüenza que han experimentado. Pídales que imaginen que ponen todo lo que recuerdan en la cruz, donde Jesús lo ha sobrellevado y vencido. Después de esa muerte de su ser religioso, pídanles que visualicen sus vidas unidas con el Jesús resucitado y vivo. Exhórtenles a que ahora en la seguridad del amor de Dios ya no necesitan de la seguridad que dan las líneas divisorias de la religión, e invítenles a descansar en el amor de Dios y vivir por la fidelidad de Jesús. Su unión con esa fidelidad les provee dirección para vivir y les da poder para vivirlo.

La unión o participación con Cristo, es un tema común e importante en los escritos de Pablo. Quienes viven en América Latina en una cultura que ha mantenido su carácter comunitario se entiende mejor este tema. Sin embargo, para muchos de nosotros que vivimos en culturas más individualistas y con un entendimiento personal de la realidad, es difícil captar totalmente este pensamiento. ¿Cómo es que muchos pueden participar en la acción de uno, o estar unidos a uno? ¿Cómo es que la acción de uno crea una nueva humanidad? ¿Cómo es que uno puede vivir, morir y resucitar para todos? Quiero dar unos ejemplos que se pueden incluir en la predicación y la enseñanza para ayudar no sólo a entender intelectualmente este concepto participativo sino también para sentirlo.

Hay ejemplos contemporáneos, aun en las sociedades individualistas, que son similares a los que Pablo usa en este versículo. Un ejemplo es que cuando el equipo nacional gana un partido deportivo muy importante uno no sólo dice «¡ganamos!», sino que siente que es el ganador y ha participado en la victoria. El equipo representa al país: si éste gana, todo el país gana: el país está unido al equipo y participa en su victoria. Podemos pensar también en el mundo político. Cuando el presidente de un país viaja a otro país personalmente es un hombre o una mujer más, pero en su papel de presidente representa a todo el país y no es sólo una persona más. Si alguien trata mal o insulta al presidente es como si insultase a todos. En el tiempo de Pablo este tipo de pensamiento no era excepcional sino normal, era muy entendible que todos podían estar unidos a Cristo y ser transformados por esa unión. Richard Hays ofrece la siguiente analogía:[69] es como si fuésemos una familia disfuncional, atrapada en ciclos de infidelidad, mala comunicación, conflicto y abuso. Jesús, un hermano misterioso que se había perdido, llega en medio de nuestros problemas domésticos y vive con nosotros. Transforma a la familia al vivir de una manera radicalmente diferente, llena de amor y pensando en los demás. Cambia la dinámica destructiva de la familia y ésta se enfoca en el amor de Dios. Su fidelidad no sólo es un modelo de cómo vivir de modo diferente, sino que realmente crea una nueva familia. Hays explica que esto es sólo una analogía y quizás pobre. La realidad de lo que hace Jesús es mucho mayor pero la analogía nos ayuda a entender el pensamiento de Pablo en este versículo.

---

[69] Richard B. Hays, «Made New by One Man's Obedience: Romans 5:12-19», en *Proclaiming the Scandal of the Cross: Contemporary Images of the Atonement*, ed. Mark D. Baker, Baker Academic, Grand Rapids, 2006, p. 101.

III. EL EVANGELIO DE LIBERTAD: ARGUMENTOS CONTRA LOS INSTIGADORES (3:1-5:1)

1. La cruz es la diferencia (3:1)

¹¡Gálatas torpes! ¿Quién los ha hechizado a ustedes, ante quienes Jesucristo crucificado ha sido presentado tan claramente?

Estas palabras ásperas sin duda llamaron la atención de los oyentes. Este versículo es duro no sólo en su tono, ¡torpes!, sino también en su contenido. Por el uso del verbo «hechizar», Pablo confronta a los instigadores comparándolos con brujos malignos, y a los gálatas como víctimas que se han dejado engañar embrujados por los instigadores. La emoción e intensidad de las palabras de Pablo nos recuerdan lo que notamos en relación a 1:6, cuando Pablo estaba molesto. (Ver la sección sobre 1:6 sobre de su estado de ánimo.) Ahora claramente dirige sus palabras a los gálatas y no sólo les informa lo que le había dicho a Pedro en Antioquia. Sin embargo, seguramente tiene muy presente el recuerdo de la tragedia de la mesa dividida debido a la religiosidad del grupo delimitado en Antioquia (2:11-16). Ese recuerdo habría alimentado su emoción. No quería que ocurriera lo mismo en Galacia. Note que en esta carta se tratan temas doctrinales, pero no es sólo una mera charla sobre estos asuntos entre eruditos teólogos. Pablo, teólogo misionero, se siente impelido a escribir esta carta por preocupaciones concretas como la esclavitud de la religión, la unidad de la comunidad y la práctica de la verdad del evangelio (2:14) en Galacia. (Ver «Grupo delimitado y grupo centrado» en la Introducción.)

Empezamos una nueva sección en el comentario porque Pablo trata otros asuntos y, como ya notamos, ahora se dirige directamente a los gálatas. Sin embargo, este versículo está entretejido con la última sección y une las dos. Pablo explicó la centralidad de la cruz en su vida y ahora razona que practicar las obras de la ley como manera de determinar la

III. EL EVANGELIO DE LIBERTAD: ARGUMENTOS CONTRA LOS INSTIGADORES (3:1-5:1)

membresía en un grupo delimitado sería como ignorar la realidad de la cruz y comunicar que «Cristo habría muerto en vano» (2:21). Todo eso está en el trasfondo y es como si preguntara en Gálatas 3:1 ¿Cómo es que ustedes se han olvidado de la cruz y están viviendo como si Cristo no hubiera muerto para incluirles en el pueblo de Dios? ¿Están confiando en la cruz o en las obras de la ley?

Pablo se refiere a la cruz varias veces en esta carta. Es importante recordar que, en el primer siglo, la cruz no era un símbolo glorioso de honor, sino un símbolo de una vergonzosa muerte. En una sociedad que más que nada buscaba el honor, no era algo lógico recalcar que una persona que murió en la cruz era el centro de su movimiento. (Ver «Una sociedad que busca el honor y evita la vergüenza» en la Introducción.) No sigue la lógica humana. El mensaje de los instigadores que definía claramente a los que pertenecían a la comunidad cristiana según sus actos religiosos, se basaba en la lógica humana. (Ver «Una definición de la religión» en la Introducción.) Pablo subraya continuamente un evangelio de nueva creación, revelación de Dios, centrado en la cruz que es contracultural al mundo malvado (1:4, 6:14-15).

Dios visto a través del lente de la cruz (3:1)

Podríamos hacer notar la emoción de Pablo en este versículo y rápidamente pasar a la explicación que empieza en el siguiente versículo. Pero hay una lección muy importante para nosotros en este versículo: Pablo coloca al Jesucristo crucificado en el centro.[1] Una implicación que enseña este versículo es la importancia de no sólo hacer teología sobre la cruz, sino dejar que la cruz ilumine y tenga su influencia en toda nuestra teología y concepto de Dios. Esto es lo que Lutero denominó «teología de la cruz». Aunque en algunos puntos he criticado la influencia de Lutero en nuestra interpretación de Pablo, podemos aprender mucho de su ejemplo de colocar la cruz en el centro y rechazar lo que llamó «teología de la gloria».[2]

---

[1] Pablo se enfoca en la cruz, no solo aquí pues es un tema central en sus cartas. Para un estudio en profundidad sobre este tema en Pablo, ver Charles B. Cousar, *A Theology of the Cross: The Death of Jesus in the Pauline Letters,* Fortress, Minneapolis, 1990.

[2] Dos trabajos en los cuales Lutero emplea explícitamente los términos «teología de la gloria» y «teología de la cruz» y los discute más o menos extensamente son: «Heidelberg disputation», abril de 1518 y «Explanations of the Ninety-Five Theses», 1518. Ver también Walther von Loewenich, *Luther's Theology of the Cross*, Augsburg,

Por «teología de la gloria» Lutero quería decir una teología centrada en la nunca vista e imponente majestad de la gloria de Dios, y especula en torno a ella. Su fuente no es la revelación, sino la mente humana: describe cómo la gente se imagina que Dios debería ser. Muchos se imaginan que es un Dios todopoderoso con quien uno tiene que negociar por medio de sacrificios y buenas obras. El filósofo o el teólogo emplea términos tales como inmutable, omnisciente, omnipotente e impasible para describir a Dios, y el maestro de la escuela dominical canta: «Cuida lo que tocan tus manos...». La «teología de la gloria» es la teología de un «Ser Supremo» impersonal y remoto.

En contraposición a la «teología de la gloria», una «teología de la cruz» no emana de la mente humana sino de la revelación de Dios en Cristo. La acción de gracia de Dios, que se expresa en el Dios que se hizo carne y compartió el sufrimiento humano por causa del ser humano, entra en conflicto con la noción humana de cómo cree que debería ser Dios. Lutero reafirma el contraste de las dos posiciones al exhortar:

> No debes elevarte a Dios sino empezar donde él empezó –en el vientre de su madre él se hizo humano– y reprimir tu espíritu de especulación... no debes conocer a Dios aparte de este hombre, debes depender de su humanidad... En cuanto a cómo debes tratar a Dios y actuar delante de él, olvídate de la especulación sobre su majestad... No conocemos a ningún Dios a excepción del Dios encarnado y humano... Si te preocupas por tu salvación, olvídate de todas las ideas acerca de la ley, todas las doctrinas filosóficas y acércate cuanto antes al pesebre y al seno de su madre, y míralo, un infante, un niño que crece, un hombre que muere. Entonces escaparás de todos los temores y errores. Esta visión te mantendrá en la senda cierta... Buscar a Dios aparte de Cristo es el Demonio.[3]

Buscar a Dios aparte de Cristo es un grave error porque cuando la gente percibe a Dios como un ser distante, enojado y acusador, entonces una respuesta natural es llevar un estilo de vida religioso que intenta aplacar el poder que nos amenaza.

Una «teología de la gloria» también es un error serio por cuanto mucha gente intenta disminuir su sentido de insuficiencia y vulnerabilidad y sus limitaciones, mediante la unión a un Dios todopoderoso y glorioso. Esta

---

Minneapolis, 1967; Alister E. McGrath, *Luther's Theology of the Cross: Martin Luther's Theological Breakthrough*, Basil Blackwell, Oxford, 1985.

[3] En Gerhard Ebeling, *Luther; an Introduction to His Thought*, Fortress, Philadelphia, 1972, p. 235. Otra traducción por Haroldo S. Camacho en *El Comentario de Martin Lutero Sobre la Epístola a Los Gálatas (1535)*, Palibrio, Bloomington, IN, 2011, pp. 53-54.

III. EL EVANGELIO DE LIBERTAD: ARGUMENTOS CONTRA LOS INSTIGADORES (3:1-5:1)

unión provee a la gente una ilusión de grandeza, cuando en realidad están negando la verdadera identidad y así se agrava el estado de alienación y esclavitud a la religión. Uno tiene que llevar a cabo ritos religiosos y obedecer reglas religiosas para que Dios lo premie con la gloria, en vez de castigarlo con ira.

En resumen, una «teología de la gloria» es una teología religiosa de alienación. En contextos de mucho sufrimiento como en América Latina existe la tentación a predicar una «teología de la gloria» como una manera de escapar o negar el sufrimiento. Sin embargo, es un error. Pablo no lo hizo en contextos de sufrimiento. La «teología de la gloria» le deja a uno alienado de sí mismo y de un remoto Dios de gloria. La persona se siente en paz con este Dios sólo cuando actúa correctamente. La relación no está enraizada en el amor. Una «teología de la gloria», unida íntimamente a la religión, fomenta la formación de una comunidad de temor, de aceptación condicional, de vergüenza y de relaciones superficiales. Consecuentemente, aliena a la gente de los otros miembros de la comunidad.

Pablo pregona el evangelio del Jesucristo crucificado, un contraste radical con la «teología de la gloria». La teología que Pablo promulga presenta a un Dios sufriente que tomó la iniciativa para franquear el abismo con la humanidad. Así, pues, subvierte la religión en vez de facilitarla. Dios revelado en Cristo, no proporciona la imaginaria seguridad de la «teología de la gloria»: la acción justificadora de Dios en Jesucristo la substituye por una relación –una relación con el Dios que se revela en Jesucristo y con los demás en el pueblo de Dios.[4]

Si vamos a ayudar a personas a experimentar la libertad de la religión es importante que no sólo hablemos de la dinámica social de una iglesia delimitada, sino que también proclamemos la «teología de la cruz» y ayudemos a las personas a conocer al Dios revelado en Jesús. Un concepto distorsionado de Dios y la esclavitud de la religiosidad delimitada se apoyan mutuamente e interaccionan. Tenemos que confrontar los dos y predicar alternativas.

Pablo les preguntó: «¿Quién los ha hechizado a ustedes?» Había engañadores en el tiempo de Pablo y hay engañadores hoy. No sé si hay más hoy o había más en el tiempo de Pablo, pero lo cierto es que

---

[4] Para una discusión más amplia de los temas de esta sección, ver: Marcos Baker, *¿Dios de ira o Dios de amor?: Cómo superar la inseguridad y ser libres para servir*, Ediciones Kairós, Buenos Aires, 2007 y Marcos Baker, *Centrado en Jesús*, Ediciones Shalom, Lima y Ediciones Semilla, Guatemala, 2013.

los predicadores y maestros engañadores hoy tienen más medios para comunicarse que los que tenían los instigadores en el tiempo de Pablo. Hoy pueden usar la comunicación directa como los judaizantes, pero también pueden utilizar medios como la radio, la televisión, los libros, las revistas, internet, los DVDs, etc. Entonces una implicación sencilla pero importante de este texto es que es necesario ayudar a los discípulos a discernir quiénes son engañadores. Es necesario estar alerta y, de ser necesario, preguntar como Pablo: «¿Quién los ha hechizado a ustedes?»

2. Cómo los cristianos en Galacia recibieron el Espíritu (3:2-5)

> ²Sólo quiero que me respondan a esto: ¿Recibieron el Espíritu por las obras que demanda la ley, o por la fe con que aceptaron el mensaje? ³¿Tan torpes son? Después de haber comenzado con el Espíritu, ¿pretenden ahora perfeccionarse con esfuerzos humanos?ʲ ⁴¿Tanto sufrir, para nada? ¡Si es que de veras fue para nada! ⁵Al darles Dios su Espíritu y hacer milagros entre ustedes, ¿lo hace por las obras que demanda la ley o por la fe con que han aceptado el mensaje?

Ahora y hasta el versículo 5:1, Pablo empieza una serie de argumentos en contra de lo que decían y enseñaban los instigadores judaizantes. Al comienzo dice: «Sólo quiero que me respondan a esto», como para comunicar que la respuesta a esa pregunta dejará todo en claro. Y sí, es un argumento contundente. Sin embargo, antes de reflexionar sobre la lógica de su premisa tenemos que aclarar el significado de dos frases. Una es: «Las obras que demanda la ley», que se refiere a prácticas específicas de la ley y las tradiciones del judaísmo, como la circuncisión, usadas para distinguirles de los gentiles. (Para una explicación más completa, ver la sección «Las obras de la ley» en el comentario sobre 2:16.)

La segunda frase es: *ex ako's pisteos*. Hay varias posibles traducciones de la frase *ex ako's pisteos* (3:2, 5). *Ako'* significa oír (escuchar) o lo que se oye (informe, mensaje, proclamación), y *pistis* se puede entender como el acto de creer o lo que se cree (la fe). Richard B. Hays formula las siguientes cuatro posibles traducciones de esta frase:[5]

– si *ako'* significa «oír»

---
[5] Richard B. Hays, *The fith of Jesus Christ*, 2000, p. 252; ver también , Richard Longenecker, *op. cit.*, 1990, pp. 102-103.

III. EL EVANGELIO DE LIBERTAD: ARGUMENTOS CONTRA LOS INSTIGADORES (3:1-5:1)

1. (*pistis* = «creer») «por oír con fe»
2. (*pistis* = «la fe») «por oír 'la fe'» = «por oír el evangelio»
   - si *ako'* significa «mensaje, proclamación»
3. (*pistis* = «creer») «por el mensaje que evoca uno a creer»
4. (*pistis* = «la fe») «por el mensaje de 'la fe'», «por el mensaje del evangelio»

Estas cuatro traducciones son posibles, pero la primera («oír con fe») ha sido la más común y refleja el entendimiento «protestante» tradicional del mensaje de Pablo. Los que prefieren esta traducción emplean las expresiones paralelas de 3:2 para defender su posición. Básicamente creen que Pablo expresa esta idea: «Ustedes han recibido el Espíritu no porque han hecho esto (= llevado a cabo obras), sino porque hicieron aquello (= oyeron y creyeron)». ¿Es este el mensaje de Gálatas? Antes de volver a esta pregunta veamos la evidencia a favor de otra traducción.

Tenemos que decidir cómo vamos a traducir las dos palabras. Primero, *pistis*. Hay ejemplos en Gálatas en que *pistis* actúa como objeto directo: Pablo proclama la fe (1:23, 3:23-26 y 6:10). Así, «la fe» o «el evangelio» en la segunda y cuarta opciones podrían considerarse traducciones fieles. En cambio, la ausencia de un artículo definido en 3:2 disminuye esta posibilidad y apoya la primera y tercera opciones: «creer». Hays alega que «quizá la verdad del asunto es que el idioma esquemático de Pablo no hace posible contestar todas las preguntas que nos gustaría hacernos y que no tenía en mente una distinción clara: *ako' pisteos* simplemente quiere decir "el mensaje-la fe", e intentar distinguir entre "el mensaje que evoca fe" y "el mensaje de 'la fe'" es nuestro problema y no de Pablo».[6]

La manera en que se decida traducir *ako'* es más significativa. Hay fuertes argumentos a favor de «mensaje» y en contra de «oír» activamente. Pablo hace uso de la palabra con ambos sentidos en otros escritos. Romanos 10:16-17 es donde su uso se acerca más al del contexto de Gálatas. En Romanos 10:16, *ako'* inequívocamente significa «mensaje»; su uso en 10:17 se prestaría al debate, pero como es un comentario sobre 10:16 la misma traducción sería apropiada. En otros casos en que Pablo emplea *ako'* no se puede alegar tan convincentemente, pero se inclinan a apoyar la traducción de *ako'* en Gálatas como «mensaje, proclamación».

Los que prefieren la primera alternativa ponen mucho énfasis en la estructura paralela del versículo. Sin embargo, la tercera y cuarta alter-

---

[6] Richard B. Hays, *op. cit.*, 2002, p. 131.

nativas caben más dentro de esta estructura. «No es la misma relación entre 'Obras' y 'Ley' que entre 'oír' y 'fe'... La verdad es que las frases yuxtapuestas deben considerarse unidades de significado indivisibles: '¿Han recibido el Espíritu de X o de Y?... La traducción de Betz capta el sentido propio del asunto al poner cada frase entre comillas de modo que queda en claro que cada una es un latiguillo o eslogan».[7]

Sólo esto quiero que me respondan: ¿Ustedes recibieron el Espíritu por «las obras de [la] ley» o por [la] «proclamación de [la] fe?» (Gá 3:2).[8]

Finalmente, traducir *ako'* como «mensaje» o «proclamación» tiene más sentido en relación con estos dos versículos y con el contraste que Pablo establece con anterioridad en Gálatas entre el mensaje de Dios y el de los seres humanos. En vez de decir que el Espíritu no llega a través de una actividad humana («obras»), sino por otra actividad humana («oír-creer»), Pablo quiere decir que el Espíritu simplemente no llega por la acción humana, sino porque Dios actúa a través del mensaje proclamado. Esto es especialmente claro en el versículo 3:5, donde Dios es el sujeto de la acción. La pregunta de Pablo: «Al darles Dios su Espíritu y hacer milagros entre ustedes, ¿lo hace por las obras que demanda la ley...?» parece casi ridícula, ya que se respondería «desde luego que no». De la misma manera, si se preguntara: «Al darles Dios su Espíritu y hacer milagros entre ustedes, ¿lo hace porque creen lo que han oído?» podría parecer ilógico también. Ya que Dios es el actor, tiene más sentido preguntar: «¿¿Dios les proporciona el Espíritu y hace milagros entre ustedes a través de la proclamación del evangelio?» Lo que Pablo dice en 1 Tesalonicenses 1:4-5 presenta un argumento similar al de Gálatas 3:1-5. Presenta la obra del Espíritu como evidencia para incluirlos en ambos casos. 1 Tesalonicenses 1:5 inequívocamente describe el mensaje del evangelio como el agente que les llega en todo su poder (ver también Ro1:16). Por lo tanto, no es sólo imaginable sino probable, al considerar el mensaje general de Gálatas, que Pablo intentaba poner el énfasis en la acción de Dios a través de la proclamación del evangelio. La mejor traducción de *ako'* en 3:2 y 5 es «mensaje» o «proclamación».

Entonces ahora reflexionemos sobre por qué Pablo hace esa pregunta: «¿Recibieron el Espíritu por "las obras de la ley", o por "la proclama-

---

[7] Hays, *ibid.*, 2002, p. 130.
[8] H. D Betz, *Galatians*, Hermeneia, Fortress, Philadelphia, 1979, p.128

III. EL EVANGELIO DE LIBERTAD:
ARGUMENTOS CONTRA LOS INSTIGADORES (3:1-5:1)

ción del evangelio"?» El punto clave que quiere señalar es que ellos ya han recibido el Espíritu sin circuncidarse u observar las prácticas que separan los judíos de los gentiles. El Espíritu es una muestra de que ya son parte de la familia de Dios (ver 4:6-7), entonces no tiene sentido que los judaizantes digan que tienen que practicar las obras de la ley para verdaderamente ser parte de la familia de Dios.

Vemos un argumento muy similar en Hechos 10 y 11 cuando en la casa de Cornelio, el Espíritu descendió sobre los gentiles que escuchaban el evangelio que Pedro predicaba (10:44). Pedro pregunta: «¿Acaso puede alguien negar el agua para que sean bautizados estos que han recibido el Espíritu Santo lo mismo que nosotros?» (10:47). Pedro no los bautizó porque cumplían ciertas obras de la ley como comer determinada comida, sino porque vieron esa manifestación del Espíritu en sus vidas. Pablo sostiene lo mismo. Aunque quienes practican un cristianismo religioso y delimitado como los instigadores han dicho algo diferente, la verdad es que no necesitan más validación para ser parte de la comunidad cristiana.

Es un argumento tan claro e importante que Pablo bien podría terminar aquí su razonamiento y proseguir a los temas del capítulo 5. Sin embargo, es evidente que no sólo quiere presentar un argumento contundente, sino también responder a los argumentos de los judaizantes. En el versículo 3 probablemente hay una respuesta de Pablo a algo que ellos habían dicho. El uso de la palabra «perfeccionarse» es llamativo. Es importante notar que los judaizantes podrían practicar un cristianismo religioso delimitado no sólo por decir explícitamente «uno se salva por sus obras» o «uno no es cristiano si no se circuncida», sino también al decir cosas como «si ustedes quieren ser verdaderos cristianos necesitan circuncidarse» o «si ustedes quieren perfeccionarse y ser miembros completos de la familia de Dios necesitan circuncidarse». (Ver «Grupo delimitado y grupo centrado» en la Introducción y «Las Obras de la Ley» en el comentario sobre 2:16.)

Es posible que los instigadores judaizantes citaran Génesis 17 mientras presionaban a los gálatas a circuncidarse para perfeccionarse como Abraham. Un ejemplo de esa lógica se encuentra en la Mishnah, los escritos rabínicos: «Grande es la circuncisión, porque a pesar de todas los virtudes que cumplió nuestro padre Abraham, no era llamado perfecto hasta que se circuncidó, como está escrito "Anda delante de mí y sé perfecto" (Gn 17:1)» (Nedarim 3:11).[9] Pablo repite la palabra

---

[9] Aunque la Mishnah se escribió un siglo después de que Pablo escribiera Gálatas, estos pensamientos se reflejan en el judaísmo del tiempo de Pablo.

severa que usó en el versículo 3:1 («torpes») para comunicar que no tiene sentido transitar el camino de los esfuerzos humanos como una opción mejor o necesaria a lo que ya habían empezado con el Espíritu. La traducción «esfuerzos humanos» capta el sentido general de lo que Pablo quería comunicar. Pero no capta la ironía y el doble significado de una traducción al pie de la letra como «carne» con la cual se hace alusión al hecho de tratar de perfeccionarse por circuncisión de la piel.

El verbo *paschō* en el versículo 4 puede significar sufrir o experimentar. En el contexto inmediato parece que «experimentar» sería la mejor traducción porque Pablo se estaba refiriendo a experiencias positivas del Espíritu, y en el próximo versículo menciona milagros. Sin embargo, es posible que esté refiriéndose a la persecución que habían sufrido por seguir a Jesús. Es un tema presente en ésta y en otras cartas de Pablo (4:29; 5:11; 6:12, 17; Ro 8:14-30; 1Ts 2:14). Si es el uno o el otro no cambia lo que comunica después: todo será en vano y no servirá de nada si siguen lo que enseñan los instigadores. Otra vez, esta mención muestra que para Pablo este asunto no es una mera discusión sobre un punto doctrinal o un argumento sobre lo que debería estar o no en la lista de acciones importantes de la ética cristiana. Para Pablo es un contraste entre la integridad del evangelio y lo que no es el evangelio. Pero en la última frase del versículo, Pablo deja abierta la posibilidad de no aceptar la religión delimitada de los instigadores.

En el versículo 3:5 Pablo hace una pregunta muy similar a la del versículo 3:2. Esta vez menciona específicamente los milagros que Dios ha hecho y está haciendo entre ellos. La diferencia más importante es que esta vez Pablo pone a Dios como el sujeto de la oración, el que realiza la acción. Varias veces en la carta Pablo se enfoca en Dios y en su acción, empezando por la primera oración del saludo. Poner a Dios como sujeto ayuda a recalcar que las obras de la ley (ver la discusión sobre 2:16) no son tan centrales o necesarias como decían los instigadores. Asimismo, ilumina dos realidades. Primero, Pablo invita a quienes escuchan a reflexionar sobre la idea algo ridícula de que si se cumplieran prácticas que definen a alguien como un verdadero judío, llevaría a Dios a hacer un milagro. Pero no; un milagro es acción de Dios y no depende de las obras de la ley. Y segundo, todo esto es obvio no por lógica, sino porque ellos lo han experimentado. El hecho es que Dios hizo milagros entre ellos antes de que llegaran los instigadores con su cristianismo delimitado por la circuncisión. La circuncisión no produjo los milagros, sino Dios.

III. EL EVANGELIO DE LIBERTAD: ARGUMENTOS CONTRA LOS INSTIGADORES (3:1-5:1)

Por lo tanto, en esta sección Pablo les dice a los gálatas que su propia experiencia muestra que no hay necesidad de cumplir con nuevos requisitos para ser verdaderos miembros de la familia de Dios. Ellos ya han visto el fruto de su inclusión en la familia de Dios, no por las obras de la ley sino por acción del Espíritu y por la proclamación del evangelio.

La primacía de la acción de Dios (3:2-5)

Otra vez en esta sección vemos el énfasis de la acción de Dios en contraposición a la acción humana. Entonces una importante implicación para la predicación y enseñanza es seguir el ejemplo de Pablo y comunicar con claridad y repetidamente que la acción de Dios, por gracia, es fundamental en la vida cristiana y en la formación de la comunidad cristiana. Aunque no sería apropiado repetir todos los detalles exegéticos sobre cómo traducir *ex ako's pisteos*, sí hay implicaciones para la predicación. Una lección es que las palabras que usamos tienen mucha importancia. Varias veces en esta carta notamos el cuidado de Pablo por evitar decir algo que podría apoyar una perspectiva religiosa. Vamos a decir más al respecto en la sección sobre 4:1-11, que es el ejemplo más claro. El trabajo exegético de la sección anterior muestra que el acto de formar frases y oraciones de una manera antirreligiosa no nos viene automáticamente ni fácilmente. Más bien lo que viene fácilmente es poner el énfasis en la acción humana. Trabajemos en poner intencionalmente el énfasis en la acción de Dios.

El argumento de Pablo en esta sección presume que la experiencia que tuvieron fue concreta, poderosa y transformadora. Pablo no habla de manera que quede espacio para dudar si tuvieron la experiencia o no, si hubo milagros o no. Aunque en otros lugares como en 1 Corintios, Pablo escribe en contra de abusos en relación a experiencias del Espíritu, este pasaje muestra que sería un error predicar en contra de experiencias concretas del Espíritu. Más bien es algo que debemos esperar. Es importante notar que Pablo no señala una manifestación específica del Espíritu como indicio de membrecía en el Pueblo de Dios. Escribe en términos generales.

Hemos reflexionado en secciones anteriores sobre el concepto que Pablo tiene de la verdad, el cual incluye información pero también abarca lo vivido. En el primer capítulo Pablo recalcó la verdad recibida por revelación de Dios. En el párrafo 2:10-15 Pablo subrayó el hecho de comer unidos en Cristo como un aspecto de la verdad. Después (2:16) presentó información, podríamos decir doctrina, como parte de la verdad y en la sección que sigue presenta algo de la historia del Antiguo Testamento y también más información, más doctrina como verdad. Ahora en esta sección Pablo enfatiza la experiencia como evidencia de la verdad. Entonces una implicación es seguir a Pablo en cuanto a no tener un concepto limitado de la verdad, sino reconocer que Dios nos muestra la verdad a través de una combinación de medios: las Escrituras, la experiencia de Dios en nuestras vidas, la teología escrita por otros en la historia de la iglesia, y por vivir la verdad con otros.

3. La promesa dada a Abraham (3:6-29)

Pablo ha desarrollado un argumento basado en la experiencia (3:1-5), lo que podría ser suficiente. Sin embargo, también añade un argumento basado en la Escritura (3:6-29) para mostrar que la experiencia de los gálatas concuerda con ella. Los instigadores judaizantes insistían que los gálatas tenían que circuncidarse y cumplir con las obras de la ley para ser verdaderos hijos de Abraham. Pablo quiere usar las Escrituras para mostrar que ellos ya son hijos e hijas de Abraham (3:6-9; 26-29). Como los instigadores hablan en forma muy positiva sobre la ley, Pablo tiene que responder a la pregunta obvia y dar su opinión sobre la ley (10-25).

Los gentiles están incluidos entre los bendecidos por Abraham (3:6-9)

> ⁶Así fue con Abraham: «Le creyó a Dios, y esto se le tomó en cuenta como justicia.» ⁷Por lo tanto, sepan que los descendientes de Abraham son aquellos que viven por la fe. ⁸En efecto, la Escritura, habiendo previsto que Dios justificaría por la fe a las naciones, anunció de antemano el evangelio a Abraham: «Por medio de ti serán bendecidas todas las naciones.» ⁹Así que los que viven por la fe son bendecidos junto con Abraham, el hombre de fe.

Los cristianos gentiles de Galacia habían dejado de asistir a los templos y participar en ritos religiosos con otros en sus ciudades; tampoco iban ya a las sinagogas con los judíos. En un ambiente donde la religión jugaba un papel importante, los cristianos gentiles no tenían una identidad muy clara. No pertenecían a una institución religiosa conocida y aceptada. Los comentarios de los instigadores seguramente añadían un sentimiento de inseguridad. Los judaizantes estaban poniendo en

III. EL EVANGELIO DE LIBERTAD:
ARGUMENTOS CONTRA LOS INSTIGADORES (3:1-5:1)

duda su identidad como cristianos y, a la vez, ofrecían cierta identidad y seguridad más aceptada en el contexto de Galacia: la identidad de ser parte de los judíos, las hijas y los hijos de Abraham. Es entendible que esto atrajera a los gálatas. Es interesante y notable que Pablo no ignora ese sentido de inseguridad, ni rechaza la importancia de la identidad y de sentirse parte de un grupo. Su respuesta, sin embargo, es reafirmar que sí son parte de esa familia.

Vemos la intención y la trayectoria del argumento en las primeras cuatro palabras: «Así fue con Abraham...» (3:6). Pablo equipara la experiencia de los gálatas (3:2-5) con la de Abraham. Con sólo esas cuatro palabras enfatiza una relación entre ellos y Abraham. La experiencia de Abraham fue como la de ellos: centrada en la gracia de Dios. Con las palabras que siguen y mediante el uso de las Escrituras, Pablo presenta su razonamiento explícito. Es importante notar no sólo lo que dice el texto de Génesis que él cita, que Abraham fue justificado por creer o confiar, sino también dónde está el texto en la historia de Abraham (Gn15:6). Seguramente los instigadores habían hablado con los gálatas sobre Génesis 17 (cuando Abraham obedece el imperativo a circuncidarse) y habían usado el texto como evidencia de que todos los hijos de Abraham, incluyendo los gálatas, debían hacerlo. Para demostrar que antes de circuncidarse Abraham fue justificado, Pablo muestra que fundamentalmente la historia de Abraham no es sobre la circuncisión y las obras de la ley, sino sobre la confianza en la promesa de Dios (Ver la explicación de la justificación en la sección sobre 2:16).

Pablo continúa su argumento diciendo «Por lo tanto» (3:7), lo cual implica que lo fundamental se menciona a continuación: quiénes son los descendientes de Abraham, y no la circuncisión que es secundaria. El griego *hoiekpisteōs*, que la NVI traduce «Aquellos que viven por la fe», textualmente es «los de la fe», y es paralelo a *hoy ekperitomēs* (2:12) «los de la circuncisión». J. Louis Martyn ofrece una buena paráfrasis que nos ayuda a reflexionar sobre el significado de esta frase: «aquellos que basan su identidad en la fe».[10] Nos ayuda a ver que Pablo no sólo establece el contraste respecto al fundamento de la identidad de una persona, sino que contrasta también el carácter de la comunidad que se conforma. Aquellos que fundamentan su identidad en la circuncisión forman un grupo delimitado. (Ver «Grupo delimitado y grupo centrado» en la Introducción.) Ese grupo tiene una línea que separa claramente

---

[10] Martyn, *op. cit.*, 1997, p. 299.

a los que son parte del grupo y los que no lo son. La circuncisión y otras tradiciones de los judíos son las acciones humanas que funcionan como línea divisoria. (Ver la explicación de «Las obras de la ley» en el comentario sobre 2:16.) Aquellos que basan su identidad en la fe forman un grupo centrado. ¿En que está basada su fe? ¿En qué cree y confía? Su mirada y su confianza no se sostienen por una acción humana, sino por la gracia y la acción de Dios.

Es notable que Pablo no argumenta a favor de otra acción humana (si no es la circuncisión, podría ser el diezmo o la oración) ni dice que no hay distinción y que todos están en la familia de Dios. El primer argumento sería cambiar una línea de exclusión por otra y quedar con el carácter de un grupo delimitado, lo cual es contrario al evangelio. (Para una exploración más profunda sobre el grupo delimitado y el evangelio, ver el comentario sobre 1:6-10 y 2:11-14.) El segundo argumento, no hacer distinción, significaría no tener identidad como un grupo distinto del de quienes no confían en Dios ni siguen a Jesús. Pablo presenta un grupo con una identidad clara y distinta de los demás, pero su identidad viene de su relación con el centro del grupo: Dios.

En el próximo paso de su argumento (3:8-9) Pablo nuevamente usa Génesis (12:3; 18:18; 22:18) para mostrar que no es nueva la idea de incluir no-judíos en la familia de Abraham, pues estaba previsto que por medio de Abraham serían bendecidas todas las naciones. Es posible que los instigadores usaran esas mismas palabras para señalar que la bendición de los gentiles tenía que venir a través de Abraham y entonces les exhortarían a circuncidarse para unirse a Abraham y obtener la bendición. Aquí podemos sentir claramente el evangelio de «Jesús *y* la circuncisión» (ver el comentario sobre 1:6-10). En el versículo 9 Pablo esclarece que la bendición se relaciona con la fe y no con acciones humanas como la circuncisión.

Hay dos cosas interesantes en la frase «la Escritura... anunció de antemano el evangelio a Abraham» (3:8). Primero, Pablo personifica la Escritura. Para él, la Escritura no sólo es un texto pasivo interpretado como quieren algunas personas, sino que habla, está viva y Dios la usa. Segundo, Pablo describe como evangelio el mensaje a Abraham sobre la bendición de las naciones por medio de él. Como vimos en el versículo 2:14, aquí también vemos que para Pablo el evangelio es más que sólo información sobre la manera en que el individuo puede alcanzar el perdón de sus pecados.

La muerte de Cristo nos libra de la maldición de la ley (3:10-14)

¹⁰Todos los que viven por las obras que demanda la ley están bajo maldición, porque está escrito: «Maldito sea quien no practique fielmente todo lo que está escrito en el libro de la ley.» ¹¹Ahora bien, es evidente que por la ley delante de Dios nadie es justificado, porque «el justo vivirá por la fe». ¹²La ley no se basa en la fe; por el contrario, «quien practique estas cosas vivirá por ellas». ¹³Cristo nos rescató de la maldición de la ley y se hizo maldición por nosotros, pues está escrito: «Maldito todo el que es colgado de un madero.» ¹⁴Así sucedió, para que por medio de Cristo Jesús, la bendición prometida a Abraham llegara a las naciones, y para que por la fe recibiéramos el Espíritu según la promesa.

Antes de explorar lo que Pablo imparte en esta sección es importante decir lo que no comunica. Una interpretación muy común de estos versículos es que Pablo dice que es imposible cumplir la ley; y los que tratan de hacerlo están bajo maldición. Por lo tanto, no podrán obedecer la ley perfectamente y entonces experimentarán la ira de Dios. Aunque es cierto que uno no puede obedecer la ley sin quebrantarla en ningún aspecto, es erróneo pensar que eso es lo que Pablo quería comunicar en estos versículos. Hans Boersma explica que esa interpretación común comete tres errores. El primero es ver a los judaizantes y a los judíos en general como quienes creían y enseñaban que uno obtiene la salvación por los esfuerzos de guardar la ley. (Ver «El estereotipo de los instigadores» en la Introducción.) El segundo es leer el texto sólo en forma individualista. Y el tercero es ignorar el contexto histórico tanto de Galacia como de Israel en el Antiguo Testamento.[11]

Hay varios problemas con el primer error. Comunica que en el Antiguo Testamento la salvación era mediante las obras y en el Nuevo Testamento, por gracia. Sin embargo, en el Antiguo Testamento vemos claramente la gracia de Dios; hay todo un sistema de sacrificios, dado por Dios, que las personas podían usar cuando fallaban. Y, como expliqué en la Introducción, los escritos de los judíos en el tiempo de Pablo claramente hablaban de la gracia de Dios. En relación a la ley, Pablo mismo no se sentía cargado de culpa cuando andaba en el judaísmo. Al referirse a

---

[11] Hans Boersma, *Violence, Hospitality, and the Cross: Reappropriating the Atonement Tradition,* Baker Academic, Grand Rapids, 2004, pp. 173-174.

esa época de su vida nos dice: «en cuanto a la justicia que la ley exige, intachable» (Fil 3:6). Tal vez el mayor problema con esa interpretación es que no reconoce que no es un argumento sólido para que Pablo lo use en relación a la situación en Galacia. Los judaizantes en Galacia fácilmente hubieran podido refutar su premisa diciendo simplemente que la ley misma provee los medios para el perdón de los pecados y las transgresiones mediante el arrepentimiento, el sacrifico y ritos anuales como el día del Perdón (Lv 23:26-32). Ni Pablo ni los judaizantes habrían dicho que nunca pecaron sino que andaban bien en relación a la ley porque buscaban perdón mediante los recursos provistos por la ley.

En relación al segundo y al tercer error, cuando leemos esos versículos es importante que pensemos en todo el pueblo en relación a la ley y no sólo en individuos; así también es importante que consideremos la realidad concreta de Galacia y la historia de Israel. ¿Qué pasa cuando leemos esos versículos con esto en mente? Podremos ver una interpretación diferente.

Primero voy a referirme en forma general a la manera en que Pablo habla sobre la ley en Gálatas 3:10-13 y después veremos los versículos más detalladamente. Empezamos con una afirmación fundamental y una observación primordial. Primero, la afirmación es que la ley dada por Dios en el Antiguo Testamento es algo positivo, un instrumento de vida y *Shalom*. Pablo afirma esto en su carta a los Romanos. La ley da vida; «la ley es santa... el mandamiento es santo, justo y bueno» (Ro 7:10, 12). Segundo, la observación es que en Gálatas 3:10-13 Pablo habla de la ley como algo negativo, que no da vida. ¿Cómo es posible entonces que algo dado por Dios para el bien de Israel termina siendo algo que Pablo describe tan negativamente? La religión, como un poder del mal, toma algo bueno, la ley, y la transforma en algo negativo. (Ver «Una definición de la religión» en la Introducción; y ver el comentario sobre 4:1-11 sobre la religión como poder.) Es importante notar que hasta este punto en la carta, Pablo siempre ha hablado sobre el judaísmo, las tradiciones del judaísmo y las obras de la ley de forma negativa, relacionándolas con lo que en este comentario he calificado de religiosidad delimitada. (Ver «Grupo delimitado y grupo centrado» en la Introducción.) Entonces en el contexto literario preciso de la carta, y en el contexto concreto de las iglesias de Galacia que sufrían los efectos de una religiosidad delimitada, tiene sentido pensar que Pablo hable de la ley como un instrumento de la religión.

III. EL EVANGELIO DE LIBERTAD:
ARGUMENTOS CONTRA LOS INSTIGADORES (3:1-5:1)

En un grupo centrado la identidad del grupo no está situada en la ley sino en la relación con Dios. La ley sólo ayuda a las personas a acercarse a Dios y a vivir en armonía con los demás. Pero si bajo la influencia de la religión el grupo cambia su carácter al de un grupo delimitado, su identidad también cambia. Lo fundamental y central en la identidad de un grupo delimitado es la línea que determina la divisón entre quienes son parte del grupo y los que no lo son. La ley o las «obras de la ley» llegaron a funcionar como línea divisoria en el judaísmo y para los judaizantes. (Ver la sección sobre «Obras de la ley» en el comentario sobre 2:16.) Acabamos de ver ese énfasis en la identidad, en la sección anterior.

Entonces, visto desde la perspectiva conceptual de la religiosidad del grupo delimitado podemos decir que el error fundamental de los judaizantes, del judaísmo que había vivido Pablo, y de Israel en varios momentos del Antiguo Testamento, es que basaban su identidad en la ley, y eso distorsionaba tanto su concepto de Dios, como su entendimiento de cómo la ley debe funcionar de manera centrada en un contexto de gracia. Fallaron y estaban bajo maldición, pero no por una acción ni por un pecado. No fallaron porque no pudieron obedecer todos los mandamientos perfectamente sino porque malinterpretaron la relación entre la ley y su identidad como pueblo de Dios.

En relación con lo anterior, es importante hacer tres observaciones. Primero, es un asunto de actitud y no de la ley en sí; no es que el grupo centrado hable de gracia y el grupo delimitado no. Los dos pueden hablar de la gracia de Dios, pero el poder de la religión lleva a las personas y a los grupos a vivir como si fuera un asunto de obras y acciones humanas, aun mientras hablen de la gracia. En nuestro propio contexto evangélico podemos ver a algunos que dicen que por la gracia de Dios han sido redimidos, y sin embargo viven como si fuera por sus obras que se salvan y Dios y la iglesia lo han aceptado así. Hay muchas iglesias que predican en contra de la idea de la justificación por las obras pero a la vez practican un legalismo severo.[12] Nos imaginamos que algo similar sucedía en el judaísmo y con los judaizantes. (Para más sobre este tema, ver «El estereotipo de los instigadores» en la Introducción.)

En segundo lugar, y relacionado con lo primero, podemos decir que para Pablo su conversión no sólo consistió en que se dio cuenta de que había información nueva –que antes pensaba que uno se salvaba por

---

[12] Ver el primer capítulo de Marcos Baker, *op. cit*., 2005, para ejemplos de esa diferencia entre doctrina predicada y religión vivida.

sus obras y ahora entiende que es salvo por gracia. Su conversión fue el traspaso del paradigma de un grupo delimitado, al paradigma de un grupo centrado. Y fue más que eso. Fue lo que Richard Hays llama una conversión de la imaginación. Imaginar es formarse una imagen mental de algo. Hays no se refiere a lo imaginario, lo que no existe, sino a una forma de ver y concebir la realidad de manera diferente. Explica que Pablo no era partidario de un judaísmo cristiano que seguía la misma línea del judaísmo que practicaba antes, sólo que ahora incluía a los gentiles, el «Israel» en el cual se incluía a los conversos gentiles; era un Israel con una historia e identidad radicalmente reinterpretada y reconfigurada por la cruz y la resurrección. «El resultado fue que tanto judíos como gentiles se encontraron, llamados por la narrativa del evangelio a una reevaluación dramática de sus identidades, a un cambio imaginativo de paradigma tan comprensivo que sólo se puede describir como una conversión de la imaginación».[13] Entonces sólo es posible por la luz de la cruz que Pablo entiende esa nueva imagen del pueblo de Dios y comprende la importancia de confrontar la práctica delimitada del judaísmo.

Tercero, lo que Pablo dice en esta sección se relaciona muy cercanamente con lo que observamos en el versículo 2:16. Como vimos, en el contexto del conflicto en Antioquia sobre quién se puede sentar a la mesa, el significado de la justificación incluye formar parte de la familia de Dios, pertenecer a la comunidad del pacto. En el versículo 2:16 Pablo comunica que uno no es justificado o incluido por las obras de la ley. En los versículos 3:11-13 describe lo que pasa con quienes tratan de ser justificados por las obras que diferencian a los judíos de los gentiles. Pablo empieza el versículo 10 con una frase que contrasta con la que usó en el versículo 9: los que viven por la fe y los que viven por las obras de la ley. Es de ayuda pensar en esto como un contraste entre los que basan su identidad en la fe y quienes la basan en las obras que distinguen a los judíos de los gentiles. O, en términos que hemos usado, es un contraste entre un grupo centrado que fundamenta su identidad en su relación con el centro –Jesús, y un grupo delimitado que la fundamenta en la línea que los separa de otros. En Génesis 12:3 Dios le habló a Abraham de bendición y también de maldición. Pablo sólo había citado la parte que menciona la bendición (3:8), ahora habla de la maldición y le da un giro a la posición de los judaizantes. Ellos les habían dicho a los gálatas que

---

[13] Richard B. Hays, «The Conversion of the Imagination: Scripture and Eschatology in 1 Corinthians», *New Testament Studies*, 45 (1999):395.

III. EL EVANGELIO DE LIBERTAD:
ARGUMENTOS CONTRA LOS INSTIGADORES (3:1-5:1)

las bendiciones de Abraham eran para los circuncisos y para los que practicaban las obras de la ley. Pablo no sólo dice que las bendiciones son para los de la fe, circuncisos o no, sino que escandalosamente también dice que los que ponen su identidad en las obras de la ley son malditos.

Para apoyar su posición Pablo cita Deuteronomio 27:26. Pareciera que las palabras que cita dicen lo opuesto de lo que él quiere comunicar, es decir, apoya la posición que los instigadores les habían dicho a los gálatas: «que cumplan las obras de la ley». Pero es importante recordar que no habla de la ley en sí, sino que se dirige a los que basan su identidad en las obras de la ley. Si los gentiles cristianos de Galacia empiezan a practicar ciertas tradiciones de los judíos para sentirse aceptados e incluidos, entonces van a entrar en un grupo delimitado. Y una vez adentro de la línea de tal grupo tendrán que cumplir con todas las obras de la ley que el grupo usa como línea que distingue a quienes están adentro de quienes son excluidos. Luego, tendrán que vivir de acuerdo con lo que el grupo demanda o sufrir el rechazo. Esa exclusión sería una maldición, aunque también es una maldición tener que vivir bajo la presión de un grupo delimitado.

En el versículo 3:11 Pablo hace otra afirmación y otra vez la apoya con palabras de las Escrituras. Esta vez usa una frase de Habacuc (2:4). La afirmación de Pablo «que por la ley nadie se justifica», repite lo que ha dicho en 2:16. Habacuc dijo: «el justo vivirá por *su* fe» (2:4). Pablo escribe: «el justo vivirá por fe».[14] Creo que quita el adjetivo posesivo y deja intencionalmente la ambigüedad para comunicar así que el justo vive por la fidelidad de Jesús y también por la respuesta humana a esa fidelidad: la fe humana en la fidelidad de Jesús.

Después de esta afirmación sigue el argumento en el versículo 3:12 que afirma que la ley no se basa en la fe. Usa palabras de Levítico 18:5 para advertir a los gálatas que si ellos adoptan las obras de la ley para clarificar su posición como personas dentro de la línea que define quiénes son verdaderos hijos e hijas de Dios, saldrán de un grupo centrado y pasarán a formar parte de un grupo delimitado. Saldrán de un paradigma que pone su identidad en la fe y entrarán a otro que la pone en una línea de división. Una vez en un grupo delimitado tendrán que seguir practicando todo lo que el grupo demanda; esa será su vida.

---

[14] En Romanos 1:17 también.

Es interesante notar que Pablo toma palabras que uno bien puede entender positivamente en su contexto original, pues comunican que la obediencia a la ley da vida; pero las usa para comunicar más un sentido de esclavitud, y explica de esa manera que esa será su vida. Posiblemente Pablo usa esas palabras porque los judaizantes las habían usado. Sea de una u otra forma, lo importante es notar que el significado de las palabras cambia cuando Pablo las aplica a la ley como un instrumento de la religión que practica el grupo delimitado.

Una vez más, en el versículo 3:13 Pablo cita palabras de las Escrituras, esta vez para señalar la conexión entre Jesús, la cruz y la maldición. Usa palabras relacionadas con temas importantes en la teología de cómo nos salva la cruz como la substitución (Jesús muere en nuestro lugar) y la redención de nuestra situación de esclavitud al pecado. Pablo aquí toca temas muy conocidos. Esa familiaridad puede llevarnos a dos errores en relación a este versículo. En primer lugar, sería decir muy poco sobre el versículo si pensamos que «ya sabemos eso, está claro». En segundo lugar, sería encajar aquí toda una teoría de redención explicada en detalle pero que no tiene en cuenta el contexto del versículo en esta carta. Sería como tomar una sección de un libro de teología sistemática e incrustarlo en cualquier lugar donde un autor del Nuevo Testamento enseña de la salvación por la cruz.

Quiero tomar un camino intermedio. Nos adentraremos en una reflexión que va más allá de tan sólo repetir las palabras del versículo. Con ello no pretendemos dar una explicación completa de cómo la cruz provee salvación, ya que el misterio y la profundidad de la cruz y cómo obtenemos salvación por la cruz no se puede comunicar en un solo versículo.[15] Trataremos de responder a la pregunta: ¿Qué significan esas palabras en el contexto de esta carta? Necesitamos leer el versículo desde la perspectiva de la dinámica de la religión y la maldición de un grupo delimitado que oprime y excluye.

---

[15] Para indagar más sobre la profundidad de la obra de la cruz y la diversidad de imágenes usadas para comunicar la obra redentora de la cruz ver, Juan Driver, *La obra redentora de Cristo y la misión de la iglesia*, Nueva Creación, Buenos Aires, 1994; Marcos Baker, *Centrado en Jesús*, Ediciones Shalom, Lima y Ediciones Semilla, Guatemala, 2013, capítulos 7-9; Marcos Baker, «Dos narrativas fundacionales de la cruz», *Lupa Protestante,* Marzo 10, 2008, http://seminary.fresno.edu/baker/esp/articulos; Marcos Baker, «Salvación por la cruz: imágenes para hoy», *Lupa Protestante,* Mayo 4, 2007, http://seminary.fresno.edu/baker/esp/articulos.

En su vida Jesús confrontó la religión delimitada directamente, con sus palabras y sus acciones. Por un lado, deshizo las líneas y barreras de división construidas por los que afincaban su identidad en las obras de la ley, cuando mostró honor y aceptación a los excluidos por el grupo delimitado. Por otro lado, advirtió al grupo delimitado sobre la maldición de su religiosidad. La religión, como poder, y sus instrumentos institucionales y humanos respondieron en forma agresiva y violenta y al final crucificaron a Jesús. En la cruz Jesús sufrió la máxima maldición de la religiosidad delimitada, la exclusión total en una muerte vergonzosa. En su vida Jesús sufrió la maldición por sus acciones a favor de los excluidos y en su muerte sufrió de forma máxima y última la maldición de la religión. Sufrió esa maldición en lugar de otros, tanto los excluidos como los que promovían e imponían con fervor la religiosidad delimitada. Sin embargo, la religión y su violenta maldición no tuvieron la última palabra porque Dios venció ese poder mediante la resurrección de Jesús.[16]

Así es que el versículo 14 comunica en forma general y universal el resultado de la obra de la cruz afirmada en el versículo 13. El camino a seguir no es el transitado por la religión y las obras de la ley, sino el transitado por la inclusión en la familia de Dios y el don del Espíritu por la obra de Cristo. Sin embargo, también podemos ver en el versículo un significado más específico e histórico si nos enfocamos en la manifestación de esa obra en los judíos como Pablo. Como notamos, por la obra de Jesús experimentaron una conversión de paradigma y de la manera de ver el mundo. Pablo cambió radicalmente de ser una persona comprometida en proteger las líneas que delimitaban la identidad de la familia de Dios, a ser una persona dedicada a predicar el evangelio centrado en Jesús que deshizo las líneas de división e incluyó a los gentiles. Entonces la obra de la cruz produjo una transformación concreta e histórica que trajo la bendición prometida a Abraham y a las naciones.

Libertad de la maldición de la religiosidad (3:6-14)

Tal vez lo más importante en la predicación de este pasaje sea primero clarificar lo que Pablo no dice. Es común pensar que lo que dice es que

---

[16] Cf. Marcos Baker, «Salvación por la cruz: imágenes para hoy», http://seminary.fresno.edu/baker/esp/articulos (04/05/2007) y «Dos narrativas fundacionales de la cruz», http://seminary.fresno.edu/baker/esp/articulo (10/03/2008).

es imposible cumplir la ley, y que los que tratan de cumplirla están bajo maldición. En el comentario arriba enumeré los errores exegéticos que causa esa lectura equivocada. Ahora quiero reflexionar sobre algunos de los resultados que produce la lectura equivocada. Uno es que se introduce la posibilidad del problema que exploré en la primera reflexión sobre el texto en nuestro contexto (1:1-10). Si uno piensa «Yo sé que es imposible cumplir toda la ley; no trato de ganar mi salvación mediante el cumplimiento de toda la ley; yo soy salvo por la gracia», va a pensar que este texto no es para ella o él, y entonces va a perder el importante y profundo mensaje que tiene el texto contiene para todos. En contraste, si al predicar se ayuda a los oyentes a reconocer la similitud entre quienes recibieron la carta y nosotros, entonces reflexionarán sobre su propia tendencia a distorsionar el evangelio con la religión tanto como los judíos distorsionaban la ley de una manera religiosa. (Para más observaciones sobre la tendencia humana a distorsionar el evangelio y vivir la religión, ver las reflexiones contextuales sobre Gálatas 1:6-10 y 2:11-14.)

La lectura equivocada de este pasaje también puede llevar a un concepto errado del Antiguo Testamento. Si se piensa que aquí Pablo dice que el problema es la imposibilidad de cumplir la ley, entonces se puede considerar el Antiguo Testamento como un plan que no funcionó (la salvación por el cumplimiento de la ley era imposible, entonces Dios necesitaba un plan B: la gracia por Jesús) o, un poco más positivo pero todavía erróneo, se puede mirar el propósito de la ley como un medio para ayudar a la gente a comprender que es imposible ganar la salvación por el esfuerzo humano. El propósito de la ley es mostrar que somos pecadores porque mediante la ley vemos que no logramos todo lo que Dios ordena. Es cierto que la ley revela nuestro pecado, pero la ley es mucho más que eso. Esos conceptos equivocados del Antiguo Testamento dejan a la gente poco dispuesta a poner su atención en la ley específicamente, y en el Antiguo Testamento en general. Es una pérdida grande especialmente en un contexto de tanta injusticia y pobreza y de amenaza al medio ambiente. En esas áreas, y en muchas otras, el Antiguo Testamento tiene mucho que ofrecernos. Es importante en la predicación y la enseñanza ayudar a las personas a entender que el problema no es la ley en sí, sino la distorsión religiosa de la ley. Como veremos en la próxima sección, la ley se dio en un contexto de gracia.

Como observamos en nuestra reflexión sobre el texto de 2:11-14 en nuestro contexto en relación a la teología y la interpretación bíblica, un punto doctrinal mal expuesto o una interpretación bíblica errónea puede tener grandes consecuencias.

III. EL EVANGELIO DE LIBERTAD: ARGUMENTOS CONTRA LOS INSTIGADORES (3:1-5:1)

Aunque es importante la predicación sobre este pasaje, no debemos limitarnos a sólo corregir interpretaciones equivocadas. Este texto nos da una excelente oportunidad de proclamar la posibilidad de vivir libres de la maldición de la religiosidad delimitada mediante la obra de la cruz. La sección completa nos da una buena oportunidad de preguntar: ¿En qué se fundamenta su identidad? ¿En la fidelidad de Jesús? ¿Es allí donde reside su fe (6-9, 11)? ¿O su identidad radica en la religiosidad y sus demandas (10-12)? ¿Su identidad está delimitada por una línea trazada por la religión o está centrada en Jesús? Es importante evitar comunicar esto sólo como una obligación: «deben tener su identidad en Jesús», sino que hay que mencionarlo como una posibilidad diciendo «pueden tener su identidad en Jesús». Estas son buenas nuevas. Se puede usar la parte del medio del texto (10-12) para explicar la religiosidad delimitada e invitar a la gente a reflexionar sobre sus experiencias de sentir esa fuerza opresiva en su vida. Se puede usar la última parte del texto (13-14) para presentarles la posibilidad de libertad mediante Jesús y ayudarles a imaginarse viviendo como iglesia de una manera radicalmente diferente, centrada en Jesús.

Como dije en el comentario, el misterio y la profundidad de la cruz y la resurrección no se pueden comunicar en un solo versículo ni captar en una sola explicación o imagen. Este texto nos da una buena oportunidad para proclamar un aspecto de la obra de la cruz. Entonces es importante seguir el texto y proclamar lo que el texto dice y no automáticamente proclamar lo que puede ser más común cuando se piensa en la cruz. Nótese que aquí Pablo ni menciona el perdón de los pecados. Es un texto sobre la liberación de la maldición y de la esclavitud. ¡Proclamemos esa libertad!

La promesa del pacto vino antes que la ley (3:15-18)

> [15]Hermanos, voy a ponerles un ejemplo: aun en el caso de un pacto[q] humano, nadie puede anularlo ni añadirle nada una vez que ha sido ratificado. [16]Ahora bien, las promesas se le hicieron a Abraham y a su descendencia. La Escritura no dice: «y a los descendientes», como refiriéndose a muchos, sino: «y a tu descendencia»,[r] dando a entender uno solo, que es Cristo. [17]Lo que quiero decir es esto: La ley, que vino cuatrocientos treinta años después, no anula el pacto que Dios había ratificado previamente; de haber sido así, quedaría sin efecto la promesa. [18]Si la herencia se basa en la ley, ya no se basa en la promesa; pero Dios

se la concedió gratuitamente a Abraham mediante una promesa.

Puede ser que las firmes palabras del versículo 3:1 («¡Gálatas torpes!») resuenen todavía en los oídos de los gálatas. Aquí notamos que Pablo usa un término cariñoso: «hermanos». Esto comunica que, aunque está frustrado y sorprendido por sus acciones, siente mucho amor por ellos. También la familia es uno de los temas principales en los versículos y secciones que siguen. Pablo piensa en la familia y comunica que se considera junto a ellos parte de la familia de Dios, sus hermanos y hermanas. Pablo les explica que les va a «dar un ejemplo de la vida diaria» (3:15, PPT),[17] y empieza a hablar sobre un pacto o testamento humano.

Para ayudarnos a entender esta sección N. T. Wright nos invita a imaginar la situación como cuando una persona muere sin dejar testamento o instrucciones para su sepelio. Puede crear mucha discusión y hasta pleitos. Alguien tal vez diría: «Le hubiera gustado tal y cual», y otro refutaría con un: «No, su deseo era ...». Pero si se deja un testamento e instrucciones para el entierro, no importa lo que otros opinen después. Sus opiniones no cambian lo que consta en el testamento. De manera similar en estos versículos Pablo comunica que Dios ha dejado escrito claramente en las Escrituras lo que quiere. Opiniones ofrecidas posteriormente no pueden cambiar lo que está en el testamento.[18]

En el versículo 16 pareciera que Pablo menciona un argumento con gramática y exégesis pobre. Aunque la palabra «descendencia» está en singular, es obvio que en Génesis (12:7; 13:15; 17:7-10; 24:7) es sustantivo colectivo y no se refiere a una sola persona. Diversos comentaristas han ofrecido varias interpretaciones tratando de explicar que el argumento de Pablo no es tan pobre ni extraño como parece. Sin embargo, estoy de acuerdo con N. T. Wright que el problema no lo tiene Pablo sino que el problema está en la manera en que leemos el texto. En vez de sólo fijarnos en las palabras de este versículo es importante observar su contexto.

Por ejemplo en el versículo 3:29 Pablo usa la misma palabra «descendencia», como sustantivo colectivo. Tal vez debemos relacionar y tener muy en cuenta cómo usa la palabra en esos versículos, en vez de asumir que la usa en formas contradictorias en los versículos 3:16 y 3:29. En el

---

[17] Literalmente en el griego: «Yo hablo en una manera humana».
[18] N.T. (Tom) Wright, *Paul for Everyone: Galatians and Thessalonians*, Westminister John Knox Press, Louisville, 2004, pp. 35-36.

versículo 3:29, como en el párrafo 3:15-18, la palabra «descendencia» se usa en el contexto de una reflexión sobre los herederos de Abraham. Wright sugiere que «la singularidad de "descendencia" en el versículo 3:16 no es la singularidad de un solo individuo, en contraste con la pluralidad de muchos seres humanos, sino la singularidad de una *familia* en contraste con la pluralidad de familias que siguen lo que los instigadores proponen».[19] En estos versículos Pablo comunica que es imposible anular un pacto y que el pacto con Abraham siempre previó una familia y no varias familias. Por eso, la forma religiosa y delimitada de la ley que divide a los judíos cristianos de los gentiles cristianos y crea así una pluralidad de familias, está en contra del pacto.

Hay tres posibles objeciones que necesitamos explorar. La primera: ¿Es apropiada esa interpretación de la palabra «descendencia» o Wright la inventa? En la versión griega del Antiguo Testamento (lo que se llama la Septuaginta) la palabra «descendencia» (*sperma*) comúnmente tiene un sentido colectivo y a veces tiene un significado que comunica la idea de familia en el sentido de raza o nación. En eso se apoya Wright para su interpretación (p. ej. Esd 2:59; Neh 7:61; Est 10:3).

La segunda pregunta es: Si esta interpretación es correcta, ¿por qué dice «muchos» en vez de «dos»? Puede ser que Pablo escriba en términos generales y haga un contraste entre uno y varios. Pero Wright, otra vez, nos invita a pensar en el contexto de la carta. Bien podemos imaginar que Pablo no sólo está preocupado por la división de una familia en dos, sino que también piensa que podría tener un efecto multiplicador, es decir: una familia de cristianos gálatas, otra de cristianos judíos, otra de cristianos romanos, otra de cristianos esclavos, etc.[20] Otra vez vemos que Pablo no sólo refuta algunos puntos doctrinales; se preocupa por lo que podría pasar a la familia de Dios si los gálatas y otros toman el camino de los judaizantes. Sería como la tragedia de las dos mesas de Antioquia pero multiplicado.

Una tercera objeción podría ser la pregunta: ¿Cómo se entiende la frase «que es Cristo» con esta interpretación? Wright admite que si para empezar nuestra interpretación del versículo pensamos en esa frase no llegaremos a la interpretación que él propone. Pero nuevamente Wright nos invita a leer esa frase en su contexto y especialmente en relación a

---

[19] N. T. Wright, *The Climax of the Covenant: Christ and the Law in Pauline Theology*, Fortress, Minneapolis, 1991, p. 163.
[20] Wright, *Ibid.*, p. 165.

lo que viene en el párrafo 3:26-29 e interpretar «Cristo» de una manera representativa o comunitaria. Wright sugiere que en vez de pensar que Pablo escribe «que es Cristo» como una nota exegética que trata de mostrar que la palabra «descendencia» en Génesis 13:15 significa Cristo, debemos pensar que Pablo escribe «que es Cristo» como una nota de explicación. «Pablo informa a sus lectores que la descendencia, la familia, mencionada en las promesas, es en realidad, como él va a probar, la familia creada en Cristo».[21]

Si el versículo 16 es complicado y difícil de interpretar, los versículos 17 y 18 son lo opuesto, muy claros. Son fáciles de entender pero tienen un significado profundo. El significado más directo y obvio se relaciona con el ejemplo del pacto mencionado en el versículo 3:15. Si se ha hecho un pacto, algo que viene 430 años después no puede anularlo. Entonces, si los gentiles cristianos son herederos y forman parte de la descendencia, no tiene sentido que los instigadores les digan que tienen que cumplir las obras de la ley para ser parte de la familia de Dios. La ley no se dio como condición para entrar en el pacto y ser parte de la descendencia.

Esta observación sobre el orden cronológico resalta la realidad que Pablo menciona en el versículo 3:18. Todo reside en la gracia de Dios. La promesa hecha, la herencia, se hizo por gracia y no se ganó por las obras de la ley. No se podía ganar por la ley porque la ley vino después. Entonces para los gálatas también, no son las obras las que proveen identidad, sino la gracia de Dios que les hace un lugar en su familia y les provee identidad. Pero estos versículos enseñan más que sólo salvación por gracia. También enseñan que ser una familia centrada en Cristo, en vez de ser familias delimitadas y divididas, no es algo nuevo inventado por Pablo, pues antes que la ley fuese dada ya estaba previsto.

La función de la ley como guía (3:19-25)

> [19]Entonces, ¿cuál era el propósito de la ley? Fue añadida por causa de las transgresiones hasta que viniera la descendencia a la cual se hizo la promesa. La ley se promulgó por medio de ángeles, por conducto de un mediador. [20]Ahora bien, no hace falta mediador si hay una sola parte, y sin embargo Dios es uno solo.
>
> [21]Si esto es así, ¿estará la ley en contra de las promesas de Dios? ¡De ninguna manera! Si se hubiera

---
[21] Wright, *Ibid.*, p. 166.

III. EL EVANGELIO DE LIBERTAD:
ARGUMENTOS CONTRA LOS INSTIGADORES (3:1-5:1)

promulgado una ley capaz de dar vida, entonces sí que la justicia se basaría en la ley. ²²Pero la Escritura declara que todo el mundo es prisionero del pecado,²² para que mediante la fe en Jesucristo lo prometido se les conceda a los que creen. ²³Antes de venir esta fe, la ley nos tenía presos, encerrados hasta que la fe se revelara. ²⁴Así que la ley vino a ser nuestro guía encargado de conducirnos a Cristo,²³ para que fuéramos justificados por la fe. ²⁵Pero ahora que ha llegado la fe, ya no estamos sujetos al guía.

Hay una pregunta que exige una respuesta después de todo este razonamiento de Pablo en el capítulo 3: ¿Por qué la ley? Si la ley no es responsable del don del Espíritu (3:2-5); si trae bajo sus alas una maldición (3:10) y no da vida ni justificación (3:11-12); si no añade nada de importancia ni anula el pacto con Abraham (3:15-18), entonces, ¿por qué la ley? La respuesta de Pablo a esta pregunta en estos versículos es directa, breve y también algo oscura. Hay varias interpretaciones de lo que Pablo quiere comunicar en esta sección sobre el propósito de la ley, que incluyen: 1. la ley se dio para producir o provocar transgresiones; 2. la ley se añadió para revelar que la humanidad es pecaminosa y que el pecado es la desobediencia directa y consciente de la voluntad de Dios; 3. la ley se proveyó para refrenar las transgresiones; y 4. la ley se agregó para proveer un remedio al pecado hasta que viniera Cristo. Aunque la primera y la cuarta interpretaciones tienen su lógica, no es una lógica que hayamos visto en la carta. La segunda y la tercera interpretaciones sí concuerdan con la carta y son posibles. Pablo no escribe suficiente sobre el tema en esta sección como para dar una respuesta determinada respecto a si pensaba en las interpretaciones dos y tres o sólo en una de las dos.

En los versículos 19 y 20 Pablo continúa la cuestión que vimos en la sección anterior sobre la descendencia de una familia. Los instigadores en Galacia hacen hincapié en la ley de mosaica, pero Pablo advierte aquí que Moisés fue sólo el mediador para Israel. La ley se dio por medio de los ángeles y Moisés no produjo una familia en el pasado y no va a

---

²² Lit. lo ha encerrado todo bajo pecado.
²³ Alt. la ley fue nuestra guía hasta que vino Cristo.

producir una familia de Dios en el presente.[24] Dios es uno y Dios desea una familia, como se lo prometió a Abraham.[25]

En el versículo 21, siguiendo con el tema de ¿por qué la ley?, Pablo explica que la ley no está en conflicto con las promesas de Dios porque no se dio como requisito para cumplir lo prometido. En el versículo 22 Pablo vuelve a uno de sus puntos principales (1:4; 2:16) donde se menciona que no es por la ley sino por la fidelidad de Jesucristo que lo prometido se concede a los que creen. Al igual que en el versículo 2:16, la mejor traducción de la frase «*pisteos Iēsou Christou*» es «la fe de Jesucristo» o «la fidelidad de Jesucristo». (Ver en el comentario sobre 2:16, la sección «¿La fe de Jesús o la fe en Jesús?»). Esa traducción no niega la importancia de la fe del individuo, pero deja en claro que lo prometido y la justificación (2:16; 3:24) vienen por lo que Jesús hace y no por la acción del ser humano. Si se escoge la traducción «fe en Jesucristo» en efecto, Pablo estaría diciendo lo mismo dos veces en la oración. No es necesario, pues puede crear la misma confusión que Pablo trata de aclarar porque se recalca la acción humana. La premisa de Pablo es que un lugar en la familia de Dios no se consigue por la acción humana, sino por la gracia y la acción de Dios.

La primera frase en el siguiente versículo, «antes de venir esta fe», apoya la traducción «fidelidad de Jesucristo». Desde el principio de la carta Pablo deja muy en claro que la revelación es acción de Dios y no una posibilidad humana (por ejemplo, 1:11-12). En el versículo 23 Pablo escribe sobre la fe como algo revelado. Entonces es mejor seguir su enfoque en la revelación divina e interpretar la fe (o fidelidad) que se menciona en estos versículos como la fidelidad *de* Jesús y no la fe humana *en* Jesús.

Pablo ahora añade la metáfora de la ley como «guía». La palabra en griego que se traduce como guía textualmente significa «líder de niños». Describe al esclavo que tenía el trabajo de supervisar y cuidar a los niños de una familia, inclusive llevándoles a la escuela.[26] Pero cuando el niño

---

[24] Aunque es raro mencionar a los ángeles como instrumentos que Dios usa para dar la ley, esta no es la única mención (Dt 33:2; Hch 7:53; Heb 2:2). Puede ser que Pablo mencione a los ángeles no para glorificar la ley sino para reseñar que la ley se dio por intermediarios. En contraste, el pacto con Abraham fue directo entre él y Dios.
[25] Wright, *The Climax of the Covenant*, 1991, pp. 168-172.
[26] Hays, op. cit., 2000 p. 269.

llega a cierta edad no necesita más del guía. Pablo comunica lo mismo en relación a la ley: tuvo su función pero sólo hasta que vino Cristo.[27]

De la misma manera que «justificados» en el versículo 2:16 debe interpretarse en el contexto de la mesa dividida de Antioquia, también aquí «justificados» debe interpretarse en el contexto del énfasis que Pablo da a la familia de Dios, la familia del pacto. Estamos incluidos en esa familia por la acción de Dios en la fidelidad de Jesús. (Ver la sección «La justificación» en el comentario sobre 2:16.)

Unidos en Cristo como descendientes de Abraham (3:26-29)

> [26]Todos ustedes son hijos de Dios mediante la fe en Cristo Jesús, [27]porque todos los que han sido bautizados en Cristo se han revestido de Cristo. [28]Ya no hay judío ni griego, esclavo ni libre, hombre ni mujer, sino que todos ustedes son uno solo en Cristo Jesús. [29]Y si ustedes pertenecen a Cristo, son la descendencia de Abraham y herederos según la promesa.

Estos versículos contienen una de las frases más conocidas de los escritos de Pablo, «Ya no hay judío ni griego, esclavo ni libre, hombre ni mujer, sino que todos ustedes son uno solo en Cristo Jesús». Es una oración poderosa de gran claridad y, con razón, se la cita frecuentemente. Es tan clara que podemos pensar: «Sabemos el significado de ese versículo». Sin embargo, este versículo (3:28), y los otros en esta pequeña sección (3:26-27, 29), pueden tener un significado mucho más profundo si los leemos en el contexto de la sección más amplia (3:6-29) y de la carta en su totalidad. También es importante reflexionar sobre la contribución de este versículo para nuestro entendimiento de la carta.

Empezamos esta sección recalcando la importancia de la identidad y sobre qué se fundamenta (3:6-9). Este tema es también central en estos versículos. Pablo pone en claro dónde reside la identidad de los cristianos de Gálatas, «son hijos de Dios», y describe las implicaciones de esa identidad, «no hay judío ni griego, esclavo ni libre, hombre ni mujer». Menciona el contraste entre tener una identidad basada en la circuncisión y la religiosidad de un grupo delimitado, y la identidad que se fundamenta en Cristo. (Ver «Grupo delimitado y grupo centrado» en la Introducción.) El incluir en la traducción del versículo 26 la palabra

---

[27] Es preferible la traducción alternativa de la NVI «guía hasta que vino Cristo».

«porque» (*gar* en griego) que está en el original, aclara el contraste de identidades y establece una conexión lógica con los versículos anteriores: «porque todos sois hijos de Dios...» (RVR).

De nuevo Pablo dirige sus palabras directamente a los gálatas: «ustedes». Pero no escribe sólo «ustedes», sino que realza «*todos* ustedes», lo cual difiere de lo que los instigadores judaizantes comunicaban mediante sus líneas de inclusión y exclusión basadas en la circuncisión y otras obras de la ley. (Para una explicación más completa de quiénes eran los instigadores y qué enseñaban, ver «Los instigadores» y «El estereotipo de los instigadores» en la Introducción.) Pablo comunica a los gálatas cristianos que *todos* ellos ya pertenecen, ya son parte de la familia de Dios. No hay necesidad de cumplir con más acciones para lograr ser parte de la familia de Dios.

El uso de la frase «hijos de Dios» continúa el tema de familia que Pablo introdujo (3:7, 16) y que va a seguir usando (3:29; 4:4-7). Pero es más que eso. En el Antiguo Testamento, y especialmente en textos que datan del período entre el Antiguo y el Nuevo Testamentos, la frase «hijos de Dios» se refiere a Israel en forma exclusiva como pueblo electo de Dios (p. ej. Ex 4:22-23; Dt 14:1-2; Os 11:1; 3Mac 6:28; Jub 1:22-25). Pablo da a los cristianos gentiles ese nombre de honor, «hijos de Dios», un nombre que antes se refería solamente a los judíos. ¿Cómo puede Pablo hacer esto? Como afirma en 2:16, y ha afirmado a lo largo de esta carta, es mediante la fidelidad de Cristo Jesús y no por las obras de la ley. (Ver la explicación de «Las obras de la ley» en el comentario sobre 2:16). Ellos ya han puesto su fe en Jesús y entonces son hijos de Dios.

¿Cómo puede Pablo decir con tanta confianza que ellos han puesto su fe en Jesús? Lo explica en el versículo 27. Sabe que «los que han sido bautizados en Cristo» han puesto su fe en Jesús. Estas pocas palabras del versículo captan varios temas centrales de la carta. Primero, el bautismo es un acto individual. Cada persona tiene que tomar la decisión personal y confiar en Jesús, seguirlo, y establecer un compromiso con la comunidad, el cuerpo de Jesús. En la carta Pablo muestra preocupación por los individuos. Sin embargo, el bautismo es también un acto comunitario. Uno no puede bautizarse a sí mismo; el bautismo se lleva a cabo dentro de una comunidad y así muestra al nuevo creyente que unirse a Cristo es unirse a la comunidad. En la carta Pablo se refiere a las comunidades de fe y está preocupado por ellas. Sin embargo, proclama claramente que una comunidad cristiana auténtica debe tener el carácter de lo que

III. EL EVANGELIO DE LIBERTAD:
ARGUMENTOS CONTRA LOS INSTIGADORES (3:1-5:1)

en este comentario denominamos comunidad centrada, en vez de una comunidad delimitada. De varias maneras el bautismo es una acción centrada. Para estimar si uno pertenece a la comunidad o no, el grupo delimitado evalúa si uno se ciñe a ciertos requisitos, mientras que en el grupo centrado para saber si uno pertenece a la comunidad o no, se evalúa la relación con el centro. ¿Va hacia el centro o no? El bautismo simboliza un cambio de dirección y que la persona comienza una nueva vida. Pablo pone muy en claro en este versículo que el bautismo tiene que ver con el centro: «bautizado en Cristo» y «revestido de Cristo». Al igual que en Romanos 6:3-11, interpreta el bautismo como la unión con Cristo y eso significa morir a la vieja vida y entrar a una nueva vida. En aquel tiempo es probable que la práctica del bautismo incluyera quitarse la ropa antes de bautizarse y luego ponerse una prenda blanca nueva que simbolizaba la nueva vida.[28] Pablo dice «se han revestido de Cristo» para establecer la relación con esa práctica en el bautismo y para comunicar la transformación que han experimentado al unirse a Jesús –quitándose lo viejo y poniéndose lo nuevo (ver también 2:20; Ro 13:14; Ef 4:22-24; Col 3:9-10). Los cristianos han experimentado una transformación de identidad. Entonces no sólo es que, por el hecho de creer en Jesús y estar unidos a él por el bautismo, son hijos de Dios y no necesitan practicar determinadas obras de la ley para ser parte de la familia de Dios. El hecho de tener su identidad enraizada en Jesús significa una transformación del carácter de la comunidad. Las implicaciones de esa transformación son evidentes en el siguiente versículo.

Ciertamente el rechazo de la circuncisión y las obras de ley en las nuevas comunidades de cristianos gentiles es un tema importante en esta carta. También lo es la salvación por la gracia de Dios y no por las obras. Sin embargo, si sólo nos fijamos en esos temas no llegaremos a apreciar la profundidad del significado de la carta. Una pregunta más profunda y amplia, que incluye los temas de las oraciones anteriores, es: ¿Cuáles son las implicaciones de la vida, muerte y resurrección de Jesús para una comunidad cristiana? En parte, Pablo nos da una respuesta en el

---

[28] Wayne A. Meeks, *The First Urban Christians: The Social World of the Apostle Paul*, Yale University Press, New Haven, 1983, p. 151. No sabemos con certeza cómo era esta práctica en el tiempo de Pablo. Pero por descripciones en el arte y por escritos como el de Hipolito y Cirilo de Jerusalén sabemos que en los siglos posteriores a Pablo tal era la práctica del bautismo en la iglesia.

versículo 28 cuando escribe: «Ya no hay judío ni griego, esclavo ni libre, hombre ni mujer, sino que todos ustedes son uno solo en Cristo Jesús». Esta afirmación se relaciona estrechamente con la reflexión teológica sobre la situación en Antioquia en el capítulo 2. Si son justificados en relación directa con Dios y su pueblo, por la obra de Jesús y no por obras de distinción cultural, *ya no hay* judío ni griego, esclavo ni libre, hombre ni mujer. Esta afirmación hace eco al tema de la liberación del mundo malvado y la nueva creación (1:4; 6:15). Si por la cruz se han liberado de los poderes y las fuerzas de la muerte, de la alienación, que incluye la religión practicada por los grupos delimitados, del imperialismo social, económico y cultural, y de un sistema distorsionado de honor y vergüenza, *ya no hay* judío ni griego, esclavo ni libre, hombre ni mujer. Esta afirmación se relaciona con toda la sección del capítulo 3. Si su identidad se fundamenta en Cristo, entonces *ya no hay* judío ni griego, esclavo ni libre, hombre ni mujer. Este testimonio tiene que ver con el tema del bautismo en los versículos anteriores: si están en Cristo, revestidos de Cristo, entonces *ya no hay* judío ni griego, esclavo ni libre, hombre ni mujer.

Claramente Pablo tiene el bautismo en mente cuando dicta este versículo y es posible que repita palabras utilizadas comúnmente en la práctica del bautismo de esos tiempos. Tal vez les recuerda a los cristianos gálatas las palabras pronunciadas acerca de ellos en el momento de bautizarse. Aunque es muy probable que se usaran palabras similares en el bautismo (cf. 1Co 12:13; Col 3:11), puede ser que Pablo empleara esta lista de palabras especificas teniendo en mente a los judaizantes y una práctica llevada a cabo en las sinagogas de ese tiempo. Como parte de su culto los judíos varones daban gracias a Dios porque no nacieron gentiles ni esclavos (o campesinos ignorantes) ni mujer.[29] Además de mostrar una actitud de religiosidad delimitada, esa oración refleja las divisiones sociales de aquellos días basadas en la idea que el nacimiento determinaba su estatus y destino en la sociedad. En contraste, la frase de Pablo comunica que lo importante no es la creación (el nacimiento) sino la nueva creación por Jesús (6:15).

Hay tres pares de palabras en el versículo 28. Uno enfocado en el aspecto cultural, otro en el aspecto social, y el tercero relacionado con el asunto del género. Como escribe Beverly Gaventa: «Como la llegada del

---

[29] Ben Witherington III, *Grace in Galatia: A Commentary on St. Paul's Letter to the Galatians*, Eerdmans, Grand Rapids, 1998, pp. 270-71.

III. EL EVANGELIO DE LIBERTAD: ARGUMENTOS CONTRA LOS INSTIGADORES (3:1-5:1)

evangelio elimina la ley, también anula esos otros "lugares" que la gente usa para identificarse, aun los aspectos más fundamentales como el de la identidad étnica, el estatus económico y social, y el del género. El único lugar disponible para los acogidos por el evangelio es "en Cristo".[30] Vamos a explorar los tres, uno por uno antes de hacer más comentarios sobre el versículo en general.

La realidad cultural: «no hay judío ni griego». Es uno de los puntos principales de la carta. En el mundo malvado (1:4), en el judaísmo que Pablo practicó (1:13-14), y para los judaizantes y su práctica de una religión delimitada (2:3-5; 12-16) había gran distinción entre los judíos y los griegos (gentiles) y se usaba la práctica de ciertas obras de la ley para demarcar y preservar la distinción. (Ver la explicación de «Las obras de la ley» en el comentario sobre 2:16.) Para Pablo, los cristianos judíos que comen juntos con los cristianos gentiles en la misma mesa manifiestan la integridad del evangelio (2:11-14). Como dice en el capítulo 3, en Cristo ya no existe la separación entre los judíos y los gentiles. Juntos constituyen el nuevo pueblo de Dios (ver también 6:16; Ro 3:29-30; 15:7-13; Ef 2:11-20); y entonces las obras de distinción entre las culturas ya no tienen importancia. La circuncisión no es necesaria (5:6; 6:15).

A veces, cuando un grupo étnico es mayoritario se permite la integración de personas de otras culturas a su mundo. Sin embargo, siempre queda «el tinte» del mundo de «los de afuera». Se espera que quienes provienen de otra cultura se adapten y actúen de acuerdo con las normas de la cultura mayoritaria. Así ocurría con los judaizantes. Ellos no se cerraban totalmente frente a los cristianos gentiles, quienes podían sentarse a la mesa con ellos si se circuncidaban y vivían «a la manera judía». Pablo proclama algo más radical. Es muy importante que tomemos muy en serio el carácter de la nueva creación que él declara aquí. Los llama a una conversión de paradigma (ver el comentario sobre 3:10-13). A lo largo de toda la carta, como hemos visto no se utiliza un paradigma del grupo delimitado y ni se discute con los judaizantes sobre cuáles son los requisitos que forman la línea de división entre los de adentro y los de afuera. El asunto no es si los judaizantes reúnen requisitos equivocados y Pablo quiere que los cambien. El error es ver al pueblo de Dios como un grupo delimitado basado en las normas de su cultura. En la nueva creación, en la comunidad que Pablo describe, ya no hay judío ni griego.

---

[30] Beverly Roberts Gaventa, «Is Galatians Just a "Guy Thing"?: A Theological Reflection», *Interpretation*, 54 (July 2000):272.

Su identidad y su seguridad no dependen de prácticas y normas culturales, ya que su identidad y seguridad están centradas en Jesús.

La realidad social: «Ya no hay... esclavo ni libre» En el primer siglo en el imperio romano había esclavos y libres. Es posible que hasta un tercio de la población fuera esclava. Y también entre los libres y entre los esclavos había estratificación social. Existían grandes diferencias entre las personas y grupos con más honor y privilegios, y aquellos con menos honor y privilegios. (Ver «El imperio romano en el tiempo de Pablo» en la Introducción.) Sin embargo, esas distinciones no existían en la iglesia. Los cristianos basaban su identidad en el hecho de ser «hijos de Dios» (3:26), lo cual significaba que eran hermanos y hermanas de la misma familia. Esto era algo excepcional en su contexto. Como escribe Néstor O. Miguez: «Entre todas las religiones de la antigüedad... el cristianismo es la única que usaba el apelativo de "hermanos, hermanas" para personas de distinta raza, posición social o estado legal... Esta fue la novedad y revolución que Pablo propone»[31] (cf. Flm 15-16). En Cristo las distinciones sociales se abrogan.

La tensión entre el «ya» y el «todavía no» en el pensamiento de Pablo nos deja con cierta incertidumbre de cómo esperaba ver esa realidad en la práctica social presente en Galacia. Pablo pensaba que pronto «este mundo, en su forma actual, está por desaparecer» (1Co 7:31). En otros escritos, aconseja quedarse «en la condición en que estaba cuando Dios lo llamó» (1Co 7:24; cf. 1Co 7: 17-24, 29-31). Pablo no incita a los esclavos a una revolución en busca de su libertad. Esto no quiere decir que la frase de Pablo no sea radical. Como escribe Richard Hays: «La clave para entender el pensamiento de Pablo en este asunto es reconocer que ve a la iglesia como una comunidad alternativa que prefigura la nueva creación en medio de un mundo que sigue resistiéndose a la justicia de Dios». Y eso tiene un carácter radical. Hays continúa: «En este versículo declara que Dios *ya* ha creado una nueva comunidad, la iglesia, en que los bautizados *ya* viven esa igualdad... en que esas distinciones sociales no cuentan para nada».[32]

Basados en sus estudios de las cartas de Pablo y de la cultura y la sociedad en el tiempo de Pablo, Robert Banks y Bruce Longenecker nos presentan un ejemplo de cómo creen que las iglesias, como comunidades

---

[31] Néstor O. Miguez, «Carta a Filemón», en *Comentario Bíblico Latinoamericano – Nuevo Testamento*, ed. Armando Levoratti, Verbo Divino, Navarra, 2010, p.1046

[32] Hays, *The Letter to the Galatians*, 2000, p. 272; cursiva en el original.

III. EL EVANGELIO DE LIBERTAD:
ARGUMENTOS CONTRA LOS INSTIGADORES (3:1-5:1)

alternativas, ponían en práctica que «en Jesús no hay esclavo ni libre». En libros narrativos los dos describen algo similar a lo que vimos en 2:12. Como parte de sus reuniones, las iglesias comían juntas e ignoraban las distinciones sociales que eran normalmente muy marcadas en esa situación (para más información sobre las prácticas sociales en las comidas en esa época, ver el comentario sobre 2:11-14). Banks y Longenecker nos invitan a pensar en una mesa en la cual esclavos y personas libres, ricos y pobres, comen juntos. Los cristianos, que desde el punto de vista de la sociedad de aquel día tenían alto honor, comían junto a cristianos que la sociedad consideraba sin honor alguno. En sus comidas, las iglesias no seguían la práctica normal de dar a las personas con más honor mejores puestos en la mesa (Lc 14:7-11); honraban a todos por igual.[33] Banks narra un momento sumamente radical. El dueño de la casa y su esclavo no sólo se sientan juntos en una reunión de cristianos: durante la comida el dueño de la casa sirve a su esclavo, en vez de que el esclavo le sirva.[34] En estas comunidades alternativas no había esclavo ni libre; todos comían juntos en la misma mesa.

Esas descripciones comunican un papel muy importante de la iglesia en una cultura de honor y vergüenza. (Ver «Una sociedad que busca el honor y evita la vergüenza» en la Introducción.) Es importante para la comunidad alternativa cristiana no sólo rechazar el código de honor distorsionado y alienante, sino también crear uno nuevo. Lo que Banks y Longenecker describen son comunidades que practican y honran lo que Jesús exhortó: la honorable acción de servir.

La realidad sexual: «Ya no hay... hombre ni mujer». Esto no significa que los hombres y las mujeres cristianas dejan de ser hombres y mujeres. La frase significa que en la comunidad alternativa de la iglesia el asunto de género no es un factor que determina la inclusión o exclusión de la comunidad, o su estatus dentro de ella. Esto contrasta con la sociedad romana donde a las mujeres se las trataba como seres inferiores. Un ejemplo es la circuncisión misma. Los instigadores consideraban la circuncisión como una marca de identidad para el grupo delimitado. Pero la circuncisión sólo era práctica de los hombres y por lo tanto privilegiaba exclusivamente a éstos como personas más importantes, pero dejaba a

---

[33] Robert Banks, *Going to Church in the First Century*, Christian Books Publishing House, Auburn, Maine, 1980, pp. 16-18; Bruce Longenecker, *The Lost Letters of Pergamum*, Baker Academic, Grand Rapids, 2003, pp. 89-93, 112-115.

[34] Banks, *Ibid.,* p. 26.

un lado a las mujeres. Sin embargo, Pablo usa el bautismo como señal de quién pertenece al grupo centrado en Cristo. Tanto hombres como mujeres practicaban el bautismo, asi que no había distinción ni privilegio en ese rito. Al recalcar la importancia del bautismo en vez de la circuncisión, Pablo pone en práctica lo que proclama.

De acuerdo con nuestra experiencia contemporánea, se puede leer este versículo y pensar en la igualdad de los géneros. Por ejemplo, hoy en día las mujeres luchan por tener igualdad en varios contextos, pero si nos quedamos en ese nivel, no vivimos la libertad de la nueva creación (1:4; 6:15). Este versículo estipula algo más radical que lo vemos reflejado en la última parte del versículo: «...todos ustedes son uno solo en Cristo Jesús». Si estamos en Cristo, se termina la búsqueda de nuestra identidad basada en la nacionalidad o el género, porque si uno está en Cristo no puede fundamentar su identidad primeramente en el ser hombre o mujer. Como explica Beverly Gaventa:

> Interpretando Gálatas 3:28 como una declaración de igualdad no sólo no es suficientemente radical, sino que es superfluo. Los que están «en Cristo Jesús» no están «en» la rueda del poder que busca atención en el asunto de igualdad. La igualdad es un concepto o principio invocado para insistir en que se trate a individuos o grupos de la misma manera, que todos tienen el mismo acceso al poder y que toman decisiones, y que todos tienen el mismo estatus y los mismos privilegios. Sin embargo, todos los que están «en Cristo Jesús» saben que *todos* ellos tienen sólo lo que les ha dado el Espíritu, y que *todos* tienen exactamente la misma posición, que Dios rescató a *todos* «de este mundo malvado»... Los pares opuestos [listados en el versículo 28] ya no existen. La mejor paráfrasis está en el versículo 6:15: «Para nada cuenta estar o no circuncidados; lo que importa es ser parte de una nueva creación».[35]

Al principio de nuestra reflexión sobre este versículo 28 expliqué que si sólo pensamos en la salvación por la gracia y no por las obras como el tema de la carta, no lograremos ver su profundidad ni la relación integral entre este versículo y la carta. Sin embargo, no quiere decir que la gracia no sea importante, ni que en este versículo no se la tome en cuenta. En una sociedad que siempre evaluaba el honor y la cantidad de honor de uno en relación a otro, había diferencias y distinciones entre personas.

---

[35] Gaventa, *op. cit.*, p. 276.

Pero, como dice Gaventa, cuando los gálatas reconozcan que todos ellos son parte de la familia de Dios por gracia, también verán que todos están al mismo nivel. La gracia de Dios es fundamental, no sólo en cómo se integran a la comunidad cristiana sino que también es fundamental en el carácter de la comunidad alternativa.

Antes afirmé que este versículo responde a la pregunta: ¿Cuáles son las implicaciones de la vida, muerte y resurrección de Jesús para una comunidad cristiana? Sin embargo. no es sólo un versículo sobre la ética cristiana: la ética y la teología siempre están interrelacionadas. Ver las implicaciones de la acción de Dios también nos enseña algo sobre Dios. Como he explicado, lo que Pablo proclama en este versículo es radicalmente diferente de lo que proclamaba la sociedad en aquel tiempo. ¿Qué nos dice entonces sobre Dios? El Dios que trabaja para reconciliar los pares irreconciliables que aparecen en la lista de este versículo es un Dios radicalmente diferente a los dioses del imperio romano que usaban estos pares opuestos para mantener las estructuras sociales tal cual eran. Consecuentemente, vivir lo que se proclama en este versículo es una confrontación directa a los principados y poderes.

Para terminar esta sección, Pablo vuelve (3:29) a algo que ya había comunicado (15-18) pero que ahora dice aún con más certeza y fuerza que antes (26-28): por estar unidos a Cristo están en la familia de Dios. Lo que Pablo no dice explícitamente pero que comunica implícitamente es que no tienen que practicar la circuncisión ni las obras de la ley para entrar a la familia. Ya están en la familia.

Uno en Cristo (3:15-29)

Este pasaje nos da una buena oportunidad para clarificar que no sólo debemos hacernos la pregunta: ¿Qué significa el evangelio para mí?, sino también: ¿Cuáles son las implicaciones de la vida, muerte y resurrección de Jesús para nosotros como comunidad de creyentes? Aunque algunas de las categorías que menciona Pablo (judío, griego, esclavo, libre, hombre, mujer) pueden parecer lejanas a la situación actual, la realidad es que en América Latina hay muchas divisiones en las tres áreas mencionadas por Pablo: la cultura/raza, lo socio-económico y el género. Una actividad que ayuda a relacionar los versículos 3:26-29 con el contexto propio es pedirles a los oyentes que hagan una paráfrasis del versículo 28. Debemos preguntarnos: en el contexto personal, ¿qué tipo de personas normalmente veríamos que comen juntas en una misma mesa hoy en día? ¿Cuáles son las divisiones en su contexto que mencionaría Pablo si les escribiera a ustedes hoy? Hay quienes en América Latina me han mencionado varios ejemplos de pares opuestos de división y discriminación que han visto o vivido, entre los que se incluyen: rico y pobre, indígena y mestizo, blanco y negro, urbano y rural, jefe y obrero, profesional y no-profesional, con diploma y sin él, y aun lo dicho por Pablo, hombre y mujer. Incluso, en algunos países se ha formalizado y nombrado la estratificación por ingresos. En estas situaciones, Pablo diría: «Ya no hay personas de categoría "A" y personas de categoría "E", sino que todos ustedes son uno solo en Cristo Jesús», o «Ya no hay personas que viven en una zona de categoría "6" y personas que viven en una zona de categoría "2". ¡Todos ustedes son uno solo en Cristo Jesús!»

En la predicación y enseñanza de este texto es importante dar ejemplos positivos y así acentuar que éstas no son sólo palabras atractivas, sino una posibilidad concreta. Recuerdo a un pastor hondureño que en su predicación decía: «Hay colegios para los pobres y colegios para los ricos, hay mercados para los pobres y supermercados para los ricos, hay cines para los pobres y cines para los ricos, etc.. Pero en esta iglesia somos uno en Cristo, unidos los pobres y los ricos». (Y aunque no es así en todas las iglesias, sí lo era en esa iglesia.) Recuerdo a un pastor indígena peruano que me contaba que en su cultura había mucha discriminación hacia las mujeres; se las trataba como seres inferiores y no se les daba muchas oportunidades. Me dijo que eso cambió radicalmente por el evangelio de Jesús y en la iglesia hoy las mujeres pueden ser líderes y se las trata de manera muy diferente que antes. Sólo menciono estos dos ejemplos, aunque hay muchos más. Desafortunadamente, podría dar muchos ejemplos negativos, iglesias donde nada ha cambiado, ejemplos opuestos a los dos que he compartido. Algunos miembros me describieron iglesias que se parecen más a lo que Santiago critica (capitulo 2), iglesias en las cuales el favoritismo a los ricos es lo común, en lugar de lo que proclama Pablo (3:28). En muchas iglesias las mujeres no tienen las mismas oportunidades y privilegios que los hombres. Tristemente, en muchas congregaciones la situación es lo contrario a lo que describe Pablo. Las divisiones presentes en la sociedad están presentes también en la iglesia. Una implicación de este texto es la necesidad de una predicación profética que identifique dónde está ausente la práctica de la verdad de este pasaje. Sin embargo, se necesita más que sólo palabras: es necesario actuar para cambiar las prácticas que marcan las distinciones entre las personas.

Es importante aclarar que Pablo no ignora la realidad que la mujer siempre va a ser mujer y por lo tanto, diferente del hombre, y que las

III. EL EVANGELIO DE LIBERTAD: ARGUMENTOS CONTRA LOS INSTIGADORES (3:1-5:1)

diferencias raciales son una realidad que no va a cambiar. Pablo reconoce eso y como predicadores también debemos hacerlo. Lo que sí cambia es que en la iglesia la identidad de sus miembros no se basa en su estatus social, ni en su raza, ni en su género, sino en Cristo. Por eso, no hay necesidad de practicar las distinciones que hace la sociedad. La identidad no depende de esas distinciones.

En relación a la observación previa sobre la necesidad de que nuestro mensaje sea profético, la exhortación profética incluya las palabras más importantes del versículo («en Cristo Jesús»), y que se predique ese versículo en su contexto. La nueva identidad que extirpa las distinciones y discriminaciones viene de ser bautizado en Cristo y revestido de Cristo (3:27). En toda la carta esta proclamación de Pablo es evidencia de la nueva creación (6:15) que incluye la liberación del mundo malvado por la cruz de Jesús (1:4).

Como mencioné en la Introducción, aunque es posible hablar en términos generales sobre América Latina como un solo contexto, la realidad es que hay grandes diferencias entre distintas regiones de América Latina. Mientras hay quienes viven de manera tradicional, con la mentalidad de sus antepasados, otros viven en contextos en los cuales la globalización y el posmodernismo influyen fuertemente. Es posible que algunas personas en este otro contexto practiquen un relativismo radical y vean la tolerancia como la virtud principal. Tales personas presentan a Pablo como alguien que afirma en ese texto el mismo universalismo que afirman ellos: no excluyen a nadie, dejan que cada uno tenga sus creencias y no tratan de imponer las de ellos. Pero eso no es lo que hace Pablo y es importante aclarar la diferencia cuando se predica o se enseña a gente con esa perspectiva. Pablo proclama una «inclusividad» radical, una «inclusividad» que da la bienvenida a todos y en ese sentido es universal, y sin embargo, es una «inclusividad» centrada en Cristo. Como dice Ross Wagner, es universal pero a la vez radicalmente particularista porque Pablo termina el versículo 28 con las palabras «son uno solo en Cristo Jesús».[36] No quiere decir que Dios lo incluye a uno a pesar de lo qué piense o de cómo actúe, o si cree o no en Dios. No es ese tipo de «inclusividad».

Puede ayudarnos pensar en los paradigmas de los grupos delimitados y centrados y aquí añadimos un tercer tipo, como hicimos en relacion a la reflexión sobre el párrafo 1:11-24. Un grupo delimitado traza líneas diviso-

---

[36] J. Ross Wagner, «Is God the Father of the Jews Only», en *The Divine Father*, eds. Felix Albrecht y Reinhard Feldmeier., Brill, Leiden, 2014, p. 242.

rias para excluir a los que no pertenecen al grupo. Los del universalismo y relativismo radical no quieren excluir, y entonces borran las líneas o las hacen más tenues para que sea más difícil delimitar las divisiones y excluir a las personas. Lo importante es notar que no han cambiado de paradigma, sino que han hecho cambios en el paradigma. Corrigen un problema pero crean otros. Pablo también está contra la exclusividad de los grupos delimitados, pero ofrece un paradigma totalmente diferente. También borra las líneas del grupo delimitado, pero eso no significa que se incluye a todos sin importar lo que creen o cómo actúan. Fija un centro –Jesús– y es la relación con ese centro, la que define si a uno se lo incluye o no. Es una «inclusividad» radical porque está abierta a todos y su inclusión no depende de su género, raza o estatus social. Es una inclusión radical porque no hay una línea que excluya a nadie, a menos que uno mismo se excluya por no confiar en Jesús y por no responder a su llamado. Pero también tiene carácter de singularidad puesto hay *un centro*: Jesús. (Ver «Grupo delimitado y grupo centrado» en la Introducción y el texto sobre las implicaciones para nuestro contexto actual sobre 1:11-24).

4. La acción humana produce esclavitud, la acción de Dios produce libertad (4:1-11)

En la primera parte de esta sección (4:1-7) Pablo continúa con los temas del capítulo tres, y en la segunda parte (4:8-11) cambia su enfoque hacia la situación religiosa de los gálatas en el pasado y en el presente. En cierta forma son partes muy distintas y uno podría sostener que la sección 4:1-7 se debería incluir en la sección anterior. Es cierto que no debemos hacer gran separación entre 4:1-7 y la sección anterior. Sin embargo, las dos partes (4:1-7; y 4:8-11) tienen palabras y temas en común que nos ayudan a interpretarlas si las leemos una en relación a la otra. Para facilitar nuestra interpretación, primero vamos a investigar el significado de una palabra clave, *stoijeia*, que está en las dos partes y que se entiende mejor si las estudiamos a la vez. Después de observar esta palabra y el tema general relacionado con ella, miraremos en más detalle cada parte por separado.

El significado de *stoijeia*: Para ayudarnos en nuestra investigación sobre esta palabra, la he puesto en griego en el contexto de algunos versículos de las dos partes.

> ³Así también nosotros, cuando éramos menores, estábamos esclavizados por los *stoijeia* de este mundo.

III. EL EVANGELIO DE LIBERTAD:
ARGUMENTOS CONTRA LOS INSTIGADORES (3:1-5:1)

> ⁴Pero cuando se cumplió el plazo, Dios envió a su Hijo, nacido de una mujer, nacido bajo la ley, ⁵para rescatar a los que estaban bajo la ley...⁸Antes, cuando ustedes no conocían a Dios, eran esclavos de los que en realidad no son dioses. ⁹Pero ahora que conocen a Dios –o más bien que Dios los conoce a ustedes–, ¿cómo es que quieren regresar a esos *stoijeia* ineficaces y sin valor? ¿Quieren volver a ser esclavos de ellos? ¹⁰¡Ustedes siguen guardando los días de fiesta, meses, estaciones y años!

Anteriormente en la carta, Pablo había hecho comentarios negativos sobre el judaísmo (1:13-14), las obras de la ley y la ley (2:16-21; 3:10-14). Ahora en esta sección da el asombroso paso de equiparar el judaísmo con el paganismo. Anteriormente los cristianos gentiles de Galacia habían profesado religiones paganas (4:8). Se convirtieron al cristianismo, pero ahora han vuelto su mirada a la práctica de ciertas tradiciones religiosas judías (4:10, 21; 5:2). Pablo califica esta situación como un retroceso: es un regreso a un estado previo (4:9). Al decir esto, equipara el cumplimiento de la ley judía con la práctica previa de tradiciones y ritos paganos. Claramente el paganismo, el judaísmo y las enseñanzas de los judaizantes son diferentes, pero Pablo los equipara. Como instrumentos de la religión, esclavizan de la misma manera. (Ver «Una definición de la religión» en la Introducción.)

Esta observación es corroborada por el versículo 3 del capítulo 4, donde Pablo dice: «Así también nosotros, cuando éramos menores, estábamos esclavizados por los *stoijeia* de este mundo». Sea que el pronombre «nosotros» se refiera a «nosotros los judíos» o a «nosotros los judíos y los gentiles», lo importante es que Pablo comunica que él y otros judíos, como los gentiles (4:9), estuvieron esclavizados por los *stoijeia* del mundo.[37] Pero ¿qué son los *stoijeia*?

---

[37] Es más corriente una lectura global de «nosotros», pero algunos (por ejemplo Bruce) prefieren una lectura judía exclusiva de «nosotros» (F. F. Bruce, *The Epistle to the Galatians: A Commentary on the Greek Text*, New International Greek NT Commentary, Eerdmans, Grand Rapids, 1982 p. 193; para un examen más amplio de este asunto de traducción, ver Richard Longenecker, *Galatians*, WBC, Word Books, Dallas, 1990, p. 164; J. Louis Martyn, *Galatians*, Doubleday, New York, 1997, pp. 334-336, 393). En este versículo, un «nosotros» global mira a los judíos y a los gentiles en esclavitud común, en tanto que un «nosotros» exclusivista recalca que los judíos específicamente estaban en un estado de esclavitud, entonces leído en conjunción con 4:8-9, apunta a la esclavitud común de los judíos y los gentiles.

Cuando los comentaristas observan la manera en que se usaba esta palabra en los escritos griegos tempranos, a menudo hablan de los «ABC». En el uso griego, las letras del alfabeto eran los *stoijeia* o los elementos constituyentes irreducibles de las palabras. *Stoijeia* se refería a los elementos que formaban una serie, y así la palabra cobró una amplia variedad de significados: los grados en el reloj de sol, las notas de la escala musical y los elementos básicos del cosmos.[38] «Filón habla de los griegos que reverencian los cuatro elementos *(stoijeia)*, tierra, agua, aire y fuego, a los cuales les dan nombres de divinidades».[39] En este nivel cósmico, la palabra *stoijeia* se vincula con la práctica religiosa que ve los elementos celestiales como seres espirituales activos en el mundo físico. «Desde muy temprano se pensaba que las estrellas y los poderes controlaban el universo, y se los adoraba y se les hacían ofrendas».[40]

Al igual que con la palabra castellana «elementos», el contexto determina su significado. En Gálatas algunos han traducido *stoijeia* como «principios» (NVI), «normas y principios» (BLA) o «rudimentos» (RVR). Estas parecerían ser traducciones pertinentes en el versículo 4:3, pero parece que Pablo personifica los *stoijeia* en el versículo 4:9. Esto es así particularmente si leemos: «ustedes... eran esclavos de los que en realidad no son dioses» como si la intención fuera describir los *stoijeia*. En los tres versículos (4:3, 8, 9) se menciona «esclavizados», y esto hace pensar que los *stoijeia* son las entidades esclavizadoras a las cuales se refiere el versículo 4:8 como los seres que no son dioses. «Principios» o «normas» no sugieren el carácter personal de poder que Pablo da a los *stoijeia* en estos versículos. En cambio, llamarlos «poderes espirituales», una opción que aparece en las notas de la *Nueva Versión Internacional*, aunque preferible, podría dar la impresión al lector contemporáneo que no tienen nada que ver con la vida cotidiana o que tal vez sólo afectan ciertos aspectos «espirituales» de la vida, o a ciertos individuos. Sin embargo, Pablo habla de los *stoijeia* como si fueran realidades espirituales independientes, aunque sean regulaciones religiosas que ejercen una importante influencia en la vida diaria o se relacionan íntimamente con dichas regulaciones. La traducción «fuerzas elementales» (una opción

---

[38] Bruce, *Ibid.*, p. 193; Longenecker, *op. cit.*, 1990, p. 165; Martyn,, *Ibid.*, pp. 393-406.
[39] Bruce, *Ibid.*, p. 193.
[40] Peter T. O'Brien, *Colossians, Philemon* WBC, Word Books, Waco, 1982, p. 132.

III. EL EVANGELIO DE LIBERTAD:
ARGUMENTOS CONTRA LOS INSTIGADORES (3:1-5:1)

presente en las notas de la RVR) permite un entendimiento más amplio de los *stoijeia*.[41]

Pablo vincula estrechamente estas fuerzas elementales con las reglas religiosas (4:8-10). Parece que estas fuerzas elementales encarnan o emplean las reglas para esclavizar a la gente y causar divisiones como las que se ven en Antioquía. Las fuerzas elementales esclavizan a la gente a la práctica de la religión. Se podría decir que el espíritu o poder de la religión, se posesiona de reglas que pueden ser neutrales, o incluso buenas, y las transforma en lo que he descrito como *religión*.[42] Por ejemplo, las enseñanzas del judaísmo no eran religión ya que se basaban en la gracia divina, pero bajo la influencia de los *stoijeia* se convirtieron en una fuerza esclavizadora –la religión (4:3).[43]

Esta interpretación se apoya en la similitud del contexto de otros lugares en las cartas paulinas donde se usa esa palabra. En Colosenses 2:8 y 20 los *stoijeia* también están relacionados con reglas religiosas y tienen un sentido de poderes con personalidad esclavizante (Col 2:15).

Entonces ahora miramos las dos partes de esta sección usando este entendimiento de la palabra *stoijeia* y con las observaciones importantes:

---

[41] Bruce (*op. cit.,* p. 191) y James D. G. Dunn (*A Commentary on the Epistle to the Galatians,* A. C. Black, London, 1993, pp. 212-213) prefieren esta traducción

[42] La utilización de las palabras «poderes» y «fuerzas» naturalmente trae a colación el lenguaje paulino relativo a los «poderes» y «principados». Aunque creo que *stoijeia* cabe dentro de la discusión del concepto paulino de principados y poderes y aunque creo que Pablo asentiría con la idea de incluir a «la religión» como uno de los principados y poderes, no trataré tales puntos en este trabajo. Me sería necesario no sólo discutir por qué se incluye *stoijeia* sino también una discusión importante acerca de lo que para Pablo era el concepto de principados y poderes. (He tratado sobre la relación de *stoijeia* y la religión en los escritos de Pablo, sobre principados y poderes, en «Responding to the Powers: Learning From Paul and Jesus», M.A. Thesis, New College for Advanced Christian Studies, Berkeley, 1990.) Incluyo aquí la definición de poderes de Ellul porque capta bien lo que señalo al llamar a la religión un poder. El argumento de este libro, sin embargo, no depende de la aceptación de esta definición. Me fijo más en la manera en que la gente siente la religión, que esclaviza, antes que intentar dar una explicación de lo que constituye la religión en el sentido cosmologico. «Los poderes son realidades auténticas, aunque espirituales, que son independientes de la decisión e inclinación del hombre que las constituye... Los poderes no actúan simplemente desde el exterior a la manera del destino gnóstico... Se caracterizan por su relación con el mundo concreto del hombre... Los poderes parecen tener la habilidad de transformar la realidad natural, social, intelectual o económica a una fuerza que el hombre no tiene manera de resistir o controlar» (Jacques Ellul, *Ethics of Freedom,* Eerdmans, Grand Rapids, 1976, p. 152).

[43] Ver Romanos 7 y como el pecado utiliza la ley.

(1) Pablo equipara el judaísmo con el paganismo. (2) Tanto el judaísmo como el paganismo, y ciertas reglas religiosas, se relacionan con fuerzas esclavizadoras. Exploraremos el significando e implicaciones de estas observaciones.

Antes, esclavos de fuerzas elementales; ahora, hijos de Dios (4:1-7)

¹En otras palabras, mientras el heredero es menor de edad, en nada se diferencia de un esclavo, a pesar de ser dueño de todo. ²Al contrario, está bajo el cuidado de tutores y administradores hasta la fecha fijada por su padre. ³Así también nosotros[44], cuando éramos menores, estábamos esclavizados por los *stoijeia* de este mundo. ⁴Pero cuando se cumplió el plazo, Dios envió a su Hijo, nacido de una mujer, nacido bajo la ley, ⁵para rescatar a los que estaban bajo la ley, a fin de que fuéramos adoptados como hijos. ⁶Ustedes ya son hijos. Dios ha enviado a nuestros corazones el Espíritu de su Hijo, que clama: «*¡Abba!* ¡Padre!» ⁷Así que ya no eres esclavo sino hijo; y como eres hijo, Dios te ha hecho también heredero.

Pablo sigue usando la metáfora de la herencia y el heredero (3:15-19; 29), pero no sólo repite sino que añade elementos nuevos. También combina con el tema del heredero varios temas del capítulo 3 y de la carta entera. En los primeros dos versículos combina la metáfora del heredero con la de «guía» (3:24) observa que un heredero menor de edad no tiene poder ni derecho, sino que está bajo el poder de otros, como un esclavo. Usa lo dicho como una metáfora de la situación bajo la esclavitud de la religión antes que viniera Cristo, algo que empieza a explicar en forma concreta en los versículos que siguen. En el versículo 4 de nuevo habla de la ley y el judaísmo en forma negativa como un poder esclavizador. Como ya vimos (3:10-12), la ley dada por Dios no era esclavizadora. Sin embargo, tomada por los *stoijeia*, o las fuerzas elementales del mundo, fue transformada en lo que en este comentario llamo religión, una fuerza esclavizadora. Como vimos antes sobre el significado de *stoijeia* en esta sección (4:1-11), Pablo da el sorprendente paso de equiparar el judaísmo con el paganismo. Obviamente el judaísmo y el paganismo practicado por los gálatas antes de ser cristianos eran muy diferentes en cuanto

---

[44] Como explicamos en más detalle arriba, en este versículo, un «nosotros» global mira a los judíos y a los gentiles en esclavitud común, en tanto que un «nosotros» exclusivista recalca que los judíos específicamente estaban en un estado de esclavitud y entonces, leído en conjunción con 4:8-9, apunta a la esclavitud común de los judíos y los gentiles.

III. EL EVANGELIO DE LIBERTAD:
ARGUMENTOS CONTRA LOS INSTIGADORES (3:1-5:1)

a las prácticas y creencias. Sin embargo, las fuerzas elementales del mundo los usaron como instrumentos religiosos de esclavitud. Los dos tenían una religiosidad de carácter delimitado. (Ver «Una definición de la religión» y «Grupo delimitado y grupo centrado» en la Introducción.) En la próxima sección exploraremos algo del carácter delimitado del paganismo de los gálatas.

En los versículos 4 y 5 encontramos cinco declaraciones sobre Cristo. Es importante que no veamos estas declaraciones como algo menos que verdades que Pablo quería comunicar. Pero aún más importante es que reconozcamos que las cinco afirmaciones están entretejidas. Comunican más en conjunto que en forma independiente. Pablo usa esta formulación taquigráfica pues busca que los oyentes piensen no sólo en esas cinco afirmaciones, sino en toda la narrativa de la vida de Jesús.[45]

Cada frase en los versículos 4 y 5 está llena de significado, y actúa como una puerta que invita a los oyentes a entrar en la narrativa de la vida de Jesús y reflexionar sobre su significado en relación a la situación de las iglesias en Galacia. Las primeras dos frases «Pero cuando se cumplió el plazo, Dios envió a su Hijo», comunican que fue iniciativa de Dios, obra de Dios, en el tiempo seleccionado por Dios. En el tiempo fijado por Dios, los que están bajo el poder de la religión (4:2) podrán ser libres. Con esas frases Pablo está enfatizando un tema central de la carta: la acción de Dios en contraste con la acción humana (1:1, 4, 11-12, 15-17, 2:16, 3:2-4). El evangelio que Pablo predica no es invento humano, sino revelación de Dios. Sí, fue acción de Dios, aunque la tercera frase invita a reflexionar también sobre la realidad de que Jesús fue humano, «nacido de una mujer». Además de señalar que toda la vida de Jesús tuvo importancia, y no solo el momento en la cruz, la siguiente frase enfatiza que Jesús vivió como ser humano y tuvo experiencias comunes a los seres humanos. «Nacido bajo la ley» comunica que fue judío. Pero no un judío más, sino un judío hijo de Dios enviado por Dios «para rescatar a los que estaban bajo la ley». Pasemos a reflexionar, con estas dos frases como puertas, sobre la narrativa de Jesús en relación a la ley.

Jesús vio personal y repetidamente a seres humanos que sufrían bajo la esclavitud de una religiosidad de un grupo delimitado. También vio a gente sometida al rechazo y la exclusión por estar del lado equivocado

---

[45] Richard Hays muestra la evidencia que Pablo piensa en la narrativa de Jesús y explora las implicaciones para la interpretación de Gálatas en su libro, *The Faith of Jesus Christ: The Narrative Substructure of Gal. 3:1-4:11*, 2d ed., Eerdmans, Grand Rapids, 2002.

de las líneas trazadas por los líderes religiosos. Lo que pasó en Antioquia (2:11-13) y pasaba también en Galacia, Jesús lo había visto y experimentado. El rescate de los que sufrían bajo la forma religiosa de la ley culminó en la cruz y la resurrección, pero ya durante la vida de Jesús podemos ver acciones de rescate. Él predicó y vivió un evangelio con centrado. Repetidamente mostró amor y aceptación a los excluidos. Pero de forma radical, en contra del espíritu de la religión, también invitó a la mesa tanto a los que excluían como a los excluidos (v. g. Lucas 15). Con el propósito de borrar esas líneas, Jesús también repetidamente confrontó a los que trazaban las líneas de exclusión. Por asociarse con personas consideradas pecadoras, y por confrontar la religiosidad delimitada, él mismo sufrió el rechazo de grupos que practicaban una religiosidad de grupo delimitado. Como Pablo escribió en el capítulo 3, Jesús padeció personalmente la maldición de la ley religiosa, de manera definitiva en la cruz (3:13).[46]

En Colosenses Pablo también escribe sobre los *stoijeia* como poderes que usaban regulaciones religiosas para esclavizar (2:8-9; 16, 20-23), y también presenta la cruz como una confrontación a esa fuerza elemental y otros poderes. Proclama claramente que por la cruz ese poder, la religión del grupo delimitado, se une a otros poderes para crucificar a Jesús; por lo tanto, ese poder queda desarmado y la cruz lo exhibe públicamente. La religión puede ponerse un traje, como el de la ley, con el cual aparenta ser algo de Dios. Pero cuando ese poder, con el traje de religión, coopera en crucificar al hijo de Dios, queda despojado del traje y expuesto su verdadero carácter de fuerza elemental.

La cruz y la resurrección de Jesús revelaron la verdad de la ley religiosa y también ofrecieron una manera de rescate de ese poder esclavizador. La frase final del versículo 5 comunica que por la acción de Dios en la cruz se adoptó a los rescatados del pecado. Antes de reflexionar sobre la palabra «adoptados», es importante aclarar quiénes son los adoptados. En el siguiente versículo (4:6) Pablo comunica claramente que los cris-

---

[46] Para una exploración en más detalle de ejemplos de las respuestas de Jesús a la religiosidad ver los capítulos 10 y 11 de Marcos Baker, ¿*Dios de ira o Dios de amor?: Cómo superar la inseguridad y ser libres para servir,* Ediciones Kairós, Buenos Aires, 2007 y los capítulos 5 y 6 de Marcos Baker, *Centrado en Jesús,* Ediciones Shalom, Lima y Ediciones Semilla, Guatemala, 2013. Para una exploración más extensa sobre la narrativa de la vida de Jesús, la cruz y la religiosidad ver capítulo 7 de *Centrado en Jesús,* o Marcos Baker, «Dos narrativas fundamentales de la cruz: cómo ellas afectan el evangelismo», http://seminary.fresno.edu/baker/esp/articulos.

III. EL EVANGELIO DE LIBERTAD:
ARGUMENTOS CONTRA LOS INSTIGADORES (3:1-5:1)

tianos gentiles en Galacia son hijos adoptados, pero es notable que en el versículo 5 incluye como hijos adoptados a los judíos, a los que estaban bajo la ley. Es una declaración radical. Los instigadores judaizantes invitan a los gálatas a que se circunciden y ejecuten las obras de la ley para así ser verdaderos miembros de la familia de Dios. Sin embargo, Pablo aquí comunica que ellos mismos no son hijos de Dios por ser judíos de nacimiento, ni por practicar las obras de la ley, sino que también son hijos adoptados por la acción de Dios. (Ver la explicación de «Las obras de la ley» en el comentario sobre 2:16.) Es otra manera en que Pablo comunica que en Cristo no hay judío ni griego (3:28). No hay distinción en la familia, todos son hijos adoptados.

Otra vez Pablo comunica que «ya son». Ahora usa la frase «ya son adoptados», pero anteriormente de distintas maneras había comunicado que ellos ya eran parte de la familia de Dios, ya tenían un lugar en la mesa (2:16; 3:2-3, 9, 22, 26, 29). No tienen que llevar a cabo ciertas prácticas de los judíos para sentarse a la mesa de la familia de Dios. Al usar la metáfora de la adopción, además de seguir con el tema de la familia, el heredero y la descendencia, también recalca nuevamente el tema importante de la identidad (ver el comentario sobre 3:6-14). Cuando un niño o una niña es adoptado, cambian muchas cosas en su vida: tiene nuevos padres, un nuevo nombre, nuevos hermanos y hermanas, nueva herencia, y una nueva manera de practicar la vida familiar. Es un cambio de identidad radical. Esa identidad nueva viene de la cruz y está enraizada en ella, no proviene de la ley ni está enraizada en las obras de la ley.

Por la cruz y la resurrección viene el Espíritu a los hijos de Dios, y Pablo otra vez recuerda a los gálatas que su experiencia con el Espíritu Santo confirma que ellos son hijos adoptivos (3:1-5). Por el Espíritu de Jesús claman, al igual que Jesús: «¡*Abba!* ¡Padre!*». Pablo escribe casi la misma declaración en Romanos 8:15-17. El Espíritu les permite clamar «¡*Abba!* ¡Padre!*» y asegura que son hijos y por lo tanto herederos. El uso de esta palabra aramea familiar, en vez de mencionar otra palabra más formal, subraya la profundidad de esa realidad: son hijos. Tener la confianza de llamarlo «papá» a Dios, no viene por logros de acciones religiosas sino por la acción del Espíritu.

Estos versículos (4:6-7) ratifican que ellos son parte de la familia, pero también comunican más que eso. G. Walter Hansen comenta:

> Si el Espíritu del Hijo nos mueve a llamar a Dios *Abba*, entonces manifestaremos la misma confianza y voluntad a

obedecer que el Hijo tiene hacia el Padre. Todo lo que Jesús hizo y dijo emanó de su relación con su Padre. Su sentido de identidad (quién era) no se basaba en su ministerio (qué hizo), sino al contrario: hizo lo que hizo porque sabía quién era. De la misma manera, el testimonio del Espíritu de que Dios es nuestro Padre y que nosotros somos sus hijos, es el centro y la fuente de nuestra vida cristiana y nuestro ministerio.[47] Pablo presenta algo contundentemente diferente a una comunidad delimitada. Comunica que los cristianos gentiles y los cristianos judíos, no son parte de la familia de Dios por prácticas culturales ni por su raza (3:28), sino que son adoptados. ¿Cómo saben que son parte de la familia? La respuesta de Pablo tiene carácter relacional y centrado en Dios: saben que son parte de la familia porque proclaman a Dios como Padre.

Que no vuelvan a la esclavitud (4:8-11)

> [8]Antes, cuando ustedes no conocían a Dios, eran esclavos de los que en realidad no son dioses. [9]Pero ahora que conocen a Dios –o más bien que Dios los conoce a ustedes–, ¿cómo es que quieren regresar a esos *stoijeia* ineficaces y sin valor? ¿Quieren volver a ser esclavos de ellos? [10]¡Ustedes siguen guardando los días de fiesta, meses, estaciones y años! [11]Temo por ustedes, que tal vez me haya estado esforzando en vano.

Pablo cambia de tono y de tema. Después de la proclamación teológica tan positiva en los versículos anteriores, ahora trata la triste situación actual en las iglesias de Galacia. La realidad teológica de los versículos anteriores es cierta, pero ellos no viven de acuerdo con esa realidad. En estos versículos (4:8-9) vemos claramente lo que expliqué en la sección anterior sobre el significado de los *stoijeia*. No son simplemente principios, elementos o reglas. Pablo los personifica. Tienen poder de esclavizar y actúan como dioses. Entonces, por un lado Pablo comunica claramente que son poderes, fuerzas elementales, pero por otro lado, comunica que, en contraste con Dios, esas fuerzas elementales no son gran cosa. No son verdaderos dioses, son ineficaces (4:9). Entonces nos preguntamos: ¿son poderes o no? Están bajo el dominio de Dios, han sido vencidos y, en cierta forma, serán vencidos (1Co 15:23-28; Fil 2:10-11; Col 1:15-20;

---

[47] Walter G. Hansen, *Galatians,* The IVP NT Commentary Series, Downers Grove, InterVarsity, 1994, p. 122.

III. EL EVANGELIO DE LIBERTAD:
ARGUMENTOS CONTRA LOS INSTIGADORES (3:1-5:1)

2:15). Sin embargo, vivimos en el tiempo entre los tiempos, en el «ya» pero «todavía no» del Reino de Dios. Esas fuerzas elementales, esos no-dioses, siguen ejerciendo poder y esclavizando a los que los sirven.

No hubiera sido nada sorprendente que Pablo hablara de los gentiles como de esclavos a esos poderes antes de ser cristianos. Pero el hecho es que acaba de escribir lo mismo sobre los judíos. Así que equipara a los gentiles en su estado precristiano con los judíos de una manera sorprendente y escandalosa para los unos y los otros. El verbo «regresar» (*epistrephô*) es la misma palabra que se emplea normalmente para describir la acción de una persona que se arrepiente y regresa a Dios o, en el caso de un gentil, la conversión de alguien a creer en el Dios de Israel y servirle (por ejemplo, 1Ts 1:9). Los instigadores judaizantes no instan a los nuevos cristianos en Galacia a arrepentirse de su conversión a Cristo y regresar a sus prácticas religiosas paganas. Más bien, desde su perspectiva, los judaizantes urgen a los cristianos gentiles a realizar ciertas prácticas de los judíos que los hará, según ellos, superiores o verdaderos miembros de la familia de Dios. (Para una explicación más completa de quiénes eran los instigadores y que enseñaban y por qué, ver «Los instigadores» y «El estereotipo de los instigadores» en la Introducción.) Pero Pablo lo califica como un regreso a su estado anterior (4:9; cf. 5:1). Al decir esto, equipara el cumplimiento de la ley judía con la práctica previa de tradiciones y ritos paganos. Richard Hays caracteriza esta oración como «la oración más asombrosa en toda esta carta tan repleta de enfrentamientos».[48] Claramente el paganismo, el judaísmo y las enseñanzas de los judaizantes son diferentes, pero Pablo los equipara: como instrumentos de la religión, esclavizan de la misma manera.

Como hemos visto en otras partes de la carta y aquí aún con más claridad: Pablo no entabla una discusión con los judaizantes sobre cuáles son las obras de la ley y qué es necesario para definir quiénes son verdaderos hijos e hijas de Dios. No dice: «su lista de reglas y prácticas es errónea; aquí les presento la lista correcta». Avanza hacia un nivel más profundo. El problema es la religión como fuerza que lleva a los grupos a ser grupos delimitados. Pablo comunica que la religión puede ser usada para esclavizar: prácticas paganas (versículo 8), prácticas judías (versículo 3), o prácticas cristianas (versículo 9). Entonces el problema en sí no es una lista o doctrina equivocada, sino que es la combinación de una actitud y una lista de reglas que abre el camino para la religión. (Ver

---

[48] Hays, *op. cit.*, 2000, p. 287.

«Una definición de la religión» y «Grupo delimitado y grupo centrado» en la Introducción.) Un simple giro de una frase en este pasaje ofrece más evidencia de que la religión es parte fundamental del problema del cual se ocupa Pablo. Escribe: «ahora que conocen a Dios», pero luego, como si reflexionara y pensara «No, no es eso lo que quiero decir; no quiero darles ninguna base para que den importancia a las acciones humanas en el hecho de llegar a conocer a Dios», añade: «o más bien que Dios los conoce a ustedes» (4:9). Esta corrección personal destaca la acción de Dios, exactamente lo contrario al enfoque de la religión.

En el mismo versículo, Pablo pregunta: «¿cómo es que quieren regresar...?» (4:9, ver también 1:6; 3:1). Aunque nos parezca trágico, podemos imaginar varias razones por las cuales los gálatas habían vuelto a la esclavitud. Juan Luis Segundo vincula las acciones de los gálatas a la general «tendencia del hombre a ponerse "debajo de"... lo religioso». Sostiene que «el sentir profundamente su condición de criatura lleva al hombre a poner lo religioso por encima de él, a usarlo como intermediario entre lo trascendente inasible y la inseguridad de la criatura que pugna por asirlo».[49] Los habitantes del mundo romano, especialmente los de los territorios orientales, eran muy supersticiosos y creían estar a merced de espíritus y poderes fuera del control humano. La religión les ofrecía algún sentido de control de sus vidas. Para escapar de su destino, la gente recurría a numerosos medios, entre ellos la astrología y los cultos de los misterios.[50] La población en la sociedad greco-romana, pobres y ricos, tenían mucho respeto por sus dioses pero también vivían con mucho miedo de ellos. Sus prácticas religiosas les daban formas de propiciar y aplacar a los dioses, y así evitar el castigo. También se usaban medios religiosos para negociar con los dioses de manera de recibir su ayuda. Aunque la gente esperaba la bondad de los dioses, vivían con miedo a que su ira pudiera explotar en cualquier momento. Sentían que los dioses podían actuar de maneras imprevisibles. Entonces muchas personas ponían énfasis no sólo en participar en los ritos de las religiones, sino también en practicarlos con mucho cuidado y precisión para no molestar

---

[49] Juan Luis Segundo, *El Hombre de Hoy ante Jesús de Nazaret*, vol. II,1: *Historia y actualidad: sinópticos y Pablo*, Cristiandad, Madrid, 1982, pp. 328, 330.

[50] H. D. Betz, *Galatians*, Hermeneia, Fortress, Philadelphia, 1979, p. 3; Helmut Koester, *Introduction to the New Testament*, vol. 1: *History, Culture, and Religion of the Hellenistic Age*, Fortress, Philadelphia, 1982; Elsa Tamez, *Contra toda condena: la justificación por la fe desde los excluidos*, DEI, San José, 1991, pp. 76, 186.

III. EL EVANGELIO DE LIBERTAD: ARGUMENTOS CONTRA LOS INSTIGADORES (3:1-5:1)

a los dioses.[51] Los gálatas vivían en ese ambiente y, como escribe Pablo, habían practicado las religiones paganas con la misma mentalidad religiosa de otras personas. Es fácil imaginar entonces, que los gálatas se sintieran inseguros y tuvieran cierta atracción por la seguridad religiosa ofrecida por los instigadores judaizantes. La presión para sentirse seguros por medio de la religión se incrementa cuando todos alrededor se involucran intensamente en la religión.

Los gálatas no sólo se habrán sentido atraídos de nuevo a la religión delimitada por razones de seguridad individual en relación a Dios. No vivían en una sociedad individualista sino en una en que el veredicto público, lo que pensaban los demás acerca de uno, era de gran importancia. Todos buscaban el honor y trataban de evitar la vergüenza. (Ver «Una sociedad que busca el honor y evita la vergüenza» en la Introducción.) Las diversas expresiones de la religión según su contexto proveían a la gente diversas maneras de obtener honor. No participar en actividades religiosas no sólo reducía la posibilidad de conseguir honor, sino que también es posible que los gálatas cristianos sintieran vergüenza por ser tan diferentes de los demás. Podemos imaginar a sus vecinos preguntándoles por qué no iban al templo y tal vez insultándoles por sus formas tan raras y sencillas de relacionarse con Dios y otros cristianos. Así que puede ser que se sintieran atraídos por el mensaje de los judaizantes como una manera de evitar la humillación. Actuar como judíos significaba que los identificarían con una religión conocida. Aunque las prácticas religiosas de los judíos eran diferentes a las de otras religiones, todavía tenían un carácter religioso que otros reconocían, y por ello los gálatas cristianos habrían sentido menos vergüenza. Ser parte de un grupo delimitado les daba la plena seguridad de saber lo que tenían que hacer para obtener el honor de ser incluidos, de tener un lugar en la mesa (2:11-14).

Podemos imaginar que Pablo les dio a los nuevos conversos cierta orientación, quizás similar a lo que aparece al final de la carta, pero no les dejó reglas y ritos bien definidos. Esperaba que Dios les enseñara a los conversos (1Ts 4:9) o que el Espíritu los guiara (Gá 5:18; Ro 8:14). Mientras el apóstol estaba presente, tal vez a los gálatas les parecía satisfactorio, pero cuando él se marchó y ellos «no tenían leyes que les ayudaran a distinguir lo bueno de lo malo ni ritos para hacer frente a las transgresiones y que les proveyeran certidumbre, su seguridad y confianza

---

[51] Mark Strom, *Reframing Paul: Conversations in Grace and Community,* InterVarsity Press, Downers Grove, 2000, pp. 127-128.

en sí mismos comenzaron a flaquear».[52] En cambio, las enseñanzas de los judaizantes les ofrecían la seguridad de la ley, una manera clara de poner en orden su vida y de medir su propio honor y éxito dentro del grupo religioso.[53] Las buenas nuevas de Jesucristo que Pablo les predicó a los gálatas los liberó del peso de la religión, pero les quitó la seguridad a la que estaban acostumbrados desde la niñez y los colocó en marcado contraste frente a otros que todavía gozaban de la seguridad de la religión. Desde luego, Pablo no considera esto como gozo sino como esclavitud. Sin embargo, lo que aquí se pretende es solamente imaginar la posibilidad de que, debido al ambiente religioso en que viven los gálatas, la estructura y las líneas divisorias del «otro evangelio» ejerzan un gran atractivo para los gálatas.[54]

---

[52] John Barclay, *Obeying the Truth: A Study of Paul's Ethics in Galatians,* T. & T. Clark, Edinburgh, 1988, p. 71; ver también p. 106.

[53] Otros comentaristas señalan también que la inseguridad de los gálatas era la causa de su alejamiento del evangelio: «A los gálatas se les había otorgado el "Espíritu" y la "Libertad".... No existía la ley que les indicara lo correcto y lo incorrecto. No había más ritos que corrigieran las transgresiones. En tales circunstancias, su vida diaria se había convertido en una danza en la cuerda floja.... Se entiende por qué, más o menos, decidieron aceptar las recomendaciones de los opositores de Pablo a que se circuncidaran para así convertirse en fieles practicantes de la Tora y, como tales, "herederos" de la seguridad que esto implicaba» (Betz, *op. cit.,* p. 9). Gerhard Ebeling afirma: «para los gálatas gentiles, liberación del cautiverio de los elementos espirituales del universo les dio un sentido profundo de alivio, pero también les dio un no menos profundo sentido de inseguridad de no hallar un ancla firme para su vida al encontrarse con tan insólita libertad» (Gerhard Ebeling, *The Truth of the Gospel: An Exposition of Galatians,* Fortress, Philadelphia, 1985, p. 251).

[54] La reconstrucción del contexto de Gálatas es, desde luego, incierta. J. Ross Wagner me ha llamado la atención al hecho que, además de la presión psicológica en los individuos descritos en esta sección, posiblemente también había presión por parte de la comunidad. «Para la iglesia que parecía proclamar una "nueva" religión, esto era una desventaja en una cultura que estimaba lo antiguo. Por la continua oposición entre la iglesia y la sinagoga, se ponía en duda la afirmación cristiana que la iglesia era la heredera de la tradición judía. Además, es creíble que el relativamente gran número de gentiles hacía que la iglesia fuera menos atractiva para posibles adeptos judíos. Es posible que los oponentes de Pablo hayan deseado que los gentiles se convirtieran en completos prosélitos al someterse a la circuncisión para así no impedir la misión existente entre los judíos» (J. Ross Wagner, en una carta del segundo trimestre del año 1996). Esta observación apoya aun más la tesis básica de este comentario, que las preocupaciones comunitarias motivaron a Pablo a escribir esta carta. Para más información sobre este punto, ver Paula Fredriksen, *From Jesus to Christ,* Yale University Press, New Haven, 1988, pp. 168 70.

III. EL EVANGELIO DE LIBERTAD:
ARGUMENTOS CONTRA LOS INSTIGADORES (3:1-5:1)

Como muestra de su regreso a la esclavitud de las fuerzas elementales religiosas, Pablo exclama que ellos están guardando los días de fiesta, meses, estaciones y años (4:10). Es un ejemplo concreto de lo que Pablo dice en el versículo anterior. No es que guarden exactamente las mismas festividades de las religiones paganas como antes, pero observan las celebraciones del calendario de los judíos. Es probable que él no mencione fiestas específicas para enfatizar el punto, ya que el problema no son las fiestas en particular, sino por qué y cómo las celebran. Por la mentalidad delimitada de los judaizantes, él considera que las fiestas y los días especiales subyugan, tal como las de los paganos.[55]

Aunque Pablo escribe esta enérgica crítica en contra de los días especiales (como en Colosenses 2:16) es importante no imponerle el traje del grupo delimitado e imaginar que dice: «Para los verdaderos cristianos todos los días son iguales; si celebran días especiales ustedes no son verdaderos cristianos». El hecho es que él mismo habla del primer día de la semana como un día especial (1Co 16:2) y hace referencia a las fiestas de los judíos (Hch 20:6, 16; 1Co 16:8). En la carta a los Romanos (14:5-6) dice que cada uno puede decidir si un día es especial o no. El problema no son los días o las fiestas en sí. El problema es ser llevados por las fuerzas elementales (*stoijeia*) a celebrar ciertos días con una actitud religiosa, a usarlos para asegurar lugar dentro del grupo delimitado, y considerarlos como una manera de ganar algo de Dios. En esta carta Pablo proclama de nuevo que esos medios religiosos no armonizan con Dios y la buena noticia es que no son necesarios. Dios ha tomado la iniciativa. Ellos ya son parte de la familia de Dios por la fidelidad de Jesucristo (2:16). Y por la acción de Dios en Jesucristo son libres de la esclavitud de la religión (1:4; 5:1).

Pablo termina esta sección (4:11) al expresar su preocupación por su situación y que su trabajo con ellos quizá haya sido en vano. Ese pensamiento es una transición a la próxima sección donde recuerda el tiempo que pasó con ellos.

---

[55] Las fiestas de los judíos, su calendario litúrgico, se determinaron por los movimientos del sol y de la luna. Entonces puede ser que un elemento de preocupación de Pablo fuera que por enfocarse en las fiestas de los judíos también volvieran a pensar en la astrología y en su poder esclavista.

¿DE REGRESO A LA RELIGIOSIDAD? (4:1-11)

La manera en que Pablo presenta la vida de Jesús y usa las metáforas de la familia y la adopción, provee buenos temas para la predicación. Y hay otros temas posibles como los que vamos a ver más adelante. Pablo también nos da una importante lección. Necesitamos tener cuidado con las palabras y las frases que usamos en la predicación, la enseñanza, la consejería, y aun en nuestra conversación, cartas y correos electrónicos. Reconoce que hay diferencia entre decir «ahora que conocen a Dios», y decir «Dios los conoce a ustedes» (4:9). No es que la primera frase esté equivocada, pero, como dije antes, en un contexto en que la gente lucha contra la presión religiosa Pablo no quiere darles ninguna base para que den importancia a las acciones humanas en el hecho de llegar a conocer a Dios. En otro contexto, puede ser que fuera importante confrontar la pasividad y destacar la importancia de dar un paso de fe hacia Dios. En un contexto así, sería mejor usar la primera frase. El cambio de frase muestra la importancia de ser cuidadosos con las palabras que usamos con una persona o un grupo de personas que en determinada situación de la vida pueden malinterpretarlas, y debemos estar atentos a la dirección del Espíritu al escoger nuestras palabras. Es importante reconocer que la religión es capaz de tomar palabras y distorsionarlas. No podemos ser pasivos frente a la religión; al igual que Pablo, debemos hablar y escribir de manera que sea más difícil que la religión esclavice a las personas.

En esta sección, Pablo nos muestra otra manera de ser activos frente a la religión. Aunque es apropiado señalar las diferencias entra la fe cristiana y otras religiones y afirmar la revelación cristiana como la verdad, esta sección muestra que el hecho de ser cristianos no nos protege automáticamente de la amenaza de la religión como poder. Una implicación es que debemos hablar sobre ello con la misma claridad de Pablo. Él comunicó que la religión puede usar prácticas paganas para esclavizar (4:8); la religión puede usar prácticas judías para esclavizar (4:3); y la religión puede usar prácticas cristianas para esclavizar (4:9). Hoy en día es también importante decir que, para esclavizar, la religión puede usar prácticas de los mormones, o prácticas musulmanas, o prácticas budistas, o prácticas cristianas. La religión puede ponerse un traje cristiano, pero eso no cambia lo que está debajo del traje; el problema reside en la religión, no en la fe cristiana. Tener doctrinas correctas no nos protege automáticamente de la religión, así como su doctrina correcta no protegió a los judaizantes de practicar la religiosidad delimitada. Es importante hacer que los oyentes sientan que la religión es un poder vivo que busca oportunidades de transformar la gracia y la libertad, la revelación cris-

III. EL EVANGELIO DE LIBERTAD:
ARGUMENTOS CONTRA LOS INSTIGADORES (3:1-5:1)

tiana, en algo que esclaviza. (Para más observaciones y sugerencias de cómo predicar y enseñar sobre este tema, ver las reflexiones aplicadas a nuestro contexto sobre los distintos textos: 1:1-10, 1:11-24, 2:11-14.)

El comentario sobre la pregunta «¿Cómo es que quieren regresar?» (4:9) tiene implicaciones pastorales importantes. Aunque acabo de decir que es necesario hablar directamente y con claridad contra la religión, es importante reconocer que aunque la religión esclaviza, también provee un sentido de seguridad y estatus. Antes dije que probablemente parte de la razón por la cual los gálatas se sentían atraídos por la religiosidad delimitada de los judaizantes era la presión del veredicto público. Tenían vergüenza por no tener un estatus religioso aceptable en su contexto.

Mucha gente en América Latina se sentirá atraída por la religión de una manera similar a los gálatas porque también es una región con mucha actividad religiosa. Además, hay otros factores que contribuyen a que las muchedumbres busquen seguridad y estatus por medio de la religión. Un factor importante es la disparidad en la sociedad. La gran mayoría de los países iberoamericanos tiene tasas de desigualdad muy altas. Los pueblos que viven en sociedades de mucha desigualdad sienten más ansiedad sobre su estatus y tienen más vergüenza.[56] En un sermón Roberto Brenneman invitó a una congregación en Quito, Ecuador, a reflexionar sobre esa realidad:

> Las sociedades de América Latina son sociedades especialmente desiguales. En Guatemala, donde viví durante varios años, la desigualdad es bastante palpable. Esa desigualdad *multiplica* la vergüenza y da lugar a miles de experiencias *diarias* de vergüenza. Casi todas las interacciones se realizan en un ambiente de jerarquía. Comprar un auto o una casa no sólo es conseguir movilidad o techo. Es una *oportunidad* (tentación) para comunicar mi *estatus* –¿y los celulares? ¡Ni hablemos!... Cualquier pregunta «normal»: ¿En qué zona vives? ¿A qué colegio o universidad asistes?, hasta ¿En dónde te congregas? TODAS son preguntas sobre nuestro estatus, sobre los adornos de nuestro prestigio. ¿Es cierto o estoy inventando? Nuestra sociedad está completamente corrompida por un ansioso clamor por *un poquito más de* respeto y dignidad. Nos sentimos perseguidos por la bestia de la vergüenza. Por escaparnos de ello, estamos listos a hacer muchas cosas.[57]

---

[56] Richard Wilkinson y Kate Pickett, *The Spirit Level: Why Greater Equality Makes Societies Stronger*, Bloomsbury Press, New York, 2009, pp. 31-48, 129-144.

[57] Robert Brenneman, sermón, Iglesia Menonita de Quito, 23/6/2013.

Algo que estamos listos a hacer es buscar la seguridad y el estatus que ofrece la religión. Es cierto, como hemos visto, que la religiosidad delimitada crea vergüenza y ansiedad (ver el comentario sobre 2:11-14). Sin embargo, si uno se mantiene dentro del espacio marcado por las líneas también siente estatus y un sentido de seguridad. Entonces, hay dos implicaciones pastorales importantes. Una implicación es la importancia de ser conscientes de la presión que ejerce la opinión pública, y entonces debemos tratar este asunto con tacto, tomando en cuenta el atractivo a la seguridad que la religión ofrece. La segunda implicación se relaciona con la primera. Si se suprime la seguridad que provee la religión, es importante reemplazarla por otra porque la gente desea y necesita seguridad. Al escribir la oración anterior inmediatamente empecé a debatir en su contra. Y lo entendería si usted, lector, también está disconforme o confundido. Hay dos aclaraciones muy importantes. Primero, la religiosidad sí da un sentido de seguridad pero, como hemos visto en Gálatas, no es una seguridad profunda ni saludable para los individuos ni especialmente para la comunidad, y entretejida con esa seguridad viene la esclavitud de la religión. Segundo, es importante reemplazar la seguridad que se ha abolido, pero la nueva seguridad que tenemos mediante el evangelio de Jesús es de otra calidad. Ella, por cuanto tiene su centro en Jesús, es profunda y totalmente saludable, aunque en lo superficial no siempre uno se sienta tan cómodo y seguro como con la seguridad que ofrece la religión. Y estar centrados en Jesús, llevará a la persona y a la comunidad de fe a vivir contra la corriente de la sociedad y entonces perderá la infundada seguridad que proviene de las acciones que Roberto Brenneman menciona en la cita arriba. Vemos en Gálatas y vemos hoy que la religión atrae a la gente aun después de haber experimentado el evangelio. Por eso es importante seguir el ejemplo de Pablo y continuamente re-evangelizar a las personas. Esto nos lleva al próximo punto.

Hay dos aspectos a destacar en la pregunta: «¿Cómo es que quieren regresar?» (4:9). Un aspecto es que existe algo que, por la atracción que ejerce lo empuja a uno a retroceder. Pero también, implícita en la pregunta está la realidad que no tiene sentido regresar. Es como si Pablo estuviese diciendo: «¿Cómo puede ser que, después de vivir la realidad del evangelio de Jesucristo, se sientan atraídos por algo tan subyugante y alienante como la religión?» De modo que esta sección también provee una excelente oportunidad de proclamar la gran diferencia entre ser miembro de la familia de Dios y ser esclavo de la religión. Es una buena oportunidad para explicar y ayudar a los oyentes a sentir la diferencia entre la religiosidad delimitada y una iglesia centrada. Es una buena oportunidad para evangelizar e invitar a escapar de la tiranía de siempre

III. EL EVANGELIO DE LIBERTAD:
ARGUMENTOS CONTRA LOS INSTIGADORES (3:1-5:1)

buscar estatus, y en su lugar arrepentirse de ello y confiar en Jesús. Una comunidad cristiana centrada en Jesús ofrece un oasis y un refugio. Es una buena oportunidad para ayudar a los creyentes a imaginar que, por tener su identidad en Cristo, pueden estar libres de la bestia de la vergüenza y de sentir la constante presión de conseguir un poco más de estatus.

5. Apelación a la amistad (4.12-20)

¹²Hermanos, yo me he identificado con ustedes. Les suplico que ahora se identifiquen conmigo. No es que me hayan ofendido en algo. ¹³Como bien saben, la primera vez que les prediqué el evangelio fue debido a una enfermedad, ¹⁴y aunque ésta fue una *prueba para ustedes, no me trataron con desprecio ni desdén. Al contrario, me recibieron como a un ángel de Dios, como si se tratara de Cristo Jesús. ¹⁵Pues bien, ¿qué pasó con todo ese entusiasmo? Me consta que, de haberles sido posible, se habrían sacado los ojos para dármelos. ¹⁶¡Y ahora resulta que por decirles la verdad me he vuelto su enemigo!

¹⁷Esos que muestran mucho interés por ganárselos a ustedes no abrigan buenas intenciones. Lo que quieren es alejarlos de nosotros para que ustedes se entreguen a ellos. ¹⁸Está bien mostrar interés, con tal de que ese interés sea bien intencionado y constante, y que no se manifieste sólo cuando yo estoy con ustedes. ¹⁹Queridos hijos, por quienes vuelvo a sufrir dolores de parto hasta que Cristo sea formado en ustedes, ²⁰¡cómo quisiera estar ahora con ustedes y hablarles de otra manera, porque lo que están haciendo me tiene perplejo!

Ahora Pablo se dirije a ellos en un nivel un poco más personal, con el corazón en la mano: «Hermanos...». Aunque ya expresó su frustración con ellos (1:6, 3:1), no los rechaza. Los trata como hermanos y hermanas con preocupación fraternal. En misma carta practica lo que sugiere (6:1). Los confronta no para excluirlos, como ocurriría bajo una mentalidad delimitada. Los critica para restaurarlos de acuerdo a un paradigma centrado. (Ver «Grupo delimitado y grupo centrado» en la Introducción.) El motivo central de esta sección es recordarles a los gálatas la relación que tuvieron con él y suplicarles que tomen en cuenta esa relación para sus acciones en el presente.

Pablo se identificó con ellos (4:12): vivió como gentil (1Co 9:21).[58] Irónicamente ahora ellos tratan de vivir como judíos. Entonces, cuando Pablo les suplica «que ahora se identifiquen conmigo», puede ser que lo esté diciendo en dos sentidos. Primero, en el contexto de su relación personal con ellos, en el sentido relacional, les pide su solidaridad con él. En segundo lugar, también los exhorta en el sentido de vivir en libertad de la religión como vive él.

En referencia a los próximos versículos (4:13-15) es más lo que desconocemos que lo que sabemos. Como otras veces en sus cartas, Pablo no entra en detalles porque los que reciben la carta ya saben a que se refieren. Lo que sí sabemos es que Pablo había estado con ellos predicando el evangelio; llegó enfermo o recuperándose de las heridas recibidas por la persecución. (La traducción textual del griego es «debilidad de la carne» [4:13], así que puede ser enfermedad o heridas.) Sabemos que su estado físico tenía aspectos difíciles para los gálatas, pero ellos lo trataron bien y estuvieron dispuestos a sacrificarse para ayudarlo.[59] También sabemos que expresaron entusiasmo o satisfacción. No sabemos si fue entusiasmo por el evangelio, por ayudar a Pablo o por las dos cosas.

La *Nueva Versión Internacional* presenta el versículo 16 como una declaración. La mayoría de las traducciones lo interpretan como una pregunta: «¿Me he hecho, pues, vuestro enemigo por deciros la verdad?» (RVR; otras similares: BJ, BLA, VP, PPT). Verlo como una pregunta es la mejor opción porque pone el énfasis en la verdad que Pablo expresa en la carta. Los confronta en la carta y no sabe cómo van a responder. Hace la pregunta con la esperanza de que le respondan a él y al evangelio proclamado en la carta, como habían respondido antes. Pero también sabe que lo que escribe va a motivar a los instigadores a hablar aún más fuerte en su contra. En el contexto de estos versículos tan personales es como si Pablo les preguntara a los gálatas si lo apoyan.

Aunque hay una marcada intensidad personal en estos versículos por el uso de la palabra «verdad», Pablo deja muy en claro que esto no es un simple concurso de popularidad ni un debate filosófico de opiniones

---

[58] Aunque no sucedió en Galacia, un ejemplo concreto en esta misma carta la encontramos cuando Pablo comía con los cristianos gentiles aun cuando había presión de parte de otros judíos para que no lo hiciera. (2:11-14).

[59] Aunque puede ser que Pablo tuviera problemas con la vista, el uso de la frase «se habrían sacado los ojos para dármelos» no necesariamente significa eso. Esa frase es un modismo como cuando decimos «daría mi brazo derecho por ti».

III. EL EVANGELIO DE LIBERTAD: ARGUMENTOS CONTRA LOS INSTIGADORES (3:1-5:1)

humanas y personales. Como ha hecho varias veces en la carta, enfatiza que el evangelio que predica es una verdad revelada por Dios, no una mera opinión humana (1:1, 1-12). En otras ocasiones no ha cedido (2:5, 14) y esta vez tampoco va a ceder. Para él la verdad e integridad del evangelio, están íntimamente ligadas a la visión de una mesa donde judíos y gentiles, esclavos y libres, hombres y mujeres se sientan juntos y celebran la cena del Señor sin barreras de cultura o religiosidad delimitada (2:11-14; 3:28). Puede ser que los instigadores enseñen algo que agrada a los gálatas, pero Pablo no va a ceder ni dejar de enseñar la verdad.

Los instigadores judaizantes están implícitamente en el trasfondo del versículo 16. Pablo hace las preguntas para resaltar lo ridículo de lo que sucede en su relación por causa de los instigadores. Ahora Pablo se enfoca en ellos: explícitamente establece un contraste entre su postura personal, que no le importa ni le afectan las opiniones de otros, y la postura de los instigadores que se dejan influenciar por lo que piensan los demás. Vamos a mirar algunos detalles del texto en griego para entender mejor el significado de estos versículos (4:17-18).

El verbo *zêloô* aparece tres veces en estos versículos. Un primer significado de la palabra es «desear con todo el corazón» y su connotación implica «ganarse el favor de otros», inclusive en contextos de noviazgo o de cotejo. Otro significado, que se emplea en contextos de fe o religión, es «ser ferviente hacia Dios» (p. ej. 1:14). El primer significado es lo más apropiado en estos versículos como vemos en la NVI «muestran mucho interés por ganárselos a ustedes» o en la RVR «se interesan». Sin embargo, es probable que Pablo también tenga el segundo significado en mente y usa esa palabra porque lleva a los oyentes a pensar en el fervor religioso de los instigadores como el fervor que él mismo tenía por el judaísmo (1:13-14).

Las palabras «de nosotros» no están en el texto griego en esa oración: «Lo que quieren es alejarlos *de nosotros* para que ustedes se entreguen a ellos». Eduardo Arens ofrece una traducción más literal del versículo 17: «(Ellos) se muestran afectuosos con ustedes, pero no como debe ser, sino que pretenden apartarles para que ustedes sean afectuosos con ellos».[60] El texto sólo nos dice que los instigadores querían excluirlos o apartarlos. Interpretarlo como que la meta era apartarlos de Pablo, tiene algo de sentido en el contexto inmediato de esos versículos. Hay una

---

[60] Eduardo Arens, *Han sido llamados a la libertad: La carta de san Pablo a los Gálatas y su actualidad*, CEP, Lima, 2009, p. 173.

mejor interpretación si miramos este versículo en el contexto de la carta en su totalidad. Es cierto que los instigadores adoptaron una postura contraria a la de Pablo y en cierta forma querían separar de él a los gálatas. Sin embargo, si al versículo se añade *«de nosotros»* pareciera que la tensión personal con Pablo era su motivación principal. Aquí ofrezco otra interpretación de lo que él quería comunicar en este versículo.[61] Hacemos bien en tener en mente la situación de Antioquia (2:11-14) cuando leemos Gálatas 4:17-18. En Antioquia los cristianos judíos, salvo Pablo, se separaron de los cristianos gentiles. Los judíos excluyeron a los cristianos gentiles de su mesa. Es mejor interpretar la separación en el versículo 4:17 como lo que vimos en 2:11-14. Como exploramos en el comentario sobre este párrafo los judíos cristianos en Antioquia acataban lo que he descrito como una religiosidad delimitada. (Ver «Grupo delimitado y grupo centrado» en la Introducción.) ¿Qué pasa cuando hay presión religiosa ejercida por una línea de exclusión? Richard Hays escribe: «Pablo evalúa la situación en Galacia con realismo psicológico y ve que la exclusividad de los misioneros judíos cristianos hace que su "club" religioso parezca muy deseable para los excluidos».[62] Trazar una línea de exclusión tiene un doble efecto: hace que los de adentro se sientan superiores y que los de afuera se sientan inferiores, y así se presiona a los de afuera a cumplir con los requisitos del grupo delimitado. En esa situación, si los gálatas se circuncidan y practican las obras de la ley (2:16) impuestas por los judaizantes, no sólo se reorienta su lealtad sino que también se refuerzan las líneas del grupo delimitado. Eso hace que los judaizantes se sientan más seguros. Al final sus intenciones no son buenas, ya que son leales al sistema, al grupo delimitado y a sus propias reputaciones.

El sentir tan personal y emotivo continúa en Gálatas 4:19. Ahora en vez de «hermanos» (4:12) los llama «queridos hijos». Son palabras de ternura de un padre (ver también 1Co 4:14-15; 1Ts 2:11-12). Sería un error ver las palabras de Pablo, «vuelvo a sufrir dolores de parto» sólo como un grito emocional sin importancia teológica. Ciertamente es un

---

[61] Sigo la interpretación de Richard Hays («The Letter to the Galatians», en *The New Interpreter's Bible*, vol. 11, Abingdon Press, Nashville, 2000, p. 295), Ben Witherington (*Grace in Galatia: A Commentary on St. Paul's Letter to the Galatians*, Eerdmans, Grand Rapids, 1998, pp. 311-12), y N. T. Wright (*Paul for Everyone: Galatians and Thessalonians*, Westminister John Knox Press, Louisville, 2004, p. 54); J. Louis Martyn propone una interpretación muy similar (*Galatians,* pp. 422-23).

[62] Hays, *op. cit.*, 2000, p. 295.

III. EL EVANGELIO DE LIBERTAD:
ARGUMENTOS CONTRA LOS INSTIGADORES (3:1-5:1)

llanto emocional, pero este versículo también contiene un significado teológico que Beverly Gaventa nos ayuda a entender.[63]

El significado obvio es que Pablo siente que tiene que repetir el esfuerzo por evangelizarlos y la situación le causa dolor y sufrimiento. Pero Gaventa nos invita a preguntarnos: ¿Por qué esta metáfora especifica? Y ¿por qué en la segunda parte del versículo Pablo adapta la metáfora y presenta a un Cristo que crece dentro de los gálatas? Siguiendo la metáfora maternal, hubiera sido más natural decir «hasta que ustedes sean formados en mí».

Gaventa observa que la metáfora de una mujer que sufre dolores de parto es común en textos apocalípticos de los judíos y de los cristianos. Se refiere al sufrimiento que acompaña la acción escatológica de Dios en relación al nacer a la nueva era del Reino de Dios (Is 13:6, 8; Jer 6:24; 1 Enoc 62:4; 4 Esdras 4:42; Mc 13:8; Ro 8:22; 1Ts 5:3; Ap 12:2). B. Gaventa sostiene que Pablo ve esa lucha en Galacia como parte de las tribulaciones relacionadas con la lucha entre «este mundo malvado» (1:4) y la «nueva creación» (6:15). Los «dolores de parto» apostólicos son parte de esa lucha y los gálatas están en medio de ese conflicto cósmico.

Poner la primera parte del versículo 19 en este contexto escatológico nos ayuda a interpretar la segunda parte. Gaventa dice que el significado de «que Cristo sea formado en los gálatas» no es sencillamente que van a desarrollarse espiritualmente o moralmente... sino que significa que el eclipse del mundo viejo ocurre entre ellos».[64] Entonces cuando leemos las palabras «Cristo sea formado en ustedes», no debemos sólo imaginar individuos que viven cambios espirituales y morales, ni las iglesias que experimentan esos cambios colectivamente. Seguramente, Pablo tiene en mente esos cambios, pero también piensa en una nueva creación que es la victoria de Dios sobre el mundo malvado por la cruz y la resurrección. La transformación de comunidades y de individuos cristianos son el fruto y la evidencia de esa obra de Dios.

Esta metáfora del parto subraya el hecho que Pablo espera que pase algo. No sólo discute por ganar un debate sobre unos puntos doctrinales. Y no sólo escribe para ayudar a ciertos individuos que están confundidos

---

[63] Beverly Gaventa, «The Maternity of Paul: An Exegetical Study of Galatians 4:19», en *The Conversation Continues: Studies in Paul and John in Honor of J. Louis Martyn*, eds. Robert T. Fortna y Beverly R. Gaventa, , Abingdon, Nashville, 1990, pp.189-201.

[64] Gaventa, «The Maternity of Paul: An Exegetical Study of Galatians 4:19», p. 196.

respecto al plan de salvación y andan con una carga de culpa.[65] Espera ver cambios concretos en las iglesias y en los individuos. Tiene dolores de parto y espera ver de nuevo evidencia de la realidad de la nueva era de Cristo en vez de evidencia que demuestre que ellos viven de acuerdo con el mundo malvado bajo la esclavitud de los *stoijeia* (1:4, 4:1-11; 6:15).[66] Para terminar esta sección (4:20) Pablo repite temas centrales en estos versículos. Por un lado, el cariño fraternal y paternal, desea estar con ellos, y no le gusta tener que confrontarlos de esa manera. Por el otro lado, repite el tema de los versículos 15 y 16: está perplejo. Es otra manera de comunicarles que no tiene sentido seguir a los instigadores judaizantes.

6. Alegoría de Agar y Sara (4:21–5:1)

²¹Díganme ustedes, los que quieren estar bajo la ley: ¿por qué no le prestan atención a lo que la ley misma dice? ²²¿Acaso no está escrito que Abraham tuvo dos hijos, uno de la esclava y otro de la libre? ²³El de la esclava nació por decisión humana, pero el de la libre nació en cumplimiento de una promesa.

²⁴Ese relato puede interpretarse en sentido figurado: estas mujeres representan dos pactos. Uno, que es Agar, procede del monte Sinaí y tiene hijos que nacen para ser esclavos. ²⁵Agar representa el monte Sinaí en Arabia, y corresponde a la actual ciudad de Jerusalén, porque junto con sus hijos vive en esclavitud. ²⁶Pero la Jerusalén celestial es libre, y ésa es nuestra madre. ²⁷Porque está escrito:

«Tú, mujer estéril que nunca has dado a luz, ¡grita de alegría! Tú, que nunca tuviste dolores de parto, ¡prorrumpe en gritos de júbilo! Porque más hijos que la casada tendrá la desamparada.»ˣ

²⁸Ustedes, hermanos, al igual que Isaac, son hijos por la promesa. ²⁹Y así como en aquel tiempo el hijo nacido por decisión humana persiguió al hijo nacido por el Espíritu, así también sucede ahora. ³⁰Pero, ¿qué dice la Escritura? «¡Echa de aquí a la esclava y a su hijo! El hijo de la esclava jamás tendrá parte en la herencia con el hijo de la libre.»ʸ ³¹Así que, hermanos, no somos hijos de la esclava sino de la libre.

---

[65] Ver la Introducción para una explicación sobre cómo la experiencia de Lutero ha influenciado la interpretación contemporánea de Gálatas.
[66] Para una explicación sobre *stoijeia* ver el comentario sobre 4:1-11.

III. EL EVANGELIO DE LIBERTAD: ARGUMENTOS CONTRA LOS INSTIGADORES (3:1-5:1)

5Cristo nos libertó para que vivamos en libertad. Por lo tanto, manténganse firmes[z] y no se sometan nuevamente al yugo de esclavitud.

Estos versículos forman la última sección del cuerpo principal de la carta (3:1-5:1). Esta parte termina con un llamado a la libertad, es una exhortación como conclusión y respuesta a toda la carta hasta este punto. Junto con esta exhortación, y relacionada con ella, tenemos la exhortación a echar fuera a los instigadores judaizantes (4:30). Pablo usa una historia del Antiguo Testamento como base de ese imperativo.

En el primer versículo nos encontramos de nuevo con el desafío de discernir cómo usa Pablo la palabra «ley». El primer uso es negativo: «bajo la ley», como en 3:23 y 5:18, similar a lo que describe en 3:10-14. Pero el uso de la palabra en la segunda parte del versículo es diferente. Si sólo leemos éste (4:21) podríamos pensar que aquí dice algo similar a lo que expone en el próximo capítulo (5:3), que si quieren estar bajo la ley van a tener que practicar todas las leyes. Sin embargo, en esta sección respecto a lo que «la ley misma dice» (4:21) Pablo se refiere a textos del Antiguo Testamento que no incluyen leyes ni hacen referencia a las leyes. Así es que en el segundo caso, el uso de la palabra «ley» tiene un significado más amplio y se refiere a las Escrituras; la palabra que emplea como sinónimo es una frase similar al final de la sección (4:30). Podríamos preguntarnos, para evitar la confusión: ¿Por qué Pablo no usa la palabra «Escritura» en vez de «ley» en el versículo 21? Creo que por razones estratégicas. El apóstol quiere emplear el lenguaje propio de los instigadores contra ellos. Y el uso de una palabra que tiene peso para los judaizantes, y ahora para los gálatas, es una manera de dar mayor autoridad a lo que él va a decir.

Es probable que, al igual que en el capítulo 3, Pablo se vale de la historia de Abraham porque los instigadores la habían utilizado. Como escribe Elsa Tamez, el relato de Agar y Sara era muy probablemente uno de los argumentos favoritos de los oponentes de Pablo. Agar, la extranjera, es esclava, y Sara, la hebrea, es libre. Para los oponentes era muy fácil afirmar que los verdaderos hijos libres de Abraham eran los judíos, por lo tanto los gentiles deberían hacerse judíos por medio de la circuncisión y la obediencia a la ley, para pertenecer al pueblo de Dios y alcanzar las promesas de Dios a Abraham.[67]

Pablo va más allá de disputar contra de la interpretación de esa historia mencionada por los instigadores. Toma la misma historia, pero le da un nuevo giro y la usa contra de ellos. No se detiene en el nivel concreto de la historia porque en la práctica Sara es la madre de los judíos. Interpreta la historia en forma figurativa o alegórica.

Una definición sencilla de alegoría es el uso de una cosa para representar o significar algo diferente. Muchas veces una alegoría utiliza algo concreto para representar una idea o concepto abstracto. Por ejemplo, una mujer con los ojos vendados y con una balanza representa el concepto occidental de la justicia. La alegoría era un medio de interpretación común en el tiempo de Pablo. Era más común usarlo en relación a conceptos abstractos. Por ejemplo Filón de Alejandría, un filósofo judío contemporáneo, también se valió de la alegoría para interpretar esa misma historia. Pero para Filón, Agar y su hijo representaban un razonamiento malo basado en las percepciones de los sentidos, mientras que Sara y su hijo representaban sabiduría y virtud. Pablo no usa la alegoría de manera abstracta, sino que, de manera más sencilla y concreta, busca algo del presente que guarda correspondencia con algo en la historia.

Pablo prepara a sus oyentes para la alegoría en los versículos 22 y 23. Los datos básicos son que Abraham tuvo dos hijos: uno con la madre esclava y el otro con la madre libre. Todos estarían de acuerdo con estos datos. Empieza a intercalar su interpretación en el versículo 23 al decir que el hijo de la esclava nació por decisión humana. Son palabras que los oyentes van a relacionar con lo que en esta carta no es el evangelio de Dios sino la religión humana (1:1,11-12). La NVI no incluye la primera palabra griega como la RVR («Pero el de la esclava...»). Ese «pero» hace más claro que Pablo ha empezado a introducir algo nuevo. Sin embargo, lo más radical empieza con la alegoría que sigue.

Los judaizantes se identificaban con Sara e Isaac y por lo tanto pensaban que ellos eran los hijos de la promesa. Pablo lo interpreta en sentido figurado, lo cual dice exactamente lo opuesto. Podemos imaginar la sorpresa de los oyentes al escuchar esas palabras que relacionan el Sinaí con la ley, y Jerusalén con Agar y la esclavitud. Las palabras

---

[67] Elsa Tamez, «Cuando los hijos e hijas de "la libre" nacen esclavos: Meditación actualizada de Gál 4:24-31», *Pasos*, no. 74 (noviembre-diciembre, 1997):2.

III. EL EVANGELIO DE LIBERTAD: ARGUMENTOS CONTRA LOS INSTIGADORES (3:1-5:1)

«representa» y «corresponde» nos recuerdan que Pablo piensa de manera alegórica, en sentido figurado.

Correspondencia en la alegoría de Pablo

Esclavo	Libre
Agar	Sara
Ismael	Isaac
decisión humana/carne	promesa/espíritu
Monte Sinaí	
Jerusalén presente	Jerusalén celestial

Es muy importante notar que cuando Pablo se refiere a los dos pactos (versículo 24) no establece un contraste entre lo que hoy llamamos el Antiguo Testamento y el Nuevo. Su enfoque está en los instigadores judaizantes y su religión que subyuga. Como vimos en la primera parte de este capítulo, las fuerzas elementales del mundo pueden tomar y usar las leyes de los judíos para esclavizar, así como pueden tomar y usar ritos de los paganos con el mismo propósito (ver el comentario sobre 4:1-11). Como escribe Richard Hays, la diferencia notable entre los dos pactos que Pablo contrasta no tiene que ver con la antigüedad (uno es viejo y el otro nuevo) sino con sus resultados: «uno da a luz hijos para la esclavitud y el otro da a luz hijos para la libertad».[68]

Al decir que Jerusalén junto con sus hijos vive en esclavitud (versículo 26) puede referirse al judaísmo del tiempo de Pablo que he descrito como una religión delimitada que esclaviza y persigue a otros (1:13-14; 4:3). (Ver «Una definición de la religión» y «Grupo delimitado y grupo centrado» en la Introducción.) También podría referirse a los de la iglesia en Jerusalén que han excluido a los gentiles cristianos y han tratado de imponer tradiciones y costumbres de los judíos (las obras de la ley) (2:11-16). Puede ser que los instigadores sean de Jerusalén, pero aun si no lo son seguramente les han mencionado a los gálatas que hay líderes en Jerusalén que apoyan su posición. (Para una explicación más completa de quiénes eran los instigadores y qué enseñaban, ver «Los instigadores» y «El estereotipo de los instigadores» en la Introducción.)

---

[68] Hays, *op. cit.*, 2000, p. 302.

A primera vista no es claro por qué Pablo cita un texto de Isaías 54 para apoyar su interpretación alegórica. Pero si nos detenemos a leerlo dentro del contexto, se esclarece. La mención de una mujer estéril nos recuerda a Sara antes del nacimiento de Isaac. En Isaías 54 se usa la esterilidad como una metáfora de la situación de Jerusalén durante el exilio. En Isaías 51:1-3 el profeta representa la bendición milagrosa de un hijo para Sara como la promesa de lo que Dios hará para Sión, pero Pablo hace referencia a Isaías 54 no sólo en relación con Sara. Es notable la relación que Isaías establece entre la restauración de Sión y los gentiles que reconocen la justicia del Dios de Israel y se dirigen a él (Is 49:6; 51:4-5; 52:10; 54:2-3; 55:5). «Entonces Sara, la libre –la figura alegórica para la Jerusalén celestial– gritará de alegría por el "nacimiento" de muchos hijos e hijas, e incluye a los conversos gentiles».[69] El texto de Isaías incluye varios temas de la alegoría de Pablo. Aunque sea sutil, al insertar este texto de Isaías podemos ver otra manera de comunicar lo que el apóstol muestra en Gálatas 3; su incluisión de los gentiles no es una idea nueva. En 4:28-30 empieza con las palabras «Ustedes, hermanos...» y explícitamente examina las implicaciones y aplicaciones de la alegoría para los gálatas. Primero, repite una declaración que indica su estatus. Ellos ya son hijos e hijas de la promesa (ver también 3:26 y 4:6). Isaac nació por la acción de Dios de acuerdo con una promesa. Los creyentes gentiles están incluídos en la familia de Dios, en la línea de Isaac, también por la acción de Dios. La acción de Dios, no la acción humana (la circuncisión) hace de ellos hijos e hijas de Dios.

Aunque podemos ver que en el tiempo de Pablo los hijos de la esclava excluían y perseguían a los hijos del Espíritu (1:13-14; 2:4-5, 11-13; 5:11-12), en Génesis 21 es más obvio que Agar e Ismael sufrieron persecución. Parece que en el versículo 29 Pablo piensa en Génesis 21:9 donde dice que «el hijo que Agar, la egipcia, le había dado a Abraham se burlaba de su hijo Isaac».[70]

Con el versículo 30 llegamos al punto culminante y dramático de esta sección. Pablo ha dado vuelta el relato de Abraham y sus hijos y ha puesto a los instigadores judaizantes como hijos de la esclava en línea con Agar e Ismael, mientras que a los cristianos gentiles se los reconoce

---

[69] Hays, *ibid.*, p. 304.

[70] La palabra hebrea que se traduce como «burlaba» puede traducirse como «jugaba con» pero la tradición exegética judía ha interpretado su juego como una actividad maliciosa. La traducción de la NVI sigue esa interpretación.

III. EL EVANGELIO DE LIBERTAD:
ARGUMENTOS CONTRA LOS INSTIGADORES (3:1-5:1)

como hijos e hijas de Sara y por lo tanto libres. Ha usado una pregunta para exhortarles a prestar atención a lo que dice la ley [Escritura] (4:21). Ahora lo hace de nuevo, pero esta vez se enfoca en palabras específicas, no en una historia. Las palabras que usa son sobre la demanda que Sara hizo a Abraham (Gn 21:10). Demanda que él presenta como un imperativo para los gálatas. Utiliza las palabras de Sara para comunicarles que ellos tienen que echar afuera a los judaizantes. Es una acción dura, pero no debemos sorprendernos si recordamos y tomamos en cuenta la pasión de la carta en general y las palabras fuertes en ella (1:6-9). Sin embargo, podemos preguntarnos: ¿Cómo es que alguien que ha estado tan en contra de la exclusión de los gentiles cristianos en la mesa ahora excluye a otros? O, en términos de este comentario podemos preguntar: ¿Pablo, en este momento, cambia de un paradigma centrado a un paradigma delimitado?

Sin embargo, es importante recordar que el grupo centrado todavía es un grupo. Hay quienes pertenecen a éste y hay otros que no. La diferencia entre los paradigmas es la manera como se determina quiénes están en el grupo. El grupo delimitado evalúa a las personas en relación con la línea: se cumple o no con lo que la línea demanda. El grupo centrado evalúa la relación de las personas con el centro, en este caso Jesús, y mira la dirección hacia dónde se encaminan, hacia Jesús o no. (Para una exploración más profunda ver «Grupo delimitado y grupo centrado» en la Introducción y los comentarios sobre 1:6-10 y 2:11-14). Alguien como los instigadores, puede cumplir con todo una lista de acciones que lo califican como un buen cristiano desde el punto de vista del grupo delimitado. Sin embargo, si ha dado la espalda al centro –el evangelio de Jesús– en el grupo centrado se dirá que no es un buen cristiano.

La acción de echar afuera es bastante fuerte. Sabemos que Pablo no siempre va a recomendar hacerlo sólo porque una persona ande mal. Exhorta a caminar con nuestros semejantes para restaurarlos en su relación con el centro (6:1). Vimos que confronta a Pedro para corregirlo pero no para echarlo afuera (2:14-16). Una imagen tomada de los deportes puede clarificar la diferencia entre el paradigma centrado y el delimitado. ¿Cómo sería un equipo de fútbol delimitado? Primero evaluaría la capacidad atlética y seleccionaría a los mejores jugadores. Los que no tengan mucho talento quedarían afuera. Pero el equipo también puede poner otros requisitos. Tal vez uno tendría que pagar cierta cuota para que el equipo juegue en una liga. Y podría exigir que los jugadores compraran uniformes. Si no cumplen esas condiciones, quedaran afuera. Quienes pasen la prueba de capacidad, paguen su cuota y compren el uniforme quedarán en el equipo y serán parte del grupo delimitado. Los instigadores consideran a la iglesia como si fuera un grupo delimitado. En otras palabras, les dicen a los gálatas que creer en Jesús es fundamental, pero que tienen que cumplir con los requisitos y «comprar sus uniformes judíos» para ser verdaderos cristianos. ¿Cómo sería un equipo de fútbol en el paradigma centrado? Jugar fútbol es el centro y entonces el único requisito es tener el deseo de jugar fútbol. Se dirá que todos los que quieran jugar deben estar en el campo de fútbol el sábado por la tarde. Formarán equipos con los que estén presentes. Si uno no tiene mucha habilidad, no hay problema: no se lo desecha; más bien se trata de ayudarlo a mejorar y aumentar su pasión por el fútbol. ¿Pero qué pasa si alguien toma la pelota con las manos? Van a decirle que así no se juega fútbol, ya que sólo al arquero (o portero) se le permite tocar la pelota con las manos. Es como cuando Pablo le dice a Pedro: «esa acción no corresponde a la integridad del evangelio, no hagas eso» (2:14-16). No echarán afuera a la persona. Le explicarán que el tiempo que pasen en el parque tiene que centrarse en jugar fútbol y tratarán de ayudarle a que juegue de manera que corresponda con ese centro: el fútbol. ¿Pero qué pasa si la persona sigue tocando la pelota con las manos y cuando no la tiene patea a los otros jugadores? Esa persona no sólo no está centrada en el deseo de jugar fútbol, sino que también arruina la actividad para todos y lastima a otros. Los demás le dirán que no puede participar, van a despedirlo del juego. Por razones similares, Pablo quiere echar fauera a los instigadores. No es sólo que han dado pasos en la dirección equivocada sino que han trastornado el evangelio y hacen daño a otros. Y como vimos en el caso de Antioquia (2:11-14), destruyen la unidad de la iglesia. Por eso, para la salud de la iglesia y la de los demás, Pablo les dice que los judaizantes tienen que separarse de la iglesia. No quiere decir que él no estaría dispuesto a esforzarse por su restauración, ya que esa es siempre la meta en un grupo centrado, pero las acciones de los instigadores son tan dañinas que lo más apropiado es tomar medidas drásticas (1Co 5:3-5; ver también el comentario sobre 5:9-10 y 6:1).

Si pensamos en términos de esclavitud y libertad tiene mucho sentido el imperativo de Pablo. Si uno es libre y hay quienes intentan quitarle su libertad y hacerlo esclavo, seguro que harán todo lo posible por evitar esos individuos. El punto de vista de Pablo frente a esta situación es parecido. Para resumir y reforzar los temas de la libertad y la esclavitud,

III. EL EVANGELIO DE LIBERTAD:
ARGUMENTOS CONTRA LOS INSTIGADORES (3:1-5:1)

los repite en los versículos que quedan en la sección (4:31 y 5:1). Estos versículos no sólo apoyan y a la vez sirven de conclusión a la historia de los dos hijos, sino que también son una conclusión de toda la carta hasta este punto. Pablo repite el indicativo, «somos hijos»; repite en indicativo que esa libertad y ser miembro de esa familia se fundamentan en la acción de Dios por Jesús, «Cristo nos libertó»; y otra vez relaciona la religiosidad de los judaizantes con la pasada religiosidad pagana de los gálatas, cuando él presenta el yugo de esclavitud de los instigadores como el mismo yugo que ellos experimentaron en el pasado (ver también 4:3, 8-9). Estas palabras en Gálatas 5:1 vibran con vida. Ahora para los gálatas surge la posibilidad de utilizar algo aparte de la religión para entender su relación con Dios y su lugar en la comunidad cristiana. Dios los ha llamado a una relación nueva que es posible mediante la fidelidad de Jesucristo. La relación restituida con Dios les proporciona la libertad para dejar de usar máscaras y para estar en paz consigo mismos y con sus semejantes.

Quiero subrayar y clarificar algo. Subrayo que Cristo y la acción de Dios son centrales y fundamentales. Es por acción de Dios que los gálatas tienen un lugar en la mesa, están en la familia de Dios y son libres de las fuerzas elementales de este mundo malvado como, por ejemplo, la religión delimitada. Pablo es un teólogo y misionero del paradigma centrado, no sólo porque evita usar líneas para definir quiénes forman parte de la comunidad, sino también porque enfoca y proclama la obra de Dios a través de Jesús. Es importante clarificar que la libertad que el apóstol menciona no es lo mismo que la independencia autónoma ni es sólo una libertad del sentido de culpa personal. Como él comunica claramente en 5:13 y en adelante, no es una libertad que permite que uno haga lo que quiera. Es libertad de la esclavitud de los poderes y libertad para la comunidad. La evidencia de esa libertad es una comunidad reunida alrededor de una mesa (2:11-14). En contraste con la sociedad, alrededor de esa mesa se sientan personas libres de los poderes y de las normas de la sociedad que hace distinciones entre judíos y griegos, esclavos y libres, mujeres y hombres (3:28).

En relación con nuestra propia lectura del Antiguo Testamento específicamente, y de la Biblia en general, vale la pena observar qué espera Pablo de los gálatas cuando oigan y presten atención a las Escrituras (4:21). Basados en todo su razonamiento a lo largo de Gálatas 3:1-5:1 podemos decir que Pablo espera que ellos oigan en el Antiguo Testamento no sólo reglas sobre ritos y comportamientos. Espera que perciban la palabra prometida del Dios de gracia, la palabra dada por Dios que precede el esfuerzo humano por justificarse. Pablo espera que oigan una llamada a regocijarse en la abundancia inimaginable de la gracia de Dios hacia los que antes vivían esclavizados y desventajados (4:27). Más que todo, Pablo espera que oigan que ellos son hijos e hijas de Dios, herederos de la promesa.[71]

¡LIBERTAD! (4:12-5:1)

Como dije en el comentario, las últimas oraciones de esta sección vibran de vida y son una excelente oportunidad para proclamar la posibilidad de la libertad a través de Cristo. En la sociedad el individualismo se acrecienta y por eso es importante en la predicación comunicar claramente que la libertad no es lo mismo que la independencia autónoma. No es una libertad para hacer lo que uno quiera (5:13). Es una libertad de los poderes alienantes de este «mundo malvado» que esclavizan y conducen a vivir de manera contraria al reino de Dios, y quienes viven así hacen daño a otros y a sí mismos (1:4). Sin embargo, no es sólo libertad de la opresión. Es libertad para servir (5:13-14), es libertad para estar unidos e ignorar las divisiones impuestas por la sociedad (2:11-14; 3:28), es libertad para vivir guiados por el Espíritu (5:22-26), es libertad para llevar una vida plena de acuerdo con la voluntad de Dios. En resumen, en el contexto de Gálatas, es libertad para ser una comunidad cristiana auténtica y así ser evidencia ante el mundo de la nueva creación mediante Cristo. (Para ejemplos contextuales y más específicos de los poderes alienantes, ver las secciones de actualidad sobre los siguientes párrafos de Gálatas: 1:1-10, 1:11-24, 2:11-14, 4:1:11.)

Una implicación de esta sección es que, con discernimiento, es apropiado expresar no sólo información sino también emociones. Pablo comunica cariño pero también frustración (4:12-20). Aunque comunica su frustración por las acciones de ellos, no los rechaza. Pablo confrontó a Pedro pero *no* lo rechazó (2:11-16). En una iglesia centrada hay más lugar para confrontar sin rechazar que la que hay en una iglesia delimitada. Sin embargo, otra implicación de esta sección es que aun en una iglesia centrada hay momentos cuando es apropiado y necesario confrontar a alguien y decirle que anda en una dirección contraria al camino de Jesús y que ya no es parte de la comunidad de fe. A veces, como vimos antes

---

[71] Hays, *op. cit.*, 2000, pp. 307-08.

III. EL EVANGELIO DE LIBERTAD: ARGUMENTOS CONTRA LOS INSTIGADORES (3:1-5:1)

en relación a los instigadores, por el bien de los demás, es necesario despedirlos (4:30) aunque el objetivo sea restaurarlos (6:1).

Una gran diferencia entre la disciplina en una iglesia centrada y una delimitada es el nivel de discernimiento. Una iglesia delimitada da la impresión de tomar muy en serio la ética cristiana y el comportamiento sus miembros en su relación con Dios. En tales iglesias se excluye a los que no se mantienen dentro de las líneas. Pero es una exclusión sin discernimiento profundo o integral. Doy un ejemplo. Como parte de la investigación que hice antes de escribir el libro ¡Basta de religión! entrevisté a diversas personas de varias iglesias en un barrio de Tegucigalpa, Honduras. Una de las preguntas que les hice fue: «¿Qué se tiene que hacer para ser miembro de su iglesia oficialmente?» Todos los que contestaron dijeron que el bautismo era un requisito esencial. A continuación añadieron que si una persona no era soltera pero convivía en concubinato, tenía que casarse antes de bautizarse. Una mujer, después de contestar a esa pregunta, me dijo que ella era miembro pleno de su iglesia y maestra de la escuela dominical. Más tarde en la conversación me mencionó que no vivía con su marido. Le pregunte por qué, y ella me explicó que su relación matrimonial dejaba mucho que desear y admitió que los dos contribuyeron mucho a esa situación. En vez de apoyarla y de procurar que su relación matrimonial se restaurara, la iglesia la trataba como si todo estuviera bien porque ella cumplía los requisitos para ser miembro según las líneas trazadas. El paradigma delimitado llevaba a la iglesia a practicar inclusión sin discernimiento.

En el mismo barrio encontré un ejemplo contrario, de una iglesia centrada que practicaba la inclusión con discernimiento. La Iglesia *Amor, Fe y Vida* antes hacía la exclusión sin discernimiento, como las otras iglesias delimitadas en el barrio. Simplemente habían trazado una línea que señalaba que nadie que vivía en concubinato podía bautizarse, participar en la Santa Cena, dirigir el canto, enseñar y ni siquiera recolectar la ofrenda en los servicios. Después de un estudio de Gálatas la Iglesia *Amor, Fe y Vida* empezó a cambiar y ser una iglesia centrada. Fomenta el matrimonio pero tiene que luchar con lo que significa que algunas mujeres de la iglesia convivan con hombres que no son cristianos y que rehúsan casarse. La iglesia decidió que no se puede simplemente llamar a tales mujeres «pecadoras» y relegarlas a la posición de simples espectadoras en la iglesia. Los líderes han sopesado cada caso en particular y se han enterado de que muchas de estas mujeres han sido mejores esposas que otras personas de la iglesia que están casadas legalmente. Se ha decidido que si alguien califica para participar en el liderazgo de la iglesia, la decisión no puede radicar en el estado civil legal de la persona, sino en la manera en que se comporta en su relación con su pareja. Una vez que la Iglesia Amor, Fe y Vida empezó a fijarse en la situación personal de cada mujer, comenzó a convertirse en un agente más activo en consejería y en ayudar a las mujeres en su relación con su pareja y sus hijos.[72] Como iglesia centrada practica un discernimiento para facilitar el caminar de las personas hacia el centro.

Mediante el discernimiento, una iglesia centrada puede llegar a la conclusión que lo mejor para la persona y la comunidad es incluirla o excluirla. Pero la decisión no sólo se basa en la relación de la persona con las reglas o líneas de división, sino que se mira la relación de la persona con el centro, en qué dirección se encamina. Vi eso claramente en el caso de una iglesia indígena en el Paraguay. Tomen nota de su discernimiento y de las palabras que usan los ancianos para mostrar la importancia de la dirección hacia dónde van las personas. Los ancianos de la iglesia le informaron a un líder de la denominación que yo visitaba, que habían puesto en disciplina a un hombre por fumar (esta misma persona trabajaba con otro hombre involucrado en adulterio). El líder, sorprendido, les preguntó: «¿Cómo es que se disciplina a alguien por fumar pero no al adúltero?» Ellos respondieron: «Cuando él fuma nos da la espalda a nosotros y a Dios. Es verdad, el adulterio es un gran problema, pero el hombre es un creyente nuevo. Era un gran pecador pero está mejorando. Caminamos con él». Exploraremos más el tema de la disciplina en la iglesia en la sección sobre Gálatas 6:1-10.

---

[72] Puede leer más sobre el peregrinaje de la Iglesia *Amor, Fe y Vida* y su práctica del paradigma centrado en el capítulo 12 de Marcos Baker, *¡Basta de religión!: cómo construir comunidades de gracia y libertad.*

IV. EXHORTACIONES A LOS GÁLATAS SOBRE VIVIR EN LIBERTAD (5:2 – 6:1-10)

1. Cristo y la libertad o la circuncisión y la esclavitud (5:2-12)

Un llamado a rechazar la circuncisión (5:2-6)

²Escuchen bien: yo, Pablo, les digo que si se hacen circuncidar, Cristo no les servirá de nada. ³De nuevo declaro que todo el que se hace circuncidar está obligado a practicar toda la ley. ⁴Aquellos de entre ustedes que tratan de ser justificados por la ley, han roto con Cristo; han caído de la gracia. ⁵Nosotros, en cambio, por obra del Espíritu y mediante la fe, aguardamos con ansias la justicia que es nuestra esperanza. ⁶En Cristo Jesús de nada vale estar o no estar circuncidados; lo que vale es la fe que actúa mediante el amor.

Al fin Pablo confronta explícitamente la circuncisión, el asunto implícito en los capítulos anteriores. Para empezar, recurre a toda su autoridad personal, con un imperativo a que pongan atención: «Escuchen bien: yo, Pablo, les digo...», y sigue con palabras sorprendentes. A lo largo de los capítulos anteriores (2:11-5:1) discrepa con los instigadores: lo que ellos proponen (la circuncisión) no es necesario. Ahora da un paso más y escribe de una manera enfática: no sólo es innecesaria, sino que es incompatible con el evangelio de Jesucristo. Ya que la creación es hecha nueva, la circuncisión no tiene importancia alguna (5:6; 6:15). Pero la manera en que los instigadores utilizan la circuncisión y las celebraciones religiosas para separar a quienes están adentro de los que están afuera, hace que Pablo trate el tema con más consideración, tanto que, aterrado, afirma: «si se hacen circuncidar, Cristo no les servirá de nada» (5:2).

Si consideramos la carta a los gálatas como sólo un debate entre la fe y las obras es muy difícil entender esta afirmación extrema. Los oyentes tal vez pensaran: «Un momento, Pablo. Quizás hemos puesto demasiado énfasis en las tradiciones de los judíos, pero a la vez tenemos fe en Cristo; el asunto no es tan grave». Sin embargo, si se lee Gálatas de la manera en que he propuesto en este comentario, entonces la afirmación de Pablo es muy apropiada. Como escribe Karl Barth, no sólo es un asunto de «fe u obras, Pablo o los instigadores, sino de Cristo o no Cristo».[1] Eduardo Arens observa que «Pablo puso a los gálatas en una encrucijada: la libertad o la esclavitud, el Espíritu o la ley, la fe o la circuncisión, pero no ¡ambos! Tienen que optar, es decir, rechazan a Jesucristo o rechazan a los judaizantes».[2] Si aceptan la circuncisión como una línea divisoria religiosa los gálatas vuelven a la edad presente de maldad. Viven como si la cruz no hubiera tenido lugar. Se someten a algo que Cristo ha demostrado que es miserable y débil (4:9). Es doloroso que hayan reconstruido muros que Cristo ya había derrumbado (3:28). Si en Cristo los gentiles son los herederos de la promesa, las reglas religiosas de inclusión son irrelevantes. Es como decirle a alguien que está en el estadio que vaya y compre su boleto de entrada. ¡Ya está adentro! (Ver «Una definición de la religión» y «Grupo delimitado y grupo centrado» en la Introducción.)

No sabemos con seguridad por qué los gálatas piensan circuncidarse. Pero imaginamos que en una sociedad muy religiosa que ponía mucho énfasis en el honor y en lo que los demás pensaban de uno, la seguridad ofrecida por las prácticas religiosas de un grupo delimitado debe haber sido atractiva. (Para una reflexión más extensa sobre posibles razones por las que los gálatas se sentían atraídos a la circuncisión u otras prácticas de los judaizantes, ver el comentario sobre Gálatas 4:9.) Lo que sí sabemos es que Pablo veía la circuncisión como un gran error para ellos.

En el versículo 3 Pablo trata de aclarar que no es un asunto de simplemente escoger ciertas prácticas e ignorar otras. Si siguen el camino propuesto por los judaizantes tendrán que aceptar y practicar todo el sistema. Como expliqué más detalladamente en relación a Gálatas 3:10-14, no es que Pablo diga que tendrán que cumplir todas las leyes sin fallar para poder salvarse. Esa no era la enseñanza de los instigadores ni tampoco la del Antiguo Testamento. (Ver «El estereotipo de los instigadores» en la Introducción.) En el Antiguo Testamento hay todo un sistema de

---

[1] Karl Barth, *Church Dogmatics*, Vol. 4/1, p. 642.
[2] Edurado Arens, *Han sido llamados a la libertad: La carta de san Pablo a los Gálatas y su actualidad*, CEP, Lima, 2009, p. 189.

IV. EXHORTACIONES A LOS GÁLATAS
SOBRE VIVIR EN LIBERTAD (5:2 – 6:1-10)

sacrificios, instituido por Dios, del cual la gente podía valerse cuando fallaba. Lo que Pablo comunica es que si se circuncidaban su identidad dependía de las obras que diferenciaban a los judíos de los gentiles, en contraste con la identidad basada en la fidelidad de Jesús. O, en términos que he usado en este comentario, es un contraste entre un grupo delimitado que fundamenta su identidad en la línea que los separa de otros y un grupo centrado que fundamenta su identidad en su relación con el centro: Jesús. Si aceptan la línea de un grupo delimitado como base de su identidad tendrán que practicar todo lo que está incluido dentro de esa línea, es decir, todo lo que el grupo emplea para distinguir a los de adentro de los de afuera. Si sólo cumplen ciertos requisitos y no otros, siempre quedarán afuera.

Pero no sólo es un asunto de tener que cumplir toda la lista de las obras que enfatizan los judaizantes. El grupo delimitado tiene un carácter distinto, un modo de ser, una actitud que contrasta con la actitud de un grupo centrado. Podemos persivir eso en el versículo 4 cuando Pablo habla de la gracia como un lugar donde uno habita. Si ellos se circuncidan, saldrán del ambiente de la gracia y habitarán en el contexto de la religión. Tratar de ser justificados o rectificados e incluidos en la familia de Dios por la circuncisión, es tomar un camino diferente al de Jesús. (Ver el comentario sobre Gálatas 2:16 para una explicación del significado de «justificación».) No es, como los instigadores les enseñaron, sólo algo que uno añade a su relación con Cristo. Pablo declara que sería tronchar su relación con Cristo.

En contraste, en el versículo 5 Pablo presenta la opción de habitar un lugar caracterizado no por la acción humana sino por la acción de Dios. Es como decir que nuestra seguridad y esperanza no están puestas en las obras religiosas que nos ponen a un lado de la línea, sino que por fe tenemos seguridad y esperanza en Dios. El hincapié en la acción de Dios es tan fuerte que Pablo presenta esa esperanza como obra de Dios. No es natural. Lo humano es el camino religioso. Mediante la obra de Dios podemos seguir otro camino. En este versículo notamos el «ya pero todavía no» del reino de Dios que Pablo desarrolla más en otras cartas (Ro 8:18-26; 1Co 1:7; Fil 3:20). Aunque todavía espera ver la completa expresión del evangelio que proclama (5:5), no cree que el evangelio sea simplemente un boleto de entrada al paraíso futuro en el cual todo será nuevo. La nueva creación está presente ahora (6:15). Pablo dice que en el tiempo presente, en Cristo, ya no hay griego o judío porque ya se experimenta la edad nueva al sentarnos a la mesa con el judío y el gentil, con el hombre y la mujer, con el pobre y el rico, con el esclavo y el libre. Conoció el yugo de la esclavitud de la religión, pero ha experimentado la liberación en Cristo. El evangelio crea una nueva comunidad en la cual las líneas divisorias de la religión desaparecen.

En el versículo 6 vemos la sensibilidad de Pablo a la propensión humana hacia la religión como una manera de sentirse superior a otros. Ha hablado tan fuertemente en contra de la circuncisión, que fácilmente algunos podrían sentirse superiores por no haberse circuncidado. O podrían pensar cosas como: «los instigadores son del partido de la circuncisión pero nosotros estamos con Pablo y el partido de la no circuncisión». Pensar cosas así los haría igualmente religiosos como los instigadores. Puede ser que estén en desacuerdo con ellos pero en el fondo se encuentran en la misma situación: son un grupo delimitado. Pablo lo expresa muy claramente: el valor no está en ser circuncidados o no. No discute la definición de lo que debe estar en la lista de reglas y acciones que se usan como línea divisoria. Argumenta contra la iglesia como un grupo delimitado. Lo importante es centrarse en Jesús. Nótese el paralelismo con Gálatas 3:28. En Jesús no hay circunciso ni incircunciso.

La segunda parte del versículo 6 nos confunde si pensamos que el problema central que debe enfrentar Pablo en Galacia es una confusión doctrinal: unos enseñan que la salvación es por la fe y otros adoctrinan que la salvación es por las obras. Si fuera así, ¿por qué en la misma oración Pablo habla positivamente de la fe y el actuar (obrar en la RVR)? (Para más información sobre el tema de considerar el asunto de Gálatas como una discusión sobre la doctrina de salvación por la fe o por las obras, ver «El estereotipo de los instigadores» en la Introducción, y el comentario sobre Gálatas 2:14.) Es claro que Pablo enseña que la salvación es por la fe, por la gracia de Dios (2:16; 5:4), pero no es que no reconozca el valor de las acciones y el comportamiento del cristiano, ni significa que no hable de la ética cristiana. La última parte de la carta se enfoca en ello. La diferencia es que habla del comportamiento cristiano en la perspectiva de un paradigma centrado en vez de uno delimitado (ver el comentario sobre Gálatas 5:15-6:10).

Mientras Pablo critica las obras de la ley (2:16) que se usan para definir quiénes pertenecen o no a una versión delimitada de la familia de Dios, reitera y reafirma «la fe que actúa mediante el amor» (5:6). Lo que Pablo critica es la manera en que una preocupación por las obras había conducido a los de Jerusalén a actuar de una manera que les negaba un lugar en la mesa a los cristianos gentiles (2:11-13). Lo que Pablo afirma es que la fe que actúa por el amor lo lleva a actuar de una manera que incluye a los cristianos gentiles. Pablo sigue sentándose a la mesa con ellos aún bajo la presión religiosa de los otros judíos cristianos a separarse de la mesa (2:11-14). Pensar en aquel acontecimiento en Antioquia nos ayuda a ver que no es cuestión de estar a favor de las obras o en contra de ellas, sino de ver si las obras nacen del Espíritu o no, si se las lleva a cabo con la mentalidad centrada o delimitada, y si están motivadas por el amor o no. Pablo nos presenta el mejor ejemplo de fe que actúa mediante el amor: Jesús y su acción de amor al dar su vida por nosotros en la cruz (2:20). «La iglesia está llamada a encarnar esa fe actuando por amor de una manera que corresponda a la historia de la cruz. La demanda a circuncidarse es completamente irrelevante a ese llamamiento».[3]

Los instigadores y la ofensa de la cruz (5:7-12)

> [7]Ustedes estaban corriendo bien. ¿Quién los estorbó para que dejaran de obedecer a la verdad? [8]Tal instigación no puede venir de Dios, que es quien los ha llamado.
>
> [9]«Un poco de levadura fermenta toda la masa.» [10]Yo por mi parte confío en el Señor que ustedes no pensarán de otra manera. El que los está perturbando será castigado, sea quien sea. [11]Hermanos, si es verdad que yo todavía predico la circuncisión, ¿por qué se me sigue persiguiendo? Si tal fuera mi predicación, la cruz no ofendería tanto. [12]¡Ojalá que esos instigadores acabaran por mutilarse del todo!

Pablo afirma que ellos iban bien; vivían lo que acaba de describir en los versículos anteriores (5:5-6). Se vale de una metáfora relacionada con el atletismo: correr en una carrera (cf. 1Co 9:24-27; Fil 3:12-14; 2Ti 4:7). Continúa con la metáfora y hace una pregunta retórica: ¿Quién es el otro atleta que les estorbó? ¿Quién les cortó el camino? La pregunta es retórica porque la respuesta es obvia: los instigadores se atravesaron en el camino de la carrera de obedecer la verdad. Al igual que en Gálatas 2:5 y 14, vemos que para Pablo la verdad no sólo es conceptual sino que incluye el comportamiento y cierta manera de practicar la vida cristiana

---

[3] Richard B. Hays, «The Letter to the Galatians», en *The New Interpreter's Bible*, vol. 11, Abingdon Press, Nashville, 2000, p. 314.

comunitaria. Claramente los instigadores amenazan la unidad de la comunidad e impulsan a los gálatas a practicar un cristianismo delimitado en vez de un cristianismo centrado. En ese sentido estorban a los gálatas en su cumplimiento de la verdad. Pablo declara que esa instigación de los judaizantes no puede ser de Dios (5:8). Repite temas de Gálatas 1:6-9. ¡No hay otro evangelio!

En el versículo 9 Pablo usa un proverbio muy común (cf. Mc 8:15; Mt 13:3) para advertirles a los gálatas que las prácticas de los instigadores dentro la comunidad cristiana pueden arruinar toda su vivencia del evangelio. Implícitamente repite su exhortación de Gálatas 4:30, de echarlos fuera antes de que se arruine toda «la masa». En 1 Corintios 5:6 usa el mismo proverbio para apoyar su exhortación de expulsar a ciertos individuos de la iglesia.

Pablo escribe el versículo 10 de una manera muy resumida. Richard Hays ofrece una paráfrasis que amplía el texto para ayudarnos a ver lo que él cree que Pablo quiere comunicar en los versículos 9 y 10. El texto añadido está en cursiva.

Si siguen la enseñanza de ellos van a descarriarse. Por eso tienen que expulsarlos de su comunidad, porque «un poco de levadura fermenta toda la masa.» *Si los dejan quedarse entre ustedes van a corromper toda la iglesia.* Yo por mi parte confío en el Señor que ustedes no pensarán de otra manera, *y van hacer lo que les digo. Aun si eso parece severo, es un asunto del juicio de Dios.* El que los está perturbando será castigado, sea quien sea.[4]

Cuando Pablo habla en singular es posible que pensara en una sola persona, quizá aquél que era el líder de los instigadores. Es más probable que lo empleara en sentido genérico (cf. 5:12).

Pablo cambia abruptamente y responde a una acusación. Pero sigue el tema de los instigadores y seguimos sintiendo su emoción. Es como si dijera: ¿Cómo pueden confiar en ellos si dicen cosas tan ridículas como que yo, Pablo, predico la circuncisión? (4:11). Puede ser que los judaizantes crean que él, en efecto, había dicho en otras comunidades que deben circuncidarse y que él no les ha comunicado a ellos esa información importante. Tal vez han mencionado que Pablo ha hecho que

---

[4] Hays, p.315.

IV. EXHORTACIONES A LOS GÁLATAS SOBRE VIVIR EN LIBERTAD (5:2 – 6:1-10)

Timoteo se circuncide (Hch 16:1-3)[5]. ¿Qué habrán dicho los instigadores? ¿Por qué Pablo no les enfatiza la circuncisión? Tal vez hayan dicho que era porque Pablo se preocupaba demasiado por agradar a los demás (cf. 1:1) y no quería arriesgarse a la desaprobación de los gálatas en el tema de la circuncisión.

Aunque tenemos que especular respecto a qué se refiere exactamente este versículo (4:11), no tenemos que especular lo que el versículo enseña sobre la cruz. A Cristo lo crucificaron, en parte porque ofendió a los líderes religiosos de su tiempo destruyendo los muros de separación de la comunidad religiosa. Jesús confrontó aquel sistema de ganar honor y ellos lo avergonzaron en gran manera en la cruz. (Ver «Una sociedad que busca el honor y evita la vergüenza» en la Introducción.) Pablo sabe que la cruz sigue siendo un escándalo y un estigma (1Co 1:18-2:5). La cruz contradice la propuesta básica de la religión. Claramente recalca la acción de Dios hacia el ser humano y no la acción humana hacia Dios. Predicar la circuncisión sería quitar el estigma de la cruz, poniendo la cruz en línea con la religión en lugar de colocarla en contra de la religión. Pablo sabe que su mensaje es ofensivo e inquietante para aquellos sujetos en la era presente de maldad. A pesar de eso, predica el mensaje de la cruz y no una religión delimitada que impone la circuncisión. Y por eso lo persiguen. Por lo tanto, ya que lo persiguen, obviamente la acusación es falsa.

Parece que pensar en esa acusación falsa y ridícula de los instigadores incrementó la frustración y pasión de Pablo nuevamente (cf. 1:6-9; 3:1). Al principio de esta sección habla explícitamente de la circuncisión (5:2) y al terminar habla sobre la circuncisión de una forma implícita pero extrema. Ahora lo hace de una manera de maldición sarcástica contra los instigadores.

SI ESTAMOS EN CRISTO NO NECESITAMOS LA RELIGIÓN (5:2-12)

Esta sección nos desafía a confrontar la distorsión religiosa del evangelio con la misma claridad y pasión de Pablo. Abundan los ejemplos de un «evangelio de Jesús y...». La práctica de la religiosidad delimitada es epidémica, por tanto hay una gran necesidad de predicar y enseñar

---

[5] Como la madre de Timoteo era judía de acuerdo a la tradición de los judíos a Timoteo se lo consideraba judío, no gentil.

que si los ceyentes siguen ese camino no están en el camino de Jesús y la gracia. (Para más explicación sobre «El evangelio de Jesús y...» y más reflexiones sobre cómo predicar sobre esto hoy, ver el comentario y reflexiones contextuales sobre 1:6-10 y las reflexiones de actualidad sobre los párrafos 2:11-14, y 4:1-11.)

Hay implicaciones importantes de lo que dice Pablo; no sólo dice: «En Cristo Jesús de nada vale estar circuncidados», sino que luego añade: «o no estar circuncidados» (5:6, ver también 6:15). Una implicación es que el problema no es la circuncisión como tal. O, en términos más generales, el problema no está en las reglas, creencias, experiencias o acciones que se usan para trazar las líneas, sino en las líneas divisorias. El problema es la fuerza-religión, los *stoijeia* que usan las acciones o creencias para delimitar quiénes son «verdaderos cristianos» y llevar a las personas a definir su identidad según esas líneas que separan a unos de otros. (Ver la sección sobre 4:1-11 para el comentario sobre *stoijeia*.) La religión nos dice lo que tenemos que hacer para obtener y mantener nuestro lugar en el pueblo de Dios, pero si estamos «en Cristo Jesús» (5:6) no tiene sentido lo que dice la religión, puesto que ya somos parte del pueblo mediante la acción de Jesús. Entonces esas acciones religiosas no tienen valor.

Otra implicación surge al observar que Pablo reconoce que, así como uno podría definir su identidad en ser circuncidado, también podría definirla en no ser circuncidado. Una persona, o una iglesia, podría ser religiosa al tratar de ser no-religiosa en el sentido que podría trazar una línea y ser delimitada en cuanto a no ser legalista como otra. Como dije en la reflexión contextual sobre 2:11-14, irónicamente he visto cristianos que muestran una actitud de superioridad por su libertad de reglas, igual a la actitud de superioridad que tienen otros por cumplir muchas reglas. En ciertos aspectos las dos iglesias pueden aparentar ser opuestas, pero son similares en que practican una religiosidad delimitada. Entonces en la predicación es importante advertir acerca de esa propensión religiosa y llamar a la congregación a pedir al Espíritu que les haga conscientes cuando estén actuando desde una perspectiva delimitada en vez de una centrada en Jesús. (Ver también las reflexiones contextuales sobre 1:1-10.)

Esta sección (los versículos 6 y 7) en particular muestra que para Pablo no es un asunto de fe u obras, sino de fe y obras. Como dije en el comentario sobre el versículo 6, el asunto es si las obras nacen del Espíritu o no, si se las realiza con mentalidad centrada o delimitada, y si están motivadas por el amor o no. Estos versículos, en el contexto de esta sección donde se critica la práctica religiosa de las obras, presentan una buena oportunidad para contextualizar las palabras de los profetas.

Por ejemplo, las palabras de Oseas: «Lo que pido de ustedes es amor y no sacrificios» (6:6) o las palabras de Isaías:

> ¹¹«¿De qué me sirven sus muchos sacrificios? –dice el Señor–. Harto estoy de holocaustos de carneros y de la grasa de animales engordados; la sangre de toros, corderos y cabras no me complace. ¹² ¿Por qué vienen a presentarse ante mí? ¿Quién les mandó traer animales para que pisotearan mis atrios? ¹³ No me sigan trayendo vanas ofrendas; el incienso es para mí una abominación. Luna nueva, día de reposo, asambleas convocadas; ¡no soporto que con su adoración me ofendan! ... ¹⁶ ¡Lávense, límpiense! ¡Aparten de mi vista sus obras malvadas! ¡Dejen de hacer el mal! ¹⁷ ¡Aprendan a hacer el bien! ¡Busquen la justicia y reprendan al opresor! ¡Aboguen por el huérfano y defiendan a la viuda! (Is 1:11-13, 16-17; ver también Is 58; Mi 6:6-9.)

Entonces, como los profetas prediquemos que a Dios no le interesan las acciones religiosas con la intención de recibir algo de Dios, sino las acciones de amor y justicia que manan de haber recibido su amor.

Esta sección también nos invita a reflexionar sobre la disciplina en la iglesia. Para reflexiones sobre este tema véanse las reflexiones de actualidad sobre los párrafos 4:12-5:1 y 6:1-10.

2. Libertad a servir con amor (5:13-15)

> ¹³Les hablo así, hermanos, porque ustedes han sido llamados a ser libres; pero no se valgan de esa libertad para dar rienda suelta a sus pasiones. Más bien sírvanse unos a otros con amor. ¹⁴En efecto, toda la ley se resume en un solo mandamiento: «Ama a tu prójimo como a ti mismo.»ᵃ ¹⁵Pero si siguen mordiéndose y devorándose, tengan cuidado, no sea que acaben por destruirse unos a otros.

El bosquejo de este comentario tanto como los números de los versículos y los capítulos del texto bíblico se incorporaron al texto original de la carta para ayudar a los lectores en su comprensión. El texto original es continuo. El bosquejo nos ayuda a estudiar el texto por partes y ver la estructura del argumento entero de la carta. Una desventaja de un bosquejo y los capítulos es que nos llevan a separar textos que están muy relacionados. Por ejemplo, en esta sección Pablo se refiere a la ética cristiana de manera más directa, por lo que empezamos una nueva sección en el bosquejo. Sin embargo, como observa Eduardo Arens sobre el versículo 13, «la conjunción inicial "porque (*gar*)" expresa la unión entre lo que sigue y el precedente».[6] Por eso incluyo esta sección y las próximas dos subsecciones dentro de la sección IV sobre vivir en libertad. Están relacionadas con el párrafo anterior, por lo que debemos leer estos versículos con los anteriores en mente (5:2-12). En 1:1–5:12, Pablo desvirtúa y arrasa el «otro evangelio» de los provocadores. Sin duda, los que lo escuchan se conmoverán, pero la persistente afirmación del apóstol sobre la acción de Dios y su severo ataque a las obras religiosas habrá dejado a algunos pensando si sus contrincantes no tenían razón. Probablemente los judaizantes le habían dicho a la gente que la enseñanza de Pablo era buena, pero no suficiente. Los maestros, además de establecer una conexión entre las leyes judías y sus tradiciones con la inclusión en el pueblo de Dios, probablemente también enseñaban que la ley era necesaria para controlar el comportamiento. Temían que sin la ley la gente abusara de los placeres de la carne.[7]

Pablo responde claramente a la acusación en estos versículos (5:13-15). Para él la libertad es un tema central, pero es libertad de la esclavitud de los poderes de «este mundo malvado» como la religión delimitada (1:4). (Ver «Una definición de la religión» y «Grupo delimitado y grupo centrado» en la Introducción.) No se trata de una independencia que le permite a la persona actuar como quiera. El creciente individualismo de nuestra sociedad y el marco moderno de tolerancia a menudo nos lleva a confundir la independencia con la libertad. A veces he dado un paso pensando que era un paso de libertad cuando en efecto era uno de independencia para evitar una situación que limitaría mi capacidad de hacer lo que quería cuando quería. Para Pablo la libertad no disminuye nuestro compromiso y responsabilidad hacia los demás, sino que más bien mejora nuestra habilidad de convertirnos en esclavos del amor mutuo. Pese a lo que hayan dicho los instigadores judaizantes sobre Pablo, él aclara que no es enemigo de la ley. Coloca la ley bajo el precepto de amar a nuestros semejantes, y luego une al Espíritu este comportamiento

---

[6] Eduardo Arens, *Han sido llamados a la libertad*, p.196. Aunque Arens hace esa observación él también empieza esa sección con este versículo.

[7] John Barclay, *Obeying the Truth: A Study of Paul's Ethics in Galatians*, T. & T. Clark, Edinburgh, 1988, p. 115; Scot McKnight, *Galatians*, The NIV Application Commentary, Zondervan, Grand Rapids, 1995, p. 265. Más adelante examinaremos el término «carne».

IV. EXHORTACIONES A LOS GÁLATAS SOBRE VIVIR EN LIBERTAD (5:2 – 6:1-10)

de amor (5:16). Con estas afirmaciones indica que la liberación de la esclavitud de la ley no quiere decir libertad sin dirección u orientación. El Espíritu Santo imparte dirección y es nuestro guía.[8]

Así pues, para Pablo el contraste no es tanto asunto de ley o no ley, sino de una ley de amor y del Espíritu contra el uso religioso de la ley. La ley religiosa de un grupo delimitado tiene la apariencia de superioridad ética, mas da como resultado una comunidad de destrucción mutua (5:15). Puede haber mucho activismo, comportamiento moral estricto y buenas obras, pero sin la libertad de Cristo tales acciones a menudo son motivadas por el temor del qué dirán si uno no cumple con ellas o son motivadas por el deseo de demostrar a Dios y a los demás el mérito personal (1:10; 5:26). Estas motivaciones envenenan las acciones «porque no hay amor sin libertad».[9]

La insistencia de Pablo en la libertad no significa una forma diluida de comportamiento cristiano. La libertad no es libertinaje; no es «para dar rienda suelta a sus pasiones» (5:13). Más bien, del mensaje de libertad podemos esperar un nivel más alto de amor y unidad en una comunidad cristiana que de la que está esclavizada por la religión (5:13). Como Norman Kraus dice: «El mensaje de Pablo es que Cristo nos libera de la alienación y la hostilidad, y destruye las barreras del legalismo religioso de manera que podamos relacionarnos con nuestros prójimos sin tales cosas».[10] En el resto de su carta, el apóstol describe la manera en que las iglesias de Galacia pueden vivir esta libertad para amar.

El versículo final de esta sección (5:15) apoya una de las tesis centrales de este comentario. Aunque Pablo sí se preocupaba por que las personas experimentaran la salvación personal, cuando escribió esta carta sus preocupaciones más grandes eran la salud y la unidad de la iglesia local y que los individuos vivieran de forma integral el verdadero evangelio de libertad. (Ver la Introducción y el comentario sobre Gálatas 2:11-16.) En contraste con servir el uno al otro con amor que Pablo les exhorta a practicar, ellos se atacan el uno al otro. Puede ser que estén «mordiéndose» en relación al mismo conflicto sobre la circuncisión y las obras de distinción que imponen los instigadores. (Ver la explicación

---

[8] Jacques Ellul, «El sentido de la libertad en San Pablo», *Boletín Teológico*, no. 12 (octubre-diciembre, 1983):70.

[9] Ellul, p. 68.

[10] C. Norman Kraus, en una conversación con el autor de este libro que tuvo lugar en Associated Mennonite Biblical Seminary, Elkhart, IN, el 28 de octubre de 1994.

de «las obras de la ley» en el comentario sobre 2:16.) Es muy probable, ya que varias veces en la carta se usan palabras similares a las que están en este versículo o se ilustra una situación que estas palabras describen (1:13-14; 2:4-5; 2:11-14; 5:7-8, 11; 6:12-13). En contraste con el amor que caracteriza a una iglesia centrada en Jesús, una delimitada daña a los de adentro y a los de afuera.[11] Pablo está preocupado por la unidad de la comunidad y el bienestar de los individuos. Está preocupado por lo que sucede en Galacia, ya que los individuos y la comunidad pueden resultar dañados y heridos.

Una discusión sobre la relación de Gálatas 5:13-6:10 con el resto de la carta

Hay quienes piensan que esta sección es tan distinta del resto de la carta a los Gálatas que han supuesto que Pablo trataba dos problemas distintos. Creen que había un grupo que andaba en libertinaje y esta parte de la carta estaba dirigida a ellos.[12] Otros han replicado que no era parte de la carta original, sino que es un trozo de otra carta que luego fue añadido por algún editor.[13] Aunque en estos versículos hay un marcado cambio hacia la instrucción ética, esto no quiere decir que haya cambiado a otro asunto. John Barclay argumenta que no se puede apreciar el significado total de estos versículos «si no se los examina en el contexto de defensa con los gálatas. Estos versículos no son una explicación independiente o desapasionada de ética cristiana agregada al final de una carta polémica, sino una continuación y conclusión del argumento».[14]

Si pensamos que la motivación central de Pablo al escribir esta carta es brindar una enseñanza sobre la salvación por obras, entonces sí nos parecerá raro que dedique una buena porción de ella a hablar de ética cristiana. O al menos pensaríamos que esta parte de la carta no se relaciona con la premisa central y es distinta a todo el resto de la carta. Sin embargo,

---

[11] Para ejemplos contemporáneos de los efectos dañinos de practicar la religión delimitada ver los primeros tres capítulos de Marcos Baker, *¡Basta de religión!: Cómo construir comunidades de gracia y libertad*, Ediciones Kairós, Buenos Aires, 2005.

[12] Por ejemplo, J. H. Ropes, *The Singular Problem of the Epistle to the Galatians*, HTS 14, Cambridge, 1929, pp. 27, 44-45.

[13] Por ejemplo, J. C. O'Neill, *The Recovery of Paul's Letter to the Galatians*, SPCK, London, 1972, pp. 65-71. Para un resumen y una crítica de esas dos posiciones ver John Barclay, pp. 9-16.

[14] Barclay, p. 143.

en este comentario he mantenido que lo que lo motivó y la razón por la cual se sentía preocupado era la amenaza de una religiosidad delimitada que dañaba la unidad y la salud de la comunidad cristiana en Galacia. Desde esta perspectiva esta sección está íntimamente relacionada con la carta en su totalidad. Vemos esta relación en que la sección muestra una gran preocupación por la comunidad y la vida en la comunidad. Como escribe Witherington: «Es un gran error pensar que lo que Pablo escribe sobre la ética en los capítulos 5 y 6 es primariamente un consejo a los cristianos como individuos, en vez de ver que está dirigido a las comunidades y trata acerca de la vida en la comunidad. Pablo no inculca virtudes privadas. Se refiere específicamente a la dimensión social de la existencia cristiana en Galacia».[15] Otra manera en que esta sección se relaciona con el resto de la carta es que muestra lo opuesto de lo que ha criticado. Pablo ha criticado la manera en que una iglesia delimitada habla de la práctica y el comportamiento cristiano; ahora habla en el presente sobre cómo lo hace una iglesia centrada. (Ver «Una definición de la religión» y «Grupo delimitado y grupo centrado» en la Introducción.) En la próxima sección discutiremos más este punto.

De manera similar, la lectura individualista de la justificación por la fe diría que existe poca continuidad con esta sección. Sin embargo, notamos una gran secuencia entre esta sección y la interpretación de la justificación por la fidelidad de Cristo, como hemos visto a lo largo de este comentario. Un entendimiento individualista de la justificación, que pone su mirada en la posición del individuo en el libro de cuentas de Dios, lógicamente no se prestará a una discusión de cómo vivir juntos en comunidad. No obstante, si entendemos la justificación como la acción de Dios que reúne a su pueblo, entonces es muy apropiado hablar de cómo vivir juntos. La afirmación de Pablo en el indicativo es que Dios, por medio de Jesucristo, ha incluido a los gálatas en su pueblo. Ahora presenta el reto imperativo de vivir unidos como el único pueblo de Dios. El asunto de las facciones y las querellas está muy presente en su mente, tanto cuando escribe esta parte como lo estuvo en Antioquía. En Gálatas no simplemente intenta ganar una discusión doctrinal. Quiere que la gente viva la realidad de su justificación.

Aunque se podría distinguir esta sección de la carta como la parte ética, en realidad las preocupaciones éticas y teológicas están entretejidas en toda la epístola. El desacuerdo de Pablo con Pedro no es simplemente

---

[15] Witherington, *Grace in Galatia*, p.379

asunto de doctrina, ni la afirmación teológica de que la unidad en Cristo carece de implicaciones éticas. Más importante que definir qué es ético y qué es teológico es reconocer que las preocupaciones de Pablo por la comunidad y el tema de una nueva creación dominan toda la carta. La nueva creación no es algo automático. Los capítulos 5 y 6 demuestran que se da cuenta de que la presente era de maldad es una realidad que continúa atrayendo y tentando a los creyentes.

En conclusión, se podría decir que enunciar imperativos, hablar de la ley de Cristo y de la esclavitud del uno para con el otro no están en conflicto con la liberación que Pablo ha proclamado antes en la carta. Antes bien, esas acciones son una expresión de esa liberación. La libertad del evangelio es una liberación de este mundo malvado y, por lo tanto, una liberación de la tiranía de la religión. Sin embargo, así como es liberación de la presente era de maldad, es también liberación para vivir de manera distinta de lo que es natural, lo que es de la carne. Es libertad para una comunidad genuina, liberación para llevar las cargas de los otros en una comunidad donde ya no hay judío o griego, esclavo o libre, hombre o mujer.

Ilustraciones paulinas de cómo predicar una exhortación ética (5:13-6:10)

La exhortación de Pablo sobre la vida en comunidad contiene varios imperativos. ¿Pablo añade algo al evangelio como los judaizantes habían hecho con el evangelio de Jesús y algo añadido? ¿Cómo puede alguien que ha emitido palabras tan negativas sobre sus contrincantes y su uso de la ley sugerir su propia lista de imperativos y testificar positivamente sobre la ley de Cristo (6:2)? Después de combatir la religiosidad delimitada en toda su carta, ¿termina Pablo por contribuir a ella? ¿Está simplemente intercambiando una serie de reglas religiosas por otras? ¡De ninguna manera! El carácter antirreligioso de la carta continúa. Después de derrumbar los muros religiosos de división, Pablo nos enseña a comunicar imperativos y hacer exhortaciones sobre comportamientos, que no deben convertirse en religiosidad ni deben crear un ambiente de iglesia delimitada. (Ver «Una definición de la religión» y «Grupo delimitado y grupo centrado» en la Introducción.)

Los imperativos de Pablo y su discusión acerca de la ética difieren de manera significativa de las reglas religiosas de los instigadores. En primer lugar, el contexto, o la manera en que se presenta el contenido, lo afecta. Pablo ha pasado más de cuatro capítulos diciéndoles a los gálatas que no son justificados por la ley ni por sus propias acciones. El contexto de gracia y libertad afecta la manera en que los gálatas oyen estos imperativos. Mientras que la religión les dice que el cumplimiento de ciertas reglas los hace «verdaderos cristianos» y por lo tanto miembros del pueblo del pacto de Dios, el énfasis de Pablo en la justificación por medio de la fidelidad de Cristo hace difícil que entiendan los imperativos como una condición para ser incluidos. Entonces, tratando de aprender de Pablo hago lo siguiente: cuando preparo una exhortación sobre ética y comportamiento, sea un sermón o un estudio bíblico, me hago la pregunta: «¿He sido claro respecto la gracia de Dios?» Si la respuesta es «no», entonces busco una manera para incluirla.

Segundo, antes de emplear el modo imperativo, Pablo utiliza el modo indicativo, lo que quiere decir que primero señala o afirma la verdad. Esta disposición del material de la carta, con el indicativo antes que el imperativo, no es accidental. Como Robert Hill dice: «Pablo nunca contesta la pregunta qué debemos hacer sin antes decir algo en cuanto a lo que Dios ha hecho por nosotros».[16] Markus Barth observa:

> Una solemne transición de proclamación a exhortación, de afirmaciones en el indicativo a las del imperativo, de *kerygma* a *didache*, del evangelio a la ley, del dogma a la ética: este es el cambio de tema que se ha observado en la estructura externa de varias de las epístolas de Pablo como también en muchas afirmaciones del apóstol. Esta sucesión y procedimiento parece ser esencial en la enseñanza de Pablo. Antes de que Dios pida algo al ser humano, otorga gracia y salvación. Cuando se describen la vida nueva, la obediencia, la disciplina y el sufrimiento, viene a la mente que son la consecuencia de la justificación por la gracia y no una condición previa o corolario de la salvación. Las obras de obediencia son el fruto del Espíritu, no méritos que establecen la rectitud del ser humano u obligan a Dios.[17]

El imperativo emana del indicativo. Como hemos visto a través de la carta, la acción de Dios precede a la acción humana. La religión imparte lo contrario: haz algo (acción humana) de modo de merecer algo de Dios (acción de Dios). Sin embargo, no es sólo cuestión de la posición del indicativo antes del imperativo, sino también la cantidad de cada

---

[16] Robert A. Hill, «What a Friend We Have in Paul», Sermón predicado el 12 de 10 de 1997 en Asbury First United Methodist Church, Rochester NY.

[17] Markus Barth, *Ephesians*, AB, Doubleday, Garden City, 1974, p. 453. Ver también: Barclay, pp. 225-227.

uno. En Gálatas, Pablo escribe cuatro capítulos y medio en el indicativo antes de incluir un capítulo de mandamientos. En Romanos escribe once capítulos en el modo indicativo al señalar nuestra condición de alienación de Dios y lo que El ha hecho para cambiar tal situación, antes de usar el modo imperativo. Pablo habla mucho más tiempo de lo que Dios ha hecho que sobre nuestra respuesta. Dentro del contexto del indicativo, los imperativos de Pablo no son reglas religiosas.

Un profesor que tuve hizo el comentario que la Biblia es 90% indicativo, que habla sobre Dios, los seres humanos y su relación con Dios, y 10% imperativo, cuando habla sobre lo que debemos hacer. Sin embargo, observó que la mayoría de los sermones en nuestras iglesias son lo contrario: 10% indicativo y 90% imperativo. Eso lleva a los que escuchan a enfocarse en la importancia de la acción humana. Sermones de este estilo fácilmente apoyan la mentalidad religiosa e implícitamente pueden hacer que la gente sienta que tiene que hacer cosas para que Dios y la comunidad las acepte. Así que sigamos el ejemplo de Pablo. En cantidad, hablemos más sobre la acción, el amor y la gracia de Dios; primero hablemos de la acción de Dios hacia nosotros y después sobre los imperativos como nuestra respuesta a esa acción. Puede tratar que los imperativos emanen del indicativo, no sólo en una forma general dentro de un sermón (como la forma general de esta carta, con más de cuatro capítulos de indicativo y luego un capítulo y medio de imperativo), sino también en las oraciones individuales. Por ejemplo, en Gálatas 5: 25 Pablo escribe en indicativo sobre el Espíritu dándonos vida y después escribe un imperativo que emana de ese indicativo: «andemos guiados por el Espíritu». Comparto con ustedes unos ejemplos de sermones que he escuchado con el indicativo y el imperativo dentro de la misma oración. Voy a contrastarlos con oraciones alternativas sin el indicativo. Mientras lean esas oraciones, reflexionen en la diferencia entre las dos opciones y en relación al paradigma de religión delimitada y el paradigma de una iglesia centrada.

Indicativo → Imperativo	Imperativo solo
Dios los ha amado; ámense el uno al otro.	Como cristianos ustedes deben amarse el uno al otro.
Piensa en todo lo que has recibido de Dios, y lo que has recibido de esta comunidad de fe. Como respuesta a todo lo que has recibido te invito a tomar un compromiso y diezmes.	Para ser un cristiano fiel y un miembro pleno de esta congregación debes diezmar.
En la seguridad del amor de Dios, amen a sus enemigos.	Obedezcan a Jesús, y amen a sus enemigos.
Te invito a recordar las maneras en que has experimentado el amor de Dios. Con eso en mente, deja que ese amor penetre tu ser nuevamente. Ahora como alguien amado, lleno de amor, busca oportunidades para amar a otros.	Busca oportunidades para compartir el amor de Dios con otros.
Como personas perdonadas por Dios, perdonemos a otros.	Como cristianos, debemos perdonar.

La acción de Dios, sin embargo, es más que sólo un estímulo a la acción humana. Pablo les dice a los cristianos gálatas que por la fidelidad de Cristo son parte del pueblo de Dios, pero también que por el Espíritu tienen la posibilidad de vivir como el pueblo de Dios. Los *frutos* del Espíritu contrastan con las *obras* de la carne, no sólo en el sentido moral, sino también por la manera en que se manifiestan. Pablo los anima a que vivan por el Espíritu (5:16,18, 22, 25). El Espíritu los habilita a que sigan el ejemplo de Cristo, a que sean esclavos el uno del otro, a que se ayuden mutuamente a llevar sus cargas, cumpliendo así la ley de Cristo (6:2). Esa realidad se refleja en las palabras de aquel coro que tiene el indicativo y el imperativo, y éste muestra claramente que es Dios quien habilita la acción: «Porque tu Dios es amor, tú puedes amar».

En tercer lugar, ya que la preocupación de Pablo es animar a los gálatas a que vivan de acuerdo con lo que ellos son en Cristo, sus imperativos tienen un carácter muy distinto al de las reglas religiosas cuya función es la de trazar líneas divisorias y proporcionar a sus miembros criterios claros para medir el éxito. Una iglesia delimitada necesita reglas específicas cuyo cumplimiento sea fácil de juzgar o de medir (por ejemplo, estás circuncidado o no lo estás, celebras un día especial o no lo celebras, comes con «pecadores» gentiles o no lo haces, etc.).[18] Muy pocas de las pautas de Pablo en esta sección pueden medirse como requiere un grupo delimitado. La lista de Pablo, en especial la positiva, no se presta a la definición de líneas divisorias. Por ejemplo, uno puede separar fácilmente a aquellos que comen con los incircuncisos de quienes no lo hacen, pero no resulta tan fácil distinguir a quienes aman a su prójimo, evitan la envidia o demuestran cordialidad de aquellos que no lo hacen. Esto no quiere decir que en las exhortaciones se debe evitar referirse a mandamientos cuyo cumplimiento es posible medir fácilmente. Por el contrario, lo importante es incluir, como Pablo, exhortaciones con mandamientos cuyo cumplimiento no se puede medir fácilmente y, por lo tanto, no sirven para distinguir entre quienes los han cumplido y quienes no.

Es cierto que esa diferencia es notable en los mandamientos de Pablo, y también es cierto que él usa imperativos cuyo cumplimiento es difícil medir. Sin embargo, es importante notar que los imperativos en una iglesia centrada son radicalmente diferentes. No son diferentes sólo superficialmente en cuanto a su especificidad. Como observa Trent Voth: «La iglesia delimitada enfatiza el cumplimiento de las reglas correctas, mientras que la iglesia centrada subraya el progreso en la dirección correcta. En la delimitada, para discernir si uno es de adentro o de afuera, se pregunta si uno cumple con los principios; en la centrada, cumplir los principios es el resultado, el fruto de una creciente relación con el centro, Dios».[19] La iglesia delimitada usa una línea para evaluar a las personas; la iglesia centrada no usa líneas, sino que mira hacia dónde caminan las personas para evaluarlas. ¿Van hacia el centro o no?

En cuarto lugar, en vez de imponer una lista completa de reglas para toda situación, Pablo pone su confianza en el Espíritu. Espera que El sea quien guíe a los gálatas en sus acciones éticas (5:25). Hagamos lo mismo.

En quinto lugar, la imagen del fruto no sólo es útil para establecer el contraste entre la orientación ética de Pablo y la que la religión ofrece, sino que además fortalece su afirmación que a los cristianos se les ha liberado del presente mundo malvado, de la era de maldad. Pablo no

---

[18] Tenemos evidencia de este tipo de reglas en la tradición que se desarrolló alrededor de la ley judía. Por ejemplo, se desarrollaron reglas muy concretas sobre qué constituía trabajar el sábado. En esta carta el acercamiento ético de Pablo difiere muchísimo de su engañosa búsqueda de antes.

[19] Trent Voth, ensayo no publicado, 2010.

habla de actualizar o enmendar una lista de reglas. Habla del fruto de un árbol de raíces nuevas drásticamente distinto. Estas no son las raíces y el árbol de la era presente de maldad.[20] Los imperativos de Pablo difieren de las reglas religiosas delimitadas que tanto critica, no sólo porque se expresan de manera distinta, sino (lo que es aún más importante) porque sus fundamentos son totalmente distintos.

Al final de la carta, Pablo deja muy en claro que habla de algo totalmente diferente, no sólo de una lista de reglas diferentes. Escribe: «Porque en Cristo Jesús ni la circuncisión vale nada, ni la incircuncisión, sino una nueva creación» (6:15). Es como si dijera: «Si no lo ha entendido todavía, voy a poner esto muy en claro: no hablo de cambiar una lista de reglas por otra. Hablo de una nueva realidad.» Entonces podemos aprender de Pablo y en la predicación dar imperativos según las diversas maneras descritas arriba, pero también se debe decir explícitamente que no lo hacemos con el propósito de trazar líneas para dividir y excluir, sino que es una ética de libertad.

3. Las obras de la carne y el fruto del Espíritu (5:16-26)

[16]Así que les digo: Vivan por el Espíritu, y no seguirán los deseos de la naturaleza pecaminosa. [17]Porque ésta desea lo que es contrario al Espíritu, y el Espíritu desea lo que es contrario a ella. Los dos se oponen entre sí, de modo que ustedes no pueden hacer lo que quieren. [18]Pero si los guía el Espíritu, no están bajo la ley.

[19]Las obras de la naturaleza pecaminosa se conocen bien: inmoralidad sexual, impureza y libertinaje; [20]idolatría y brujería; odio, discordia, celos, arrebatos de ira, rivalidades, disensiones, sectarismos [21]y envidia; borracheras, orgías, y otras cosas parecidas. Les advierto ahora, como antes lo hice, que los que practican tales cosas no heredarán el reino de Dios.

[22]En cambio, el fruto del Espíritu es amor, alegría, paz, paciencia, amabilidad, bondad, fidelidad, [23]humildad y dominio propio. No hay ley que condene estas cosas. [24]Los que son de Cristo Jesús han crucificado la naturaleza pecaminosa, con sus pasiones y deseos. [25]Si el Espíritu nos da vida, andemos guiados por el Espíritu. [26]No dejemos que la vanidad nos lleve a irritarnos y a envidiarnos unos a otros.

---

[20] Ellul, p. 68.

Muchos tienen la tendencia a una lectura individualista de la Biblia. Es una herencia del fuerte individualismo de los misioneros evangélicos norteamericanos y europeos, y el creciente individualismo en América Latina contribuye a ella.[21] La tendencia a una interpretación individualista es un obstáculo para que comprendamos la fuerte orientación comunitaria de esta parte de Gálatas. Una lectura individualista tiende a interpretar que la preocupación central de Pablo es animar al cristiano a que sea individualmente un modelo de integridad moral. Richard Hays nos da un ejemplo de este error individualista. Hace referencia a uno de los principales comentarios de Gálatas, y observa que «Aunque en toda la carta Pablo se dirige a los gálatas en *comunidad*, Betz describe el contenido de la exhortación de Pablo en términos de su aplicación al cristiano como *individuo*».[22] Aunque una lectura individualista puede parecernos la más natural, en realidad no es la más evidente.

Si lo que mueve a Pablo a escribir esta carta es su preocupación por la comunidad y cómo ayudarla a evitar otro incidente como el de Antioquía, es de esperar que esta sección ética demuestre la misma preocupación. Y en efecto, eso es lo que ocurre. Además de las palabras explícitas de Pablo acerca de la unión y la desunión (5:13; 15; 26; 6:2), su lista de vicios y virtudes se inclina en gran manera en la dirección de asuntos interpersonales –la raíz de la unidad o la desunión. Como afrima Gordon Fee:

> El fruto del Espíritu es una descripción de la vida en comunidad, no de la piedad individual. Precisamente individualizar el fruto del espíritu es parte del problema. La piedad personal no puede muy bien poner en práctica el mandamiento del *amor*. Sólo en relación con el prójimo se puede cumplir este mandamiento. El *gozo* se expresa en las relaciones; la paz tiene que ver con *shalom* en la comunidad y la *paciencia* es tolerancia con nuestros semejantes. Después de todo, esto se escribía a una comunidad donde se daban dentelladas y cada uno devoraba al otro (5:15).[23]

---

[21] Para una explicación más amplia del individualismo y su influencia en la interpretación de la Biblia ver el capítulo cuatro en Marcos Baker, *¡Basta de religión!: Cómo construir comunidades de gracia y libertad*.

[22] Richard Hays, «Christology and Ethics in Galatians: The Law of Christ», *Catholic Biblical Quarterly*, 49 (1987):271.

[23] Gordon Fee, in Wendy Murray Zoba, «Father, Son, and...» *Christianity Today*, (17 de junio de 1966):22.

IV. EXHORTACIONES A LOS GÁLATAS SOBRE VIVIR EN LIBERTAD (5:2 – 6:1-10)

El asunto de las facciones y las querellas está muy presente en la mente de Pablo, tanto cuando escribe este capítulo como cuando estuvo en Antioquía. Como observa Bill Braun: «El fruto del Espíritu trae armonía y unidad a la comunidad cristiana en contraste con las obras de la carne, que dividen y perturban».[24]

En los versículos 5:16-18 Pablo responde directamente a la pregunta de cómo una iglesia puede recibir dirección moral sin tener reglas y leyes claramente delimitadas como proponen los instigadores. Es probable que ellos les hayan dicho a los gálatas que el evangelio de Pablo sin la ley produciría caos. Pablo proclama que el Espíritu, no la imposición de reglas en forma delimitada, es la respuesta. Si ellos viven por el Espíritu, no habrá caos moral (5:16).[25] El verbo imperativo traducido como «vivan» en la NVI y VP también puede traducirse como «andad» (RVR) o «caminen» (BLA). Esa imagen de caminar comunica el sentido de avanzar que caracteriza el paradigma centrado. Están en un peregrinaje; lo importante es con quién caminan, en qué dirección, cuál es el centro que determina hacia donde van, y cuál es el poder que posibilita el caminar. (Ver «Grupo delimitado y grupo centrado» en la Introducción.)

«Carne» es la traducción literal del término griego que utiliza Pablo en este pasaje (5:16, 17, 24). La NVI lo traduce como «la naturaleza pecaminosa». Es necesario tratar de interpretar lo que Pablo quiere comunicar por «carne». Traducirla como «la naturaleza pecaminosa» puede funcionar, y ciertamente capta algo de lo que Pablo quiere comunicar con esa palabra. Un posible problema con usar «la naturaleza pecaminosa» o «carne» es que puede llevar a un concepto dicotómico del ser humano. Eduardo Arens explica «Espíritu y carne no son componentes de la naturaleza humana, sino "fuerzas" sobre las cuales el hombre basa y orienta su vida, sea "según la carne" o "según el Espíritu"».[26]

---

[24] Bill Braun, sermón, College Community Church Mennonite Brethren, Clovis, California, 16/10/05.

[25] La traducción del segundo verbo de la NVI, BLA, BJ, LNB, y PPT es mejor que la traducción en la RVR y la VP. Es un verbo subjuntivo aoristo y comunica las consecuencias que seguirán si ellos no obedecen el imperativo de andar en el Espíritu. La BLA lo tiene muy en claro: «caminen según el Espíritu y así no realizarán los deseos de la carne». Esa traducción sigue mejor la teología de la carta, centrada en la acción de Dios, más que la traducción de la RVR que lo interpreta como un segundo imperativo: «no satisfagáis los deseos de la carne».

[26] Arens, *Han sido llamados a la libertad: La carta de san Pablo a los Gálatas y su actualidad*, CEP, Lima, 2009, p. 206.

El contexto de la carta nos ayuda a entender este término. El contraste entre carne y Espíritu es paralelo al contraste que Pablo establece entre la era de la maldad y la nueva creación. El uso de *carne* y *Espíritu* en otras partes de la carta indica también que hay continuidad con el contraste entre lo que es meramente humano y la actividad de Dios. John Barclay explica que «aquí Pablo no habla de la parte "carnal" del individuo (su estado físico o su "naturaleza caída"), sino de la influencia de una "era" y sus tradiciones humanas y sus suposiciones. El Espíritu no es menos que el poder divino desatado en la preparación de la edad nueva, la fuente de la vida nueva (5:25)».[27] En la terminología de este comentario, se podría decir que la pregunta es: ¿Qué determina la vida en esta comunidad: la religiosidad delimitada humana «carnal» presente en la era de la maldad, o un marco de referencia antirreligioso y centrado provisto por el Espíritu?

El paradigma delimitado no es la causa de todos los vicios que Pablo asocia con la carne. Sin embargo, se lo puede asociar con más de la mitad de la lista, entre los que se incluyen: idolatría, brujería, enemistad, contienda, celos, ira, querella, disensión, sectarismo y envidia (5:19-21). La religión delimitada es parte de la presente era de la maldad, parte de los deseos de la carne que avasallan a los individuos y amenazan la unidad de la comunidad. En contraposición, la liberación de la era presente engendra una comunidad del Espíritu que se caracteriza por amor, gozo, paz, paciencia, bondad, generosidad, fidelidad, gentileza y dominio de sí mismo (5:22-23).

Sin embargo, la influencia carnal no se limita al ámbito de la religión. Está relacionada con todos los valores del presente mundo malvado (1:4). Por ejemplo, en el tiempo de Pablo la influencia carnal se veía en el sistema de honor distorsionado y en un sistema económico que facilitaba a unos enriquecerse oprimiendo a otros. Como escribe Charles Cousar: «Lo que hace a la carne tan dañina es que puede convertirse en la norma por la cual vive la gente. Este mundo, con todas sus medidas de éxito y sus recompensas por el esmero en el trabajo, consume todos sus intereses y demanda toda su atención. La gente no tiene disposición favorable a la actividad de Dios, la presencia del Espíritu, la vida de la edad nueva».[28] Aunque, como vimos en la lista del versículo 18, Pablo

---

[27] Barclay, *Obeying the Truth: A Study of Paul's Ethics in Galatians*, T. & T. Clark, Edinburgh, 1988, p. 213.

[28] Charles B. Cousar, *Galatians*, John Knox, Atlanta, 1982, pp. 137-138.

asocia la carne con deseos físicos o placeres sensuales, no debemos limitarlo a eso.

Pablo comunica claramente que lo carnal y el Espíritu están en conflicto, «se oponen entre sí» (5:17). Arens lo describe así: «Hay dos fuerzas que pugnan por dominar la orientación de la vida de toda la persona: la carne y el Espíritu, el egocentrismo y el amor».[29] Es importante subrayar que la oposición es mutua. No es sólo que lo carnal perturba o bloquea el fruto del Espíritu, sino que el Espíritu perturba y bloquea lo carnal. Pensando en ejemplos concretos de la carta, si la iglesia se guía por el Espíritu no hay lugar para favoritismos o discriminación entre grupos étnicos, o entre ricos y pobres en la iglesia (3:28); si la iglesia anda por el Espíritu de Dios, el espíritu de la religión no podrá trazar líneas de distinción que rompan la armonía de comer juntos en una misma mesa (2:11-16). En los versículos que siguen Pablo describe la diferencia entre estos dos; veremos si vence la carne o el Espíritu. Antes de explorar las listas intentaremos discernir lo que Pablo quería comunicar con la frase: «de modo que ustedes no pueden hacer lo que quieren» (5:17).

Una interpretación común, pero superficial y con gran influencia de Romanos 7, es entender esto como una lucha interna donde la carne frustra los deseos del Espíritu.[30] Esta interpretación no cuadra bien con el contexto comunitario y está en conflicto con lo que Pablo dice en Gálatas 5:16. Hay otras tres opciones mejores: 1) Walter Hansen lo ve en el contexto de 5:16 y piensa que cuando Pablo dice «de modo que ustedes no pueden hacer lo que quieren», comunica que ellos no hacen lo que quieren como seres humanos, sino lo que el Espíritu quiere que hagan.[31] 2) John Barclay también toma en cuenta 5:16 en su interpretación y 5:13. Piensa que Pablo expresa que, como están en medio de ese conflicto entre el Espíritu y la carne, no pueden hacer cualquier cosa que quieran. «Su caminar por el Espíritu los llevará a estar en conflicto con la carne y así definir decisiones morales que deben tomar».[32] Esa

---

[29] Arens, *op. cit.*, p.204.

[30] Una diferencia significativa entre Romanos 7 y Gálatas 5:17 es que el Espíritu no se menciona en Romanos 7:14-24; y es importante notar que hay varias interpretaciones de Romanos 7 que son diferentes de la lectura común, ver John E. Toews, *Romans*, Believers Church Bible Commentary, Herald Press, Scottdale, 2004, pp. 193-205, 213-216; J. Louis Martyn, op. cit., 2000, pp. 537-38.

[31] Walter G. Hansen, *Galatians*, The IVP NT Commentary Series, Downers Grove, InterVarsity, 1994, p. 170.

[32] Barclay, *op. cit.*, p. 112; ver también pp. 113-116.

interpretación va bien con lo que sigue en 5:18. El Espíritu los guía, y no necesitan la ley ni están esclavizados por la ley. Y también, al igual que en 5:13, responde a la crítica de los instigadores, quienes dicen que sin leyes puestas en forma delimitada, habría caos. 3) J. Louis Martyn ve esa oración en 5:17 a través del conflicto en las iglesias en Galacia. Él cree que Pablo dirige esas palabras no a personas guiadas por el Espíritu, sino a los de Galacia que han sido llevados a practicar las obras de la ley por los instigadores. Antes caminaban por el Espíritu, pero ahora, bajo la influencia de los judaizantes, se han sometido nuevamente a la influencia de la carne (3:3). ¿Y qué pasa? No ha traído orden ni unidad y menos aún una ética superior, cosas que ellos querían, sino que ha traído desorden, conflicto y división. No pueden tratar de combinar el Espíritu y la religión delimitada, pues están en conflicto. Pero, continúa Pablo en el próximo versículo, está la opción de sólo andar con el Espíritu.[33] Pienso que cada una de esas tres alternativas es posible y es difícil discernir en cuál de las tres pensaba Pablo.

Pablo sigue la polémica contra los judaizantes en el versículo 19 diciendo que las obras de la carne son obvias, «se conocen bien»; no necesitan la ley para identificarlas. Da una lista de ejemplos (vv. 19-21). No es una lista completa. Como observamos, opera de una manera muy distinta que un grupo delimitado. No da una lista completa y exacta de lo que una iglesia delimitada necesitaría para definir quiénes forman parte del grupo. (Ver arriba «Ilustraciones paulinas de cómo predicar una exhortación ética 5:13-6:10» como ejemplo de ética de libertad para una iglesia centrada.) La lista de Pablo es algo convencional. Como dijo antes, uno sabe que esas cosas son inapropiadas, y da una lista de acciones que no requieren mucho discernimiento para decir que son obras de la carne. Eso no quiere decir que las nombró al azar. Por ejemplo, notamos que más de la mitad de las acciones que menciona tiene que ver con la disensión y acciones que contribuyen a la desunión. Esto reafirma que una preocupación central que lo motivó a escribir la carta fue la unidad y la armonía de las comunidades cristianas en Galacia. Eso nunca está lejos de su mente.

La lista termina con una advertencia: «los que practican tales cosas no heredarán el reino de Dios» (21). Menciona que ya les había dicho eso antes, cuando estuvo con ellos. No es muy común que Pablo hable del reino de Dios (Ro 14:17; 1Co 4:20; 15:24; Col 1:13; 4:11; 1Ts 2;12;

---

[33] Louis Martyn, *Galatians*, The Anchor Bible, Doubleday, New York, 1997, pp. 539-540.

2Ts 1:5; 2Ti 4:1, 18). Aquí el uso de la palabra «heredar» da un sentido escatológico a la frase y así retoma un tema importante en los capítulos 3 y 4: la herencia. Richard Hays observa que los judaizantes «habían enseñado que la circuncisión es necesaria para heredar el reino. En contraste, Pablo indica que a uno se lo excluye de la herencia por comportamientos impulsados por la carne que dividen la comunidad, lo cual es precisamente el producto, en su opinión, de la postura de la facción de la circuncisión».[34]

Conviene observar que Pablo usa el verbo «practicar» en contraste con «hacer» (v. 21). No dice que si uno hace una de esas cosas no podrá heredar el reino. Se refiere a una práctica continua. Aun así nos quedamos con la pregunta: ¿Cómo es que el apóstol de la gracia y la libertad dice algo que parece dar cabida a la salvación por las obras? Primero, es importante diferenciar entre la salvación por las obras y el juicio por las obras. Pablo no predica la salvación por las obras, pero claramente en este versículo sí comunica que habrá un juicio que pone énfasis en las obras. ¿Es esto contradictorio? No. Pablo ha comunicado claramente que los que han recibido el Espíritu serán transformados (5:16-18) y entonces no practicarán las obras de la carne, sino que darán el fruto del Espíritu (5:22-23). Y como vemos en el capítulo 3, ellos no recibieron el Espíritu por las obras.

Es otra muestra que la crítica de Pablo contra la religiosidad delimitada no significa que no le dé importancia al comportamiento. (Ver arriba, «Ilustraciones paulinas de cómo predicar una exhortación ética 5:13-6:10» como un ejemplo de una ética de libertad para una iglesia centrada.) Un grupo delimitado usa una lista de ciertas reglas, prácticas y creencias, fáciles de evaluar, para distinguir quiénes pertenecen al grupo y quiénes no. Su enfoque y seguridad está en esa línea de división que excluye a los de afuera y hace que los de adentro se sientan superiores. (Ver «Grupo delimitado y grupo centrado» en la Introducción.) Pablo no hace eso. No les da una lista exacta de cosas, cuyo cumplimiento es fácil de determinar y sirve para trazar líneas divisorias. Una iglesia delimitada diría: «Tiene que no hacer esas cosas para estar en el grupo». Pablo afirma: «Uno que tiene su identidad centrada en Cristo y se dirige hacia Cristo por el Espíritu, no practicará esas cosas».

---

[34] Richard B. Hays, «The Letter to the Galatians», en *The New Interpreter's Bible*, vol. 11, Abingdon Press, Nashville, 2000, p. 327.

Empezamos esta sección reflexionando sobre el individualismo y la tendencia a leer el texto de manera más individualista que lo escrito por Pablo. Ya hemos notado que esta lista muestra una preocupación del apóstol por la comunidad. Es importante notar que aunque varias de las acciones que menciona son acciones practicadas por individuos, muchas de ellas también pueden ser ejercidas por grupos. Caemos en un error si sólo pensamos en individuos cuando leemos estos versículos. En realidad, en varios de ellos se interrelacionan el individuo y el grupo. Así, por ejemplo, las borracheras y orgías que practica un grupo son un asunto individual y a la vez colectivo. Si un individuo suele beber y emborracharse, es más probable que si está en un grupo que bebe mucho, él también se emborrache. De igual manera, si el mismo individuo está en un grupo que no bebe, es más probable que no se emborrache. El grupo influye en el individuo y éste a su vez influye en el grupo. Entonces hacemos bien en pensar en el individuo y en el grupo cuando leemos estos versículos.

Es bueno empezar la lectura del fruto de Espíritu (22-23) con esa misma pregunta. ¿Está dirigido a individuos o a una iglesia? ¿Debemos pensar en un individuo que manifiesta paz y bondad, o en una iglesia que, como grupo, revela paz y bondad? Lo mejor es pensar que Pablo tiene en mente los dos aspectos y sería importante hacer lo mismo. No debemos sólo pensar en individuos que exhiben esas características, sino que las congregaciones también expresan características como amor, alegría y amabilidad. Obviamente si la iglesia va a manifestar estas características, los individuos tendrán que practicarlas a nivel personal. Sin embargo, Pablo dirige la carta a iglesias y seguramente espera ver el fruto del Espíritu de manera comunitaria.

Repito lo que dije sobre la lista de obras de la carne. Pablo no armó esa lista de virtudes al azar. En contraste con las acciones en la otra lista que contribuye a la disensión y a la desunión, las virtudes en esta lista contribuyen a la unidad y a la armonía de las comunidades cristianas en Galacia. Es un tema central de la carta que nunca está lejos de su mente.

Pablo ha referido a las obras de la carne y aquí se refiere al fruto del Espíritu. No les está exhortando a «que hagan esas cosas», sino que describe lo que el Espíritu produce en una comunidad cristiana. Ser crucificado con Cristo (2:19-20; 5:24), recibir el Espíritu de Cristo (3:2; 4:6) y ser guiado por el Espíritu (5:16, 25) produce cambios, y ese es el fruto de la obra de Dios. Los seres humanos no podemos producir fruto.

Un árbol produce fruta. La fruta nace y crece orgánicamente. De manera similar, Pablo pone el énfasis en Dios como la fuerza que produce ese fruto. No es una imagen que inventó Pablo. Él ha visto esa metáfora en las Escrituras (Is 32:15-17; Jl 2:18-32) y probablemente conoce el uso de esa metáfora utilizada por Jesús (cf. Mt 7:16-26; Lc 13:6-9).

Aunque Pablo hace hincapié en la acción de Dios para producir el fruto, esto no significa que la acción humana sea nula. En la misma carta exhorta a los gálatas a actuar, trabajar en estas cosas (5:5, 25; 6:4, 9-10). Tal vez nos ayude la misma metáfora del árbol y la fruta. Aunque los seres humanos no podemos dar fruto porque el árbol produce la fruta, sí podemos podar, abonar y ayudar en la producción de esas virtudes en nuestras vidas y congregaciones.

No hace falta comentar cada virtud en la lista. Quiero resaltar tres de ellas. Primero, debemos notar que esta lista, como la anterior, no es completa. El amor producido por el Espíritu es central y si está presente ejercerá su influencia sobre todo lo que se hace en una comunidad. Las acciones y las palabras de los instigadores en Galacia no crean un ambiente de amor. Pablo ha experimentado los efectos de la práctica de una iglesia delimitada en Antioquia y seguramente los gentiles excluidos no sienten amor (2:11-14). Tampoco fomentan la paz. Un producto de una iglesia centrada en Jesús y guiada por su Espíritu es que tendrá paz con Dios y paz en la familia cristiana, y hará el esfuerzo por estar en paz aun con sus enemigos (Ro 12:14-21). Pablo termina la lista con el «dominio propio» («templanza» RVR). Ofrece un contraste notable con las últimas obras de la carne en su lista anterior (v. 21). Probablemente tiene en mente la crítica de los judaizantes que, sin la ley practicada en forma religiosa y delimitada, habrá desorden y caos en las iglesias. El apóstol insiste en que no es necesario formar iglesias delimitadas. El orden es fruto del Espíritu Santo.[35] También estos versículos son otra manera en que vemos que él no considera el problema como una lista de reglas equivocadas. No trata de reemplazar la lista de leyes y tradiciones de los instigadores por otra mejor. Él exhorta a algo completamente diferente. En vez de una lista de reglas de comportamiento que una iglesia religiosa usaría

---

[35] Es notable que la palabra aquí traducida como «fidelidad» (22) en griego es la misma palabra *pistis* que hemos encontrado varias veces en la carta y es otra muestra que la traducción, «fidelidad de Jesús» es una traducción apropiada. (Ver la sección « ¿La fe de Jesús o la fe en Jesús?» en el comentario sobre 2:16.)

de manera delimitada, presenta una lista de virtudes que son el resultado de estar centrados en Jesús al caminar con el Espíritu.

Después de mencionar la lista de virtudes Pablo afirma: «No hay ley que condene estas cosas» (v. 23). Obviamente tiene en mente la crítica de los instigadores que acabamos de mencionar. Es como decir: «Ustedes dicen que sin la ley practicada en una forma delimitada habrá un comportamiento inapropiado, pero ¿qué vemos? ¿Es inapropiado el fruto del Espíritu? ¿Es contra de la ley?»

Pablo sigue con el tema en el versículo 24 y expresa, en contra de lo que puedan decir los judaizantes, que los cristianos gentiles en Galacia no van a practicar las obras de la carne porque han crucificado la carne con sus pasiones y deseos. Es interesante que, en contraste con otros lugares en la carta donde se refiere a ser crucificado con Jesús (2:19; 6:14), aquí pone a los cristianos como agentes activos que realizan la acción de crucificar.

Después de mencionar la crucifixión activa de la carne, Pablo menciona la expresión activa de la nueva vida. Aunque el versículo 25 empieza con un «si», podemos estar seguros que para Pablo la respuesta es que sí, el Espíritu nos da vida. Ese sentido afirmativo de la oración se ve en la manera que la versión *La palabra de Dios para todos* traduce el versículo: «Ya que el Espíritu nos da vida ...». Walter Hansen observa que «La combinación del indicativo ("el Espíritu nos da vida") con un imperativo ("andemos guiados por el Espíritu") es paralelo con la misma combinación del indicativo e imperativo en 5:1 y 5:13. El indicativo describe el don de Dios hacia nosotros: libertad en Cristo y vida en el Espíritu. El imperativo expresa nuestra responsabilidad: proteger nuestra libertad de la esclavitud de la ley y usar nuestra libertad para servir el uno al otro y andar con el Espíritu».[36]

Aunque una iglesia delimitada se presenta a sí misma como de Dios, la realidad es que la vanidad contribuye a la imposición y la continuación del paradigma delimitado. Es una manera en que las personas pueden definirse como superiores a otros que no cumplen los requisitos. Con la situación actual en Galacia en mente, Pablo termina esta sección (v. 26) exhortándolos a que no dejen que la vanidad los lleve a practicar la religión delimitada de los judaizantes. En contraste con el fruto del Espíritu, lo que ellos proponen produce disensión y envidia.

---

[36] Hansen, *op. cit.*, p. 181.

Una comunidad del fruto del Espíritu (5:16-26)

La lista negativa en los versículos 19-21 y la lista positiva en los versículos 22-23 son claras y uno puede fácilmente desarrollar un sermón sólo mirando las palabras en las listas. Sin embargo, será un sermón más fiel al pensamiento paulino y más importante, un sermón más profundamente cristiano, si uno toma en cuenta el contexto de esas listas –su contexto dentro de esta sección, y el contexto de la sección en la carta. Al hacerlo así, entre otras cosas, notará y señalará los siguientes temas:

- *Conflicto comunitario* – No es una lista completa de pecados y frutos, ni una lista hecha al azar. Vale la pena reflexionar sobre la relación de los pecados y los frutos con el asunto del conflicto comunitario.

- *¿Caos u orden?* – Los instigadores han intentado persuadir a los gálatas de que sin reglas claras y consecuencias claras por no seguir las reglas, habrá caos. En esta sección Pablo responde con una crítica: la religiosidad delimitada de los instigadores produce conflicto, división y muchas heridas. También responde con una afirmación: el verdadero orden no es fruto de trazar líneas claras, sino es fruto del Espíritu. Un punto central de la sección que debe estar en los sermones sobre esta sección es que el Espíritu es suficiente.

- *Acción de Dios* – La religiosidad delimitada pone el énfasis en tratar de dominar o reprimir lo carnal por la imposición de reglas. Pablo pone el énfasis en la libertad de las fuerzas carnales por la cruz y de andar guiado por el Espíritu y así producir frutos del Espíritu. Si un sermón sólo enfoca las listas de cosas positivas y negativas fácilmente cae en la imposición religiosa. Entonces es importante poner esos imperativos en el contexto del indicativo de la acción de Dios. (Para más sobre cómo relacionar los imperativos con el indicativo ver la previa reflexión: «Ilustraciones paulinas de cómo predicar una exhortación ética 5:13-6:10» como un ejemplo de una ética de libertad para una iglesia centrada.)

- *Paradigma diferente* – Si sólo se mira la lista de pecados y virtudes, es fácil enfocarse en alcanzar lo positivo y evitar lo negativo por la fuerza de voluntad propia. Si se mira la lista en el contexto de la sección y ésta en el contexto de toda la carta, es claro que Pablo llama a algo más que sólo ejercer un autocontrol por voluntad propia. Andar en el Espíritu y el fruto del Espíritu están estrechamente ligados a la libertad del paradigma de la religiosidad humana y de participar como comunidad en el paradigma de una iglesia centrada.

- Comunidad – El fruto del Espíritu es una descripción de la vida en comunidad, no de la piedad individual. Entonces es importante en la predicación y la enseñanza que ayudemos a los oyentes a reflexionar sobre esas listas en relación a la iglesia entera, como una descripción de toda la iglesia. Eso no significa descartar lo individual. Como dice René Padilla al reflexionar sobre esta sección en Gálatas: «No hay pecado social sin pecado individual»,[37] como ejemplo del enfoque colectivo sin descartar lo individual. Comparto unas preguntas que hice al final de un sermón sobre esta sección enfocado específicamente en la virtud del domino propio o la templanza:
- La templanza nace de estar enraizados en una narrativa diferente, una perspectiva dada y creada por Dios. ¿Cuáles son las cosas que podemos hacer como congregación para fortalecer una perspectiva alternativa a la perspectiva de nuestra sociedad llena de excesos? ¿Qué puedes hacer como individuo para estar más enraizado en una perspectiva alternativa?
- La imposición de reglas y las amenazas de exclusión no son necesarias para mantener el dominio propio. La comunidad del Espíritu, si funciona como lo que llamo una iglesia centrada, tiene un papel en ello. Todos somos instrumentos del Espíritu en la vida de los demás. ¿Les pedimos ayuda a otros en un área donde luchamos por falta de templanza? ¿Cuál es un aspecto de su vida en que podría pedir ayuda? ¿El Espíritu te guía a extender tu mano a otro en la congregación y, con amor, hablar con ella o con él sobre su falta de moderación o templanza?[38]

Ya hemos afirmado que en el tiempo de Pablo la influencia de la carne era juzgada desde el punto de vista de un sistema de honor distorsionado. Parte de lo que Pablo hace en esa sección es contribuir a una nueva definición de lo honorable para las iglesias en Galacia. (Ver «Una sociedad que busca el honor y evita la vergüenza» en la Introducción). Aunque la mayoría de las culturas de América Latina son más individualistas que la cultura de Galacia, y entonces el sistema de honor no es tan fuerte, todavía el veredicto público juega un papel de mucha influencia. Al igual que en el imperio romano, los sistemas de honor en nuestros contextos están distorsionados; por ejemplo, la riqueza como medida de estatus,

---

[37] «Galatians 3: Report by Linda Mercadante and Richard Hays and Discussion», en *Conflict and Context: Hermeneutics in the Americas*, eds. Mark Lau Branson y C. René Padilla, Eerdmans, Grand Rapids, 1986, pp. 269-270.

[38] Marcos Baker, sermón en *College Community Church Mennonite Brethren*, Clovis, California, 21/08/2011.

el machismo, la fama, la apariencia física, el vestirse a la moda, los títulos académicos, etc.

Una implicación de esta sección es recordar la importancia de construir en las iglesias un sistema de honor alternativo. Como escribe David de Silva:

> Existe gran necesidad de que conversemos más entre nosotros sobre lo que Dios honra y los valores que espera van a regir a su pueblo. Es de vital importancia porque hay tanta conversación sobre lo que es de valor y sobre lo que honra la sociedad secular. Si no conversamos sobre valores cristianos, con nuestro silencio aprobamos el adoctrinamiento de la sociedad con sus valores.[39]

4. Vivir como familia de la fe (6:1-10)

¹Hermanos, si alguien es sorprendido en pecado, ustedes que son espirituales deben restaurarlo con una actitud humilde. Pero cuídese cada uno, porque también puede ser tentado. ²Ayúdense unos a otros a llevar sus cargas, y así cumplirán la ley de Cristo. ³Si alguien cree ser algo, cuando en realidad no es nada, se engaña a sí mismo. ⁴Cada cual examine su propia conducta; y si tiene algo de qué presumir, que no se compare con nadie. ⁵Que cada uno cargue con su propia responsabilidad.

⁶El que recibe instrucción en la palabra de Dios, comparta todo lo bueno con quien le enseña.

⁷No se engañen: de Dios nadie se burla. Cada uno cosecha lo que siembra. ⁸El que siembra para agradar a su naturaleza pecaminosa, de esa misma naturaleza cosechará destrucción; el que siembra para agradar al Espíritu, del Espíritu cosechará vida eterna. ⁹No nos cansemos de hacer el bien, porque a su debido tiempo cosecharemos si no nos damos por vencidos. ¹⁰Por lo tanto, siempre que tengamos la oportunidad, hagamos bien a todos, y en especial a los de la familia de la fe.

---

[39] David A. de Silva, *Honor, Patronage, Kinship and Purity: Unlocking New Testament Culture*, InterVarsity, Downers Grove, 2000, p. 90.

Como he comentado, es un error pensar que, porque Pablo critica a los judaizantes por su legalismo religioso y habla de la libertad del mismo, para él la ética y el comportamiento del cristiano no tienen importancia. (Ver la sección «Una discusión sobre la relación de Gálatas 5:13-6:10 con el resto de la carta».) En esta sección, como en la sección anterior escribe una exhortación ética. Sin embargo, tanto en esta sección como en la anterior, notamos un contraste notable entre la práctica moral, o ética, y lo que en este comentario llamamos una iglesia centrada y una iglesia delimitada. (Ver «Grupo delimitado y grupo centrado» en la Introducción.)

Al leer el primer versículo, es importante estar seguros de no interpretarlo desde un punto de vista individualista que lo distorsione. El versículo se dirige a las iglesias en Galacia. Pablo usa el plural: «hermanos», «ustedes». El pecador es una persona, en singular, pero es asunto de la comunidad. Pablo es realista. Reconoce que habrá pecado. Los dos paradigmas reconocen que habrá pecado, que los cristianos van a equivocarse en su andar guiados por el Espíritu (5:16, 25). Pero hay varias diferencias en la manera en que una iglesia centrada y una iglesia delimitada tratan al pecador.

Una iglesia delimitada se define por sus líneas, y el estar en el lado correcto de una línea divisoria hace que el grupo y los individuos se sientan seguros. Es muy importante para una iglesia delimitada mantener líneas muy claras y definir la pureza del grupo en relación a esas líneas. Entonces, cuando una iglesia delimitada confronta a una persona en pecado, lo castiga y lo disciplina. La preocupación central no es la persona, sino preservar las líneas de división. Y cuando es mayor la preocupación por mantener la línea divisoria que por la persona, ¿cuál es el fruto? Por un lado, la persona se sentirá rechazada y dolida y, por el otro, los que están dentro de las líneas divisorias se sentirán superiores. Quizá por vergüenza la persona cambie su comportamiento y regrese; o, sintiéndose fuera del grupo puede abandonar la iglesia y la fe; o aquel a quien se ha castigado puede sembrar disensión en la iglesia, y hasta dividirla. A veces la persona bajo disciplina busca a otras personas y forma su propia iglesia delimitada. Pablo no quiere ver la división de la iglesia y critica el paradigma de la iglesia delimitada a lo largo de toda la carta.

Por su preocupación por la unidad de la iglesia, Pablo rechaza el método de la iglesia delimitada de castigar y excluir a una persona que

IV. EXHORTACIONES A LOS GÁLATAS SOBRE VIVIR EN LIBERTAD (5:2 – 6:1-10)

ha pecado. Sin embargo, eso no significa que él ignore el pecado. Justamente porque le preocupa la comunidad Pablo los exhorta a restaurar al pecador. El pecado de uno afecta a toda la comunidad. La pregunta clave es, ¿cuán diferente es la confrontación que Pablo recomienda en relación al pecador de la que se practica en una iglesia delimitada? Nos fijamos en tres palabras del primer versículo que nos ayudarán a contestar esta pregunta: espirituales, restaurar y humilde.

Cuando Pablo escribe «ustedes que son espirituales», no debemos pensar en dos o tres personas que son muy espirituales. Cuando Pablo habla de ser guiado por el Espíritu (5:18, 25), y el fruto del Espíritu (5:22) no dirige sus palabras sólo a una elite espiritual. Al decir «ustedes que son espirituales» es otra manera de denominar a los que no andan en el camino religioso de los judaizantes, sino que se guían por el Espíritu y practican lo que en este comentario llamo una iglesia centrada. Entonces, es muy importante el hecho que Pablo pone al Espíritu y el paradigma centrado como fundamento de la actividad de corregir al pecador, antes que una lista de reglas de una iglesia delimitada.

¿Qué se debe hacer con la persona sorprendida en pecado? Restaurarla. ¿Cómo? Pablo no menciona los pasos específicos, pero deja muy en claro que la meta es la restauración. La palabra en griego es la misma palabra que se usa para describir el acto de remendar las redes (Mr 1:19) y tiene el sentido de reparar, volver a dejarla como antes. Pablo usa la misma palabra en su primera carta a los Corintios cuando habla de restaurar y mantener la unidad (1Co 1:10). Entonces, es otra muestra de que él piensa en el individuo y en la comunidad cuando dicta este versículo y quiere que el proceso contribuya a la unidad, no a la división. El objetivo de la disciplina en una iglesia centrada no es el de cuidar las líneas que delimitan al grupo, sino la restauración de la persona y la unidad de la comunidad.

La meta es la restauración, y la actitud de los involucrados en restaurar a la persona es de humildad. Las líneas de la iglesia delimitada facilitan que los que confrontan al pecador se sientan superiores porque están del lado correcto de la línea, mientras que el enfoque en el centro de la iglesia centrada facilita la humildad. La humildad primeramente hace posible hablar honestamente sobre las luchas y los pecados. El lugar de cada uno en la comunidad depende de su relación con el centro, la dirección hacia dónde camina. Mientras que en una iglesia delimitada uno no puede admitir estar luchando con algo que lo colocaría del lado equivocado de la línea, en una iglesia centrada hay espacio para hablar de ello. Todos están en proceso, en camino hacia el centro y pueden reconocer eso con honestidad. En segundo lugar, en la iglesia centrada no hay necesidad de sentirse superior a otros para tener la seguridad de ser parte de la familia de Dios. En términos de esta carta, uno está liberado de la necesidad de buscar seguridad en acciones humanas («obras de la ley» [2:16]) que le hagan sentirse superior porque su lugar en la mesa se basa en la fidelidad de Jesús (2:11-16). El paradigma de una iglesia centrada facilita la humildad que Pablo exhorta a los gálatas a practicar en el proceso de disciplina. La meta de la restauración y una actitud de humildad cambian radicalmente ese proceso de disciplina. Este versículo no es una amenaza sino buenas nuevas para quienes son sorprendidos en pecado. Cuando caiga en pecado otros caminarán con uno y tratarán de restaurarlo.

Antes de mirar la segunda parte del versículo quiero hacer una observación sobre algo implícito en este versículo. Como hemos observado antes, el contraste no es entre los judaizantes con sus reglas éticas y Pablo que predica un evangelio que no da importancia a la ética. (Ver la sección «Una discusión sobre la relación de Gálatas 5:13-6:10 con el resto de la carta».) El hecho que Pablo escriba «si alguien es sorprendido en pecado», demuestra que existen expectativas éticas, que en una iglesia centrada hay un comportamiento apropiado y otro que no lo es.

En la segunda parte del versículo Pablo les exhorta a tener cuidado porque cada uno «también puede ser tentado» (6:1). Esa tentación puede tomar dos formas. Al tratar de ayudar a la persona con su pecado otros podrían ser tentados por el mismo pecado. Es una interpretación probable y una advertencia importante que debemos tomar en cuenta. Pero en el contexto de esta carta, específicamente en el contexto del versículo anterior (5:26) y los que siguen (6:3-4), también debemos tomar en cuenta otra manera de ser tentados. La tentación podría ser sentirse tentado a creerse superior al pecador. Eso sería caer en la tentación de confundir y distorsionar el evangelio como lo han hecho los instigadores.

El versículo 6:2 dice: «Ayúdense unos a otros a llevar sus cargas, y así cumplirán la ley de Cristo.» Es apropiado e importante que leamos este versículo en relación al anterior, pero también en el contexto de la carta completa. Mirémoslo primero en relación con el contexto inmediato. Primero, caminar con alguien sorprendido en pecado para restaurarlo es una manera de ayudarlo a sobrellevar su carga. Segundo, leer los dos

IV. EXHORTACIONES A LOS GÁLATAS SOBRE VIVIR EN LIBERTAD (5:2 – 6:1-10)

versículos juntos nos lleva a un concepto más integral de ayudar al otro. No debemos limitar nuestra ayuda sólo a tratar su pecado, sino ayudarlo con otras cargas y necesidades. Pero a la vez leer los dos versículos juntos nos recuerda que a veces los problemas y las cargas de una persona son resultado, al menos en parte, del pecado. Cuando ofrezcamos ayuda es importante ayudar no sólo respecto a los síntomas, sino también respecto a las raíces del problema.

La frase «unos a otros» capta bien el carácter de la interdependencia de los hermanos y hermanas en una comunidad de fe que Pablo comunica en estos dos versículos y en esta sección. Los problemas, el pecado, las necesidades de los miembros son preocupación y responsabilidad de toda la comunidad. Por un lado, es un llamamiento al sacrificio, como vimos en la otra parte del versículo, pero a la vez estos versículos son buenas nuevas. Si uno sufre o lucha con el pecado o con necesidades, los otros en la comunidad están llamados a ayudarlo.

Aunque, como dije, es apropiado entender lo descrito en el versículo anterior (6:1) como una manera de ayudar a alguien con su carga, es importante también leer el versículo 6:2 en relación a toda la carta y no espiritualizar nuestro concepto de cargas. Si leemos la frase «Ayúdense unos a otros a llevar sus cargas» teniendo en mente la exhortación a acordarnos de los pobres (2:10), actuar por amor (5:6), «sírvanse unos a otros con amor» (5:13), practicar la bondad (5:22), y hacer bien a todos (6:10), entonces interpretaremos esta frase de manera amplia e integral. Como escribe Richard Hays: «Llevar cargas implica más que la práctica de la admonición mutua; implica compartir tensiones y tristezas, la práctica de compartir bienes, y toda manera imaginativa de servirse el uno al otro».[40]

¿En que basa Pablo esta exhortación tan desafiante? En la ley de Cristo. Necesitamos reflexionar sobre dos preguntas: ¿Qué quiere comunicar Pablo por «ley de Cristo»? Y ¿cómo es que él, quien ha criticado tan fuertemente a los judaizantes y su enfoque en la ley, ahora habla de ley?

Muchos comentaristas bíblicos han interpretado de diversas maneras la frase «la ley de Cristo». Lo que bien se puede decir es que llevar la carga del prójimo se relaciona de manera primordial con la ley de Cristo. Por cuanto Pablo ha hablado sobre la ley de una manera tan negativa

---

[40] Richard B. Hays, «The Letter to the Galatians», en *The New Interpreter's Bible*, vol. 11, Abingdon Press, Nashville, 2000, p. 333.

(2:21; 3:10-13), algunos se inclinan a interpretar la ley de Cristo sin relacionarla con la ley mosaica. Sin embargo, hay tanta similitud entre este versículo y el 5:13-14 que es mejor entender que existe relación entre la ley de Cristo y la ley del Antiguo Testamento.[41] Nos ayuda a reflexionar en Jesús y el resumen de la ley: «Ama a tu prójimo como a ti mismo» (5:14). En Gálatas 1:3-4 Pablo habla de «Nuestro Señor Jesucristo, el cual se dio a sí mismo por nuestros pecados para librarnos del presente siglo malo conforme a la voluntad de nuestro Dios y Padre». El tema del acto redentor de autoentrega de Cristo, en obediencia a la voluntad de Dios, se menciona otra vez en 2:20. La ocasión de esta autoentrega fue su muerte en la cruz (2:21). El acto ejemplar de autoentrega por amor al prójimo es la cruz de Jesucristo. Entonces Jesús encarnó el verdadero significado de la ley y así la transformó en algo radicalmente diferente a la ley de los instigadores. Entonces, en cierta forma, la ley de Cristo es la misma ley del Antiguo Testamento pero vista a través de la vida, la muerte y la resurrección de Jesús que es algo diferente. Y es algo radicalmente diferente que el uso de la ley por los judaizantes.

La redefinición de la ley como «ley de Cristo», se relaciona con el tema de una iglesia delimitada y una centrada. Los instigadores, como iglesia delimitada, usan la ley para hacer distinciones entre personas, lo cual en su trasfondo es una práctica egoísta. Lo primordial es la seguridad y la reputación de los de adentro (6:12), lo cual produce envidia, división y hasta violencia (1:13-14; 2:11-14; 5:26). En contraste, una iglesia centrada en Cristo sentirá el llamado a imitar el sacrificio de Jesús y la ética de la cruz: la autoentrega de amar al prójimo.

Richard Hays ofrece esta paráfrasis del versículo 6:2 para tratar de captar la interpretación que he propuesto.

> Los instigadores les dicen que para ser el pueblo de Cristo, verdaderos hijos e hijas de Abraham, tienen que circuncidarse y obedecer los mandamientos de la ley del Sinaí. Pero yo les digo, en contraste, que si se ayudan unos a otros a llevar sus cargas, siendo siervos el uno del otro por amor, corrigiéndose el uno al otro con mansedumbre en vez de competir el uno con el otro, como los instigadores los han llevado a hacerlo, así cumplirán la ley como Cristo la ha redefinido.[42]

---

[41] Bruce W. Longenecker, *Remember the Poor: Paul, Poverty, and the Greco-Roman World*, Eerdmans, Grand Rapids, 2010, p. 217.

[42] Hays, *op. cit.*, 2000, pp. 333-334.

Bruce Longenecker estaría de acuerdo con esta paráfrasis. Sin embargo, diría que hemos excluído algo central de la carta, algo que él cree que Pablo tenía en mente cuando dictaba aquel versículo. Como leímos en 2:10 del punto de vista de los apóstoles en Jerusalén, y también de Pablo, acordarse de los pobres es una acción central en lo que significaba cumplir la ley redefinida por Cristo.[43] Creo que Longenecker tiene razón y debemos tener en mente las palabras del 2:10 cuando leemos este versículo.

En este versículo vemos otro ejemplo de la amplitud y la integralidad del evangelio que proclama Pablo. Es verdaderamente un evangelio de buenas nuevas. No sólo proclama libertad de la esclavitud impuesta por la práctica religiosa y delimitada de la ley, sino que también proclama las buenas nuevas de la realidad de que en una comunidad centrada en Cristo se ayudan el uno al otro. Es un llamamiento al sacrifico pero también conlleva la promesa y la esperanza de que cuando uno está necesitado, otros en la comunidad lo ayudarán con su carga.

En el párrafo 6:3-5 Pablo continúa con el tema de la advertencia de 5:26 y 6:1b. Es probable que no sólo los instigadores judaizantes mostraran una actitud de superioridad, sino que también algunos de los gálatas que siguieron las prácticas de los judaizantes se sintieran más cristianos que los demás. Son frutos de una iglesia delimitada. (Ver «Grupo delimitado y grupo centrado» en la Introducción.) Pablo los exhorta a abandonar esa actitud y les ofrece otro modelo en 6:1-2. Los insta, como individuos, a evitar compararse el uno con el otro para sentirse mejor que los demás. Pablo les sugiere más humildad y menos comparaciones entre ellos. La versión *La palabra de Dios para todos* capta bien el sentido del versículo 4: «Cada uno debe evaluar sus propios actos y estar satisfecho de sus logros sin compararse con los demás».

Tal vez sorprenda al lector que el autor que hablaba tan negativamente de «las obras de la ley» (2:16) ahora los exhorta a evaluar sus obras (RVR) (conducta [NVI], actos [PPT]). Sin embargo, sólo es un ejemplo más de que Pablo se preocupa por la conducta y la ética. (Ver la sección «Una discusión sobre la relación de Gálatas 5.13-6:10 con el resto de la carta».) El problema no está en las obras en sí sino en la manera en que el grupo delimitado se vale de ellas para diferenciar a los que están

---

[43] Bruce W. Longenecker, op. cit., 2010, p. 218.

adentro de los que están afuera, y así distorsionar el evangelio. (Ver la explicación de «Las obras de la ley» en el comentario sobre 2:16.)

El versículo 5 prosigue el tema de la exhortación que urge a tomar en serio la evaluación de su conducta, pero no con un propósito de vanidad en relación a otros. El enfoque no se centra en cómo uno se compara con otros, sino en que cada uno será juzgado por Dios en base a sus propias acciones. Aunque puede parecer que Pablo contradiga lo que escribió en 6:2, la perspectiva es diferente. Las dos situaciones son ciertas. Estamos llamados a ayudarnos el uno al otro y a ser responsables frente a Dios por nuestras acciones.

En este versículo 6:6, Pablo incluye las responsabilidades de la comunidad cristiana, pues la persona a quien se instruye «debe compartir lo que tiene con el que le está enseñando» (PPT). Por esta exhortación sabemos que la enseñanza sobre las Escrituras fue una prioridad en las iglesias de ese tiempo. Era algo que se tomaba en serio a tal punto que había personas que dedicaban suficiente tiempo a la preparación y la enseñanza misma y por eso necesitaban ayuda para suplir sus necesidades.

En el párrafo 6:7-8 Pablo empieza a concluir la sección de la carta con un enfoque ético (5:13-6:10). Les advierte que el juicio de Dios es algo serio, real y tiene consecuencias eternas. Después de sus primeras palabras fuertes y directas emplea un proverbio común: «cada uno cosecha lo que siembra» (Job 4:8; Sal 126:5; Pr 22:8; Os 8:7; 1Co 9:11; 2Co 9:6).[44] En esta carta no hay evidencia de libertinaje entre los gálatas; entonces podríamos preguntarnos: ¿por qué la advertencia? Repasar lo que vimos de la traducción «naturaleza pecaminosa» nos ayuda a contestar esta pregunta.

«Carne» es la traducción textual del término griego que Pablo utiliza en este pasaje (y en 5:16, 17, 24). La NVI lo traduce como «la naturaleza pecaminosa» y ciertamente capta algo de lo que Pablo quería comunicar con esa palabra. Pero puede llevar al lector a pensar en un concepto dicotómico del ser humano, en vez de pensar en fuerzas sobre las cuales una persona basa y orienta su vida, sea «según la carne» o «según el Espíritu». El contraste entre carne y Espíritu es paralelo al contraste que Pablo establece entre la era de la maldad y la nueva creación. El uso de carne y Espíritu en otras partes de la carta indica también que

---

[44] No solo es común esta frase en la Biblia sino también en la literatura griega y latina de la época. John Barclay da una lista de ejemplos (*Obeying the Truth: A Study of Paul's Ethics in Galatians*, T. & T. Clark, Edinburgh,1988, p. 164).

IV. EXHORTACIONES A LOS GÁLATAS SOBRE VIVIR EN LIBERTAD (5:2 – 6:1-10)

hay continuidad con el contraste entre lo que es meramente humano y la actividad de Dios. En la terminología de este comentario, se podría decir que la pregunta es: ¿Qué determina la vida en esta comunidad: la religiosidad delimitada humana «carnal», presente en la era de la maldad, o un marco de referencia antirreligioso y centrado, provisto por el Espíritu? (para más detalles sobre el significado de este término, ver el comentario sobre 5:19).

El hecho que Pablo no pone todo el énfasis en la acción humana de «sembrar» en su adaptación del proverbio, apoya esta interpretación de «carne». Pablo se fija también en el papel de la tierra donde uno siembra y cosecha (carne, Espíritu). Al escribir «carne» en este versículo es probable que Pablo pensara en más que la circuncisión y las obras de la ley que se usan para definir quiénes son parte de la familia de Dios, pero también es muy probable que pensara exclusivamente en la circuncisión. Comunica que los que siembran en la tierra de la religiosidad delimitada por confiar en la circuncisión cosecharán todo lo negativo que él ha descrito y, como ya ha explicado, la tierra del Espíritu dará un fruto muy diferente (5:22-23).

Sin embargo, en este versículo 8, aunque están implícitas, Pablo no se refiere a características específicas y presentes como en el capítulo anterior (5:19-26), sino a la destrucción (o «corrupción y muerte» BLA) y a la vida eterna. Entonces lo que uno siembre, según el campo donde lo haga –tierra del Espíritu o tierra de la carne– tendrá consecuencias no sólo presentes sino también eternas. Tal vez hay quienes piensen: ¿Cómo puede ser que el apóstol de la gracia, el que en esta misma carta ha puesto énfasis en la gracia de Dios en vez de las obras humanas, ahora dice que uno tiene que tener cuidado porque la manera en que siembra determinará su destino eterno?

Si entendemos la carta según la experiencia de Lutero, la malinterpretaremos y perderá su profundidad y riqueza. Estas preguntas nacen de la interpretación común. (Ver la Introducción del comentario para una explicación de la influencia de la experiencia de Lutero y una explicación de esa interpretación común.) Un error es pensar que las obras, nuestras acciones, no tienen importancia y que lo único que cuenta es que uno crea por fe que se ha salvado por la gracia de Dios. Sin embargo, Pablo comunica claramente que nuestras acciones y nuestro comportamiento tienen consecuencias para el presente y para la eternidad. Pero eso no quiere decir que Pablo pone menor énfasis en la gracia. La interpretación de la carta propuesta en este comentario afirma la centralidad de confiar por fe que uno es salvo por la gracia de Dios. El problema de la interpretación con demasiada influencia de la experiencia de Lutero está en no poner suficiente énfasis en la gracia de Dios. Para Pablo ésta no es sólo asunto de una oración o de arreglar cuentas en los cielos. Para él la gracia de Dios es el fundamento; en términos de este versículo, es la tierra en que uno siembra. No sólo es asunto de creer en la gracia de Dios sino vivir en su gracia. El carácter de las acciones enraizadas en ella será muy diferente a las acciones enraizadas en la tierra de la religiosidad de un grupo delimitado. Entonces la advertencia a los gálatas de no dejar la libertad del evangelio y vivir de acuerdo a la carne, la religiosidad humana, eso es cosa seria, cosa de vida y muerte.

Veamos los últimos versículos de esta sección, 6:9-10. En vista de la promesa de cosechar vida eterna por el Espíritu (6:8) Pablo exhorta a no cansarse de hacer el bien, aun si hay luchas y oposición, porque está la promesa de la recompensa escatológica. Esta recompensa y la esperanza de la resurrección es un tema común en Pablo (p. ej. Ro 8:18-39; 1Co 15:58; Fil 3:10-14; 3:20-4:1; 2Ts 3:13). Las primeras palabras del versículo 10, «por lo tanto», tienen dos funciones. Invitan al que escucha o lee la carta a establecer una relación entre lo anterior y lo que sigue. También es una manera de llamar la atención a lo que sigue y afirmar su importancia. Aunque Pablo en esta carta no ha hablado mucho de ayudar a los necesitados, los dos lugares donde menciona el tema son lugares de prominencia que afirma la importancia de ese tema. El primero fue en 2:10, las últimas palabras de los líderes de la iglesia en Jerusalén y lo único en que insistían: acordarse de los pobres. Y ahora la última oración en la sección sobre la ética (5:13-6:10) recalca el mismo tema.

Las frases «hacer el bien» (v. 9) y «hagamos bien a todos» (v. 10) son generales y no se limitan tan sólo a una ayuda económica a los pobres. En efecto, es un error decir que en estos versículos Pablo sólo habla de ayudar a los pobres. Sin embargo, sería un error mayor no incluir el ayudar a los pobres en nuestra interpretación de estos versículos. De hecho, en el tiempo de Pablo la frase «hacer el bien» se empleaba comúnmente para referirse a la acción de dar bienes o dinero a otros o a la comunidad (donaciones cívicas).[45] Entonces, con el significado común de esta frase y si recordamos las palabras explícitas de 2:10, podemos decir que cuando

---

[45] Bruce W. Longenecker, p. 142; N.T. (Tom) Wright, *Paul for Everyone: Galatians and Thessalonians*, Westminster John Knox Press, Louisville, 2004, p. 79.

IV. EXHORTACIONES A LOS GÁLATAS SOBRE VIVIR EN LIBERTAD (5:2 – 6:1-10)

Pablo dictó estos versículos tenía en mente, entre otras cosas, la ayuda a los pobres. Muestra una preocupación especial para los de la familia de la fe; sin embargo, no es exclusiva. Llama a los gálatas a hacer el bien también a los que no son parte de la familia de la fe.

El hecho que Pablo mencione a la familia de la fe hace explícita algo que he enfatizado al describir la diferencia entre el paradigma centrado y el delimitado. (Ver «Grupo delimitado y grupo centrado» en la Introducción.) Los dos tienen un sentido de comunidad y se puede diferenciar entre los que son parte del grupo y los que no lo son. Pero lo hacen de una manera muy distinta. No es que los judaizantes enseñan que sólo ciertas personas son parte de la familia de Dios y Pablo enseña un universalismo que incluye a todos en la familia de Dios. La diferencia está en que los judaizantes practican una religión delimitada y utilizan ciertas acciones éticas para distinguir a los que pertenecen a la familia de los que no (2:16), en tanto que Pablo practica un cristianismo centrado que se enfoca en la relación que se tiene con el centro, Jesús, y proclama que su lugar en la familia de Dios depende de confiar en la fidelidad de Jesús (2:16).

Sin embargo, como he comentado repetidamente en la sección sobre ética, poner el énfasis en la gracia y la acción de Dios como el centro no significa que en una comunidad centrada las acciones humanas no tienen importancia. Más bien el énfasis de estos versículos nos hace pensar que parte de la razón por la que Pablo critica a los judaizantes y su uso de ciertas practicas judías como línea divisoria, es porque ellos hacen hincapié en actuar para sentirse parte de la familia, en lugar de actuar por el bien de otros con la seguridad de que uno es parte de la familia por la obra de Jesús.

En las primeras páginas de la Introducción a este comentario expliqué que ha sido común en la época moderna imaginar que Pablo escribió esta carta motivado por una preocupación: había individuos en Galacia confundidos respecto a la gracia, las obras y la salvación. Aunque es cierto que estaba preocupado por los individuos, hemos visto en esta misma sección (6:1-10) que escribió la carta pensando en las comunidades cristianas y preocupado por ellas. Sentimos esa preocupación en la mención de la familia de la fe. Y notamos que su preocupación no era sólo por lo que unos llamaban cosas espirituales, pues en este versículo incluye necesidades físicas. Pablo practicaba y proclamaba un evangelio más amplio y más integral que «el evangelio de Pablo» que muchos predican hoy.

EL PABLO QUE NO CONOCEMOS
(6:1-10)

Una tesis de este comentario es que la mayoría de las personas evangélicas tienen una perspectiva de Pablo demasiado individualista y espiritualizada, y esto es un impedimento para la proclamación y la práctica de un evangelio integral. Si podemos ayudar a las personas a tener un entendimiento más auténtico de los escritos paulinos, esto facilitará la proclamación y la práctica de un evangelio más integral. Como he dicho varias veces en el comentario, criticar la interpretación común no quiere decir que ésta es totalmente equivocada sino que es demasiado limitada. Al rechazar la interpretación común no negamos que el apóstol se preocupaba por el individuo confundido respecto a si la salvación es por la gracia o por las obras, sino que afirmamos que él se preocupaba por eso y mucho más. Esta sección es una excelente oportunidad para ayudar a las personas a conocer a un Pablo diferente que aquel a quien se conoce por la interpretación común influenciada por la experiencia de Lutero. Esta sección en el contexto de toda la carta nos muestra a al apóstol preocupado por la comunidad y el individuo, a un Pablo que se preocupa por lo espiritual, lo moral y las necesidades físicas. Vemos a un ser mucho más complejo y profundo que alguien que ofrece un sencillo entendimiento de las palabras sobre la salvación por gracia y no por las obras. La gracia y la acción de Dios son fundamentales para él, pero esto no significa que las obras no tengan importancia, sino que ellas están enraizadas en algo radicalmente diferente: la gracia de Dios. Esta sección nos desafía a no sólo hablar de la salvación por la gracia de Jesús, sino también a vivir de acuerdo con la ley de Cristo. Pero también nos desafía a hablar sobre la ley de Cristo en el contexto de la libertad de Jesús, y no hacer de esa ley un nuevo legalismo. Nos desafía a estar centrados en Jesús de varias maneras y así formar comunidades radicalmente diferentes que las que produce la religiosidad humana.

El tema de la disciplina en la iglesia está muy presente en esta carta. Dos veces en ésta se hace referencia a echar fuera a los instigadores (4:30, 5:9-10). Está en la confrontación de Pablo con Pedro (2:14-16) e implícita en otros lugares. En 6:1-5 se menciona el tema explícitamente de nuevo y se dan instrucciones de cómo proceder. Hay mucha necesidad en el contexto latinoamericano de poner atención en esta exhortación sobre la disciplina. Algunos me han dicho que la disciplina es usada en exceso, por cualquier falta. Otros me han dicho que en algunas iglesias no se la practica suficientemente. Por ejemplo, una persona me dijo que en su aldea rural casi no practicaban la disciplina porque a los pastores les preocupaba perder miembros de sus iglesias. Pero no sólo es asunto de repetición. La mayoría me han dicho que por lo general es mal practicada. Unos dicen que sus denominaciones tienen buenos reglamentos para disciplinar, pero los pastores no los toman en cuenta. Otros dicen que normalmente la motivación es la preocupación por la reputación de la iglesia y no la preocupación por la persona. Un pastor en un contexto urbano ha observado que muchas iglesias no se preocupan por la conducta del individuo después de la disciplina o, en muchos otros casos, la persona hace caso omiso al llamado a la disciplina, rehusa cooperar con la iglesia y simplemente empieza a asistir a otra iglesia como si nada hubiera pasado. Hay grandes necesidades en relación a este tema. Aunque no podemos en este espacio dar todo lo que el tema requiere o merece, sí hay implicaciones en este texto de Pablo para la práctica de la disciplina. Además de tomar en cuenta las observaciones sobre la práctica de la disciplina que ya mencioné en el comentario sobre esa sección les invito a leer también la reflexión en nuestro contexto sobre Gálatas 4:12-5:1. No voy a repetir aquí esas importantes implicaciones de Gálatas 4:30 que también son pertinentes. Después de profundizar lo mencionado arriba voy a compartir unos comentarios que algunas personas en América Latina me han hecho cuando estudiamos este texto y los comentarios de dos autores.

En la iglesia delimitada la disciplina se enfoca en mantener la integridad de la línea de división y la clara diferencia entre «los de adentro» y «los de afuera». En la iglesia centrada el propósito de la disciplina es mantener la integridad de la relación entre la persona y el centro, Jesús, y la relación entre las personas en la comunidad de fe. En la iglesia delimitada el simple hecho de disciplinar a la persona, despedirla, cumple el propósito. En la iglesia centrada no se logra el propósito de la disciplina hasta que la persona haya sido restaurada. Volvamos al gráfico en la Introducción. Si la flecha de la persona cambia de sentido y ha dado las espaldas al centro, es apropiado reconocer que ya no está en buena relación con el centro y no pertenece al grupo. Pero la meta es ayudarla a volver a la dirección de su flecha y que camine hacia el centro de nuevo. Entonces, la confrontación también es parte de la iglesia centrada, pero se fundamenta en el amor con el propósito de restauración.

Varias personas acentuaron la importancia de actuar. Pensando en la metáfora de la levadura en 5:9 dijeron que si no se actúa, la situación empeora y puede contagiar a otros. David de Silva observa que es importante hacer lo que Pablo dice y hablar con la persona porque de un modo u otro se comunica la actitud negativa de maneras no verbales. Puede ser que no la confronten porque no quieren que se sienta rechazada, pero de todos modos es muy posible que termine sintiéndose desairada. Entonces, es mejor dialogar abiertamente y expresar amor y preocupación como dice Pablo.[46] Otros señalan exactamente esa palabra: dialogar. Practicar verdaderamente lo que Pablo dice en estos versículos no puede desembocar solamente en expulsión sino en diálogo. Y es un diálogo que continúa, en lugar de dejarlo solo por un año. Dagoberto Ramirez F. hace una advertencia importante: «Después de todo, es posible que la imposición de reglas o normas de conducta no sea sino una manera disfrazada de ejercer poder y controlar, para beneficio propio, la vida de la comunidad».[47] Finalmente, una pastora hizo una súplica de mucho valor: si se restaura a la persona, entonces trátala como una persona restaurada.

---

[46] David A. de Silva, *Honor, Patronage, Kinship and Purity: Unlocking New Testament Culture*, InterVarsity, Downers Grove, 2000, p. 91.

[47] Dagoberto Ramirez, «La carta a los Gálatas: un manifiesto acerca de la libertad cristiana», *Teología en Comunidad*, no. 3 (1989):22.

V. CONCLUSIÓN: LA CRUZ Y LA NUEVA CREACION (6:11-18)

¹¹Miren que les escribo de mi puño y letra, ¡y con letras bien grandes!

¹²Los que tratan de obligarlos a ustedes a circuncidarse lo hacen únicamente para dar una buena impresión y evitar ser perseguidos por causa de la cruz de Cristo. ¹³Ni siquiera esos que están circuncidados obedecen la ley; lo que pasa es que quieren obligarlos a circuncidarse para luego jactarse de la señal que ustedes llevarían en el cuerpo. ¹⁴En cuanto a mí, jamás se me ocurra jactarme de otra cosa sino de la cruz de nuestro Señor Jesucristo, por quien el mundo ha sido crucificado para mí, y yo para el mundo. ¹⁵Para nada cuenta estar o no estar circuncidados; lo que importa es ser parte de una nueva creación. ¹⁶Paz y misericordia desciendan sobre todos los que siguen esta norma, y sobre el Israel de Dios.

¹⁷Por lo demás, que nadie me cause más problemas, porque yo llevo en el cuerpo las cicatrices de Jesús.

¹⁸Hermanos, que la gracia de nuestro Señor Jesucristo sea con el espíritu de cada uno de ustedes. Amén.

Pablo escribe con su propia mano la conclusión a la carta a los gálatas. Una práctica común en el tiempo y contexto de Pablo era dictar cartas a un escriba.[1] También era común para el autor de la carta escribir con su propia mano un saludo o resumen corto al final de la carta. Escribir con su propia letra afirma la autenticidad de la carta, pero también le da un toque personal. Es como si actualmente alguien añadiría una nota escrita a mano a una carta elaborada en una computadora. Sin embargo, estos versículos no son una mera formalidad. Pablo recapitula los puntos principales de la carta con palabras francas y directas como un último intento de persuadir a sus oyentes. Estos versículos nos dan también la oportunidad de ver los temas principales de la carta en forma condensada.

---

[1] En la carta a los Romanos el escriba, Tercio, inserta un saludo propio (16:22).

Otras cartas de Pablo también dicen «les escribo de mi puño y letra» (1Co 16:21; Col 4:18; 2Ts 3:17; Flm 19) pero sólo aquí en el versículo 11 Pablo menciona lo de las letras grandes. Algunos piensan que eso muestra que él tenía alguna afección en la vista. Pero es especulación. Otros piensan que usaba letras grandes para recalcar lo que escribía, como cuando uno escribe **en negrita** para llamar la atención. Por la fuerte emoción que Pablo había mostrado en esta carta (1:6; 3:1; 5:12) es fácil imaginar que también escribiría con más emoción de lo normal y usaría letras grandes. Sin embargo, aunque la práctica de usar letras más grandes o negritas para enfatizar algo es común para nosotros, no hay ejemplos en el tiempo de Pablo que muestren claramente que se usaban letras grandes para subrayar.[2] La realidad es que no sabemos por qué Pablo menciona lo de las letras grandes. Puede ser que sólo hace notar la diferencia entre su letra y la letra más refinada del escriba.

La circuncisión que se menciona varias veces en la corta conclusión confirma que es un tema central en el conflicto de las iglesias en Galacia. Sin embargo, estos versículos también muestran lo que he mencionado antes: el problema no es un debate sobre una lista de reglas, la circuncisión incluida, y otra lista de reglas religiosas propuesta por Pablo sin nombrar la circuncisión. Vemos otra vez que Pablo profundiza más y marca contrastes más sustanciosos: entre el presente mundo malvado (1:4) y la nueva creación, entre la religión y el evangelio de la cruz de Jesús, entre lo que en este comentario he llamado el paradigma delimitado y el paradigma centrado, y entre la carne y el Espíritu. (Ver «Una definición de la religión» y «Grupo delimitado y grupo centrado» en la Introducción.)

En los primeros versículos (6:12-13) de esta conclusión Pablo se enfoca de nuevo en los instigadores del problema en las iglesias de Galacia. (Para una explicación más completa de quiénes eran los instigadores y qué enseñaban y por qué, ver «Los instigadores» y «El estereotipo de los instigadores» en la Introducción.) Pablo trata de disminuir la credibilidad de los judaizantes y quitar su autoridad al delatar su verdadera motivación de persuadir a los gentiles cristianos a circuncidarse. Es como decir: «Ellos aparentan estar preocupados por ustedes, pero la verdad es que su motivación se basa en intereses personales». Sin embargo, estos dos versículos hacen más que sólo acusar a los instigadores de una falta

---

[2] Schellenberg, «New Creation as Canon: Galatians 6:11-18», ensayo no publicado, 8 de diciembre, 2003, p. 5.

V. CONCLUSIÓN:
LA CRUZ Y LA NUEVA CREACIÓN 6:11-18)

de sinceridad; también nos enseñan cosas importantes sobre la religión y el paradigma delimitado. Específicamente Pablo dice que los intereses personales de los judaizantes son: dar una buena impresión, evitar la persecución y jactarse de la circuncisión de los creyentes no judíos. Vamos a explorar primero el tema de evitar la persecución y después reflexionaremos en forma conjunta sobre los otros dos puntos. Por una razón u otra los judaízantes han sufrido persecución, o temen sufrirla, debido a que los cristianos gentiles no se circuncidan. Es importante recordar lo que mencionamos antes: ésta era una cultura que ponía mucho énfasis en el honor. Perder honor era algo que se quería evitar. De igual manera, ya que se trataba de una sociedad colectiva no individualista, la identidad social del grupo al cual uno pertenecía tenía mucha importancia. Tal vez nosotros nos preocupemos más pensando «¿Qué opinarán de mí?», pero en la cultura del aquel tiempo la preocupación giraba más en torno a la pregunta: «¿Qué pensarán de nuestro grupo?» (Ver «Una sociedad que busca el honor y evita la vergüenza» en la Introducción.)

Por un lado, en una cultura que valoraba lo antiguo más que lo nuevo y donde las religiones tenían muchos ritos y celebraciones es posible que los feligreses de otras religiones se burlasen de los cristianos porque participaban de un movimiento tan nuevo y tan informal como las iglesias que fundó Pablo que no practicaban ritos como en otras religiones. Entonces, identificarse más con algo antiguo y con todo un sistema de ritos y celebraciones como el judaísmo, los ayudaría a obtener estatus y aceptación. Por otro lado, es muy probable que otros judíos criticasen a los judíos cristianos por asociarse con gentiles cuando se congregaban para celebrar sus ritos religiosos, especialmente porque comían juntos, algo que al menos algunos judíos consideraban inapropiado. Entonces es muy probable que los judaizantes viesen su evangelio y práctica de la vida cristiana como una respuesta muy positiva a dichas situaciones. Si ellos habían sufrido persecución, insultos y vergüenza por parte de judíos no cristianos, o de personas de otras religiones, o de los unos y los otros, lo cierto es que escogieron el camino de la religiosidad común en vez del camino de la cruz. Como escribe Richard Hays: «Al domesticar el evangelio, al hacer sólo una revisión pequeña a la religión de la ley de los judíos, los misioneros instigadores evitaban las implicaciones radicales del evangelio y se acomodaban a categorías religiosas reconocidas».[3] No significa que no mencionaran la cruz de Jesús en su predicación, sino que no la interpretaban a la manera de Pablo como el final de la religiosidad dentro del presente mundo (1:4; 6:14-15).

Evitar las persecuciones y quedar bien con otros obviamente están relacionados, pero vale la pena reflexionar un poco más sobre las otras frases en estos dos versículos (12-13). ¿Cómo es que por obligar a los cristianos gentiles a circuncidarse los judaizantes podrán jactarse y dar una buena impresión? Contestaremos esta pregunta primero de forma general desde el punto de vista del concepto de un grupo delimitado y después la contestaremos teniendo en mente específicamente el asunto étnico.

Cuando alguien que está afuera de un grupo delimitado cambia sus acciones o su doctrina para entrar al grupo y estar del lado correcto de la línea de división, la línea que delimita al grupo es validada. Es como decir: «Esta línea de ustedes tiene importancia, es acertada, verdaderamente distingue a los que son de los que no son parte de este grupo». Esto hace que los miembros del grupo delimitado se sientan más seguros. La acción del que se convierte y sigue lo que demanda el grupo reafirma las líneas de división pero aún más reafirma al grupo. Si alguien quiere formar parte del grupo es porque el grupo tiene valor. Entonces todo el grupo gana honor en la opinión de quienes lo observan. Como tener nuevos miembros es algo positivo para el grupo, ya que reafirma las líneas de división, la persona que atrae nuevos miembros gana honor dentro del grupo. Asimismo, si los instigadores convencen a los gentiles cristianos a vivir de acuerdo con las normas religiosas de los judíos, quedarán bien con otros en el grupo delimitado de judíos o judaizantes cristianos. Podrán jactarse diciendo: «Miren a los gentiles que yo he convencido a vivir como judíos».

Imaginarlos jactándose no es sólo cuestión de religiosidad sino también de identidad étnica. Como escribe Ryan Schllenberg: «Entonces la queja de Pablo es que los instigadores desean jactarse de la circuncisión de los gálatas como símbolo de su inherente superioridad. Es decir, que los demás vean la circuncisión de los gálatas como una afirmación» del estatus especial que los judíos tienen con Dios. Los instigadores buscan la afirmación de su estatus honorable como judíos al requerir que los cre-

---

[3] Richard B. Hays, «The Letter to the Galatians», en *The New Interpreter's Bible*, vol. 11, Abingdon Press, Nashville, 2000, p. 342.

V. CONCLUSIÓN:
LA CRUZ Y LA NUEVA CREACIÓN 6:11-18) 247

yentes gentiles en la comunidad de fe emulen las prácticas de los judíos».[4] Como hemos visto en varios lugares en la carta, en estos versículos vemos que la preocupación de Pablo no sólo es por el individuo y su salvación, sino también por la comunidad y su unidad. Desea ver una comunidad de fe que celebre unida la cena del Señor sin hacer distinciones entre judíos y griegos, esclavos o libres, hombres o mujeres (2:11-16; 3:28).

Hay varias posibilidades en la manera de interpretar la frase de Pablo en el versículo 13: «Ni siquiera esos que están circuncidados obedecen la ley». Unos piensan que Pablo así comunica que es imposible obedecer toda la ley. Pero esa interpretación tiene que ver más con la experiencia de Lutero que con lo que pasaba en Galacia o el tema de estos versículos. (Ver «El estereotipo de los instigadores» en la Introducción.) Hay dos alternativas mejores. Una es relacionar esa frase con el comentario de Pablo en Gálatas 5:14-15, que «toda la ley se resume en un solo mandamiento: "Ama a tu prójimo como a ti mismo"». Los instigadores piensan en sí mismos y no en los gentiles cristianos. Aunque hablan mucho de la ley están lejos de cumplir lo esencial de la ley.

Otra posibilidad es que Pablo ponga el énfasis en explicar que los judaizantes no incitan a la circuncisión por la preocupación por obedecer la ley sino por querer jactarse de la acción de los gentiles.[5] La traducción de la NVI, en contraste con la mayoría de otras traducciones, reconoce que no hay oposición entre las dos partes del versículo 13 y entonces no se incluye la palabra «pero». Así se afirma la relación entre las dos partes del versículo. Podemos escoger una de las dos posibilidades, pero es posible reiterar ambas, como vemos en las palabras de Hansen, «Los instigadores no estaban interesados en la transformación moral de los cristianos en Galacia... sino [en] mantener su propia identidad nacionalista como buenos judíos. Porque su orgullo nacionalista controlaba sus acciones, no cumplían el mandamiento central de la ley: "Ama a tu prójimo como a ti mismo"».[6]

La NVI opta por no usar la palabra «carne» en los versículos 6:12-13. En 6:12:
«Todos los que quieren agradar en la carne, esos os obligan...»
(RVR)

---

[4] Schellenberg, *op. cit.*, p. 9.
[5] Schellenberg, *op. cit.*, p. 12.
[6] Walter G. Hansen, *Galatians*, The IVP NT Commentary Series, Downers Grove, InterVarsity, 1994, p. 199.

«Los que tratan de obligarlos a ustedes a circuncidarse lo hacen únicamente para dar una buena impresión...» (NVI)

En 6:13:

«...para gloriarse en vuestra carne» (RVR).

«...para luego jactarse de la señal que ustedes llevarían en el cuerpo» (NVI).

Los traductores de la NVI han hecho bien en comunicar con claridad el significado de las palabras de Pablo con esas frases. Es fácil hoy malinterpretar lo que Pablo quiso comunicar con la palabra «carne». (Ver el comentario sobre 5:16.) Así que fue una buena decisión de la NVI. Pero perdimos algo por no incluir la palabra «carne». Perdimos los múltiples significados que Pablo comunica al usar esta palabra. En verdad, Pablo quiere comunicar que los instigadores anhelaban dar una buena impresión, pero al usar la palabra «carne» el apóstol hace alusión a la circuncisión. También es importante notar que al utilizar «carne» Pablo hace alusión al contraste que hizo en el capítulo 5 entre la carne y el Espíritu, entre lo que es meramente humano y lo que es la actividad de Dios. En esta sección Pablo empieza a tratar el tema del contraste entre el presente mundo malvado y la nueva creación, no sólo en los versículos 14-15 sino desde el principio del versículo 12 donde emplea la palabra «carne».

Pablo sigue con el tema de la jactancia pero marca un contraste radical entre él y los instigadores. Escribe: «En cuanto a mí, jamás se me ocurra jactarme de otra cosa sino de la cruz de nuestro Señor Jesucristo,...» (6:14). Es una paradoja hablar de jactarse de la cruz. En aquel contexto es una paradoja porque la cruz era un instrumento de tremenda vergüenza. Cualquiera, por vergüenza, trataría de no mostrar relación alguna con alguien crucificado. En el contexto cristiano también es una paradoja. La cruz es el lugar donde no hay orgullo humano. La cruz revela el pecado humano, pero hablar positivamente de la cruz es hablar del lugar de la acción de Dios. «"Jactarse" de la cruz, entonces, es reconocer que nuestras acciones humanas sólo producen muerte y que nuestra seguridad depende de la gracia de Dios, que nos rescata del presente mundo malvado».[7] Jactarse de la cruz no es elevarse uno mismo sino enfocarse en Dios. Los que están en una iglesia delimitada pueden hablar mucho de la cruz, pero ceñirse a la línea divisoria los lleva a poner su atención

---

[7] Hays, *op. cit.*, 2000, p. 344.

V. CONCLUSIÓN:
LA CRUZ Y LA NUEVA CREACIÓN 6:11-18)

en sus acciones y jactarse del grupo o de uno mismo. La dinámica de una iglesia centrada es lo opuesto: como la seguridad del grupo y de los individuos está en el centro, en su relación con el centro, naturalmente ponen más énfasis en las acciones de Dios que en sus propias acciones. Vemos esta realidad en el contraste entre los instigadores (6:12-13) y Pablo (6:14).

Para Pablo la cruz es un evento transformador entre el mundo tal cual era (1:4) y la nueva creación (6:15). Pablo escribe: «por quien el mundo ha sido crucificado para mí, y yo para el mundo». Aunque el lenguaje es sintético sentimos en esa frase y en esos versículos (14-15) el efecto de la cruz a nivel individual y también a nivel cósmico. Pablo tiene una identidad nueva por la cruz (2:19-20) y los poderes del mundo han sido expuestos y derrotados (Col 2:13-15), incluido el poder esclavizador-religioso, los *stoijeia* de este mundo (4:1-11, Col 2: 8, 20). Hays observa: «La muerte y la resurrección de Jesús han hecho una nueva realidad que determina el destino de toda la creación. Por eso en la próxima oración (v. 15) Pablo habla de "nueva creación"».[8]

Nueva creación

La frase paulina «nueva creación» es muy conocida, pero es más conocida como «nueva criatura» por la traducción de 2 Corintios 5:17 en la RVR. Aunque no hay nada en ese versículo de Gálatas (6:15) que equipare explícitamente la «nueva creación» con una persona como individuo, puede ser que muchos lo lean así por la influencia de esta versión. Entonces, antes de interpretar esta frase en Gálatas vale la pena mirar el texto en 2 Corintios.

La traducción e interpretación común de 2 Corintios 5:17 refleja una fuerte influencia del individualismo y el espiritualismo. «De modo que si alguno está en Cristo, nueva criatura es: las cosas viejas pasaron; todas son hechas nuevas» (2Co 5:17, RVR). Los cristianos se han servido de este versículo para explicar lo que sucede cuando una persona experimenta la salvación de su alma. Esta persona es una «nueva criatura» o una «nueva persona» que actúa de modo distinto. Ha abandonado su comportamiento moral antiguo y ahora practica una nueva moralidad.

Esta traducción no es necesariamente la más obvia o la mejor. Una traducción textual del griego de este versículo, palabra por palabra, es:

---

[8] Hays, *op. cit.*, 2000, p. 344.

«Así si alguno [¿?] en Cristo, [¿?] una nueva creación, las cosas viejas pasaron, he aquí todas han sido hechas nuevas». El traductor tiene que decidir con qué verbos reemplazar los signos de interrogación y cómo entender el sentido de «nueva creación».[9] Aunque hay cuatro traducciones de la Biblia en inglés que interpretan «creación» en un sentido amplio («hay una nueva creación», en lugar de «ella o él es una nueva creación»), la mayoría de las traducciones en inglés y en español más conocidas interpretan «creación» en un sentido individualista. Mientras la traducción menos individualista guía al lector a mirar hacia el exterior y pensar en la obra de Cristo en un sentido amplio, la traducción individualista hace que el lector mire hacia su interior. Como Joel Green, especialista en el Nuevo Testamento, afirma:

> [En este versículo] el apóstol no se refiere a la renovación del individuo como un pecador a quien se le ha perdonado. Al leer este texto con la vista puesta en el creyente individual, entonces, se pierde la dimensión cósmica de la proclamación de San Pablo: se fija el entendimiento de la salvación en los cambios del creyente individual, y se pasa por alto el alcance más amplio de la obra creadora de Dios en el mundo.[10]

La interpretación más amplia, o menos individualista, no descarta los cambios importantes que ocurren en la vida de los individuos, pero abarca mucho más, en contraste con la lectura individualista espiritualizada, que descarta implicaciones más amplias y limita el impacto del evangelio a la vida del individuo.

La traducción en la RVR también induce al lector a leer Gálatas 6:15 de manera demasiado individualista al traducirlo «...sino la nueva criatura» en vez de usar la traducción más común de la palabra: creación. La NVI hace una buena traducción contextual: «lo que importa es ser parte de una nueva creación». Digo contextual porque, en una situación en que existe una fuerte tendencia a leer el versículo de una forma individualista, esta traducción lo deja muy en claro: el individuo

---

[9] Ver *The New English Bible, New Century Version, Common English Bible y New Revised Standard Version*. Para una discusión de la traducción de este versículo, ver Victor Paul Furnish *II Corinthians*, Anchor Bible, Doubleday, Garden City, 1984, pp 332-333, y Ralph P. Martin, *2 Corinthians*, Word Bible Commentary, Word, Waco, 1986, p. 152. Tanto Furnish como Martin lo traducen: «there is a new creation» (hay una nueva creación).

[10] Joel Green, «America's Bible: Good News for All Nations?», Radix, 18 (4, 1988):26.

V. CONCLUSIÓN:
LA CRUZ Y LA NUEVA CREACION 6:11-18)

no es la nueva creación, sino que la nueva creación es una obra de Dios mucho más grande que el individuo. Como dije antes, la interpretación más amplia puede incluir cambios en la vida del individuo. Abogar por la traducción «nueva creación» en vez de la traducción individualista «nueva criatura» no es descartar la importancia de la transformación de individuos. Es, sin embargo, enfatizar que sólo habrá una transformación profunda y verdadera de los individuos si ellos son parte de una nueva creación más amplia.

Concuerda con los escritos de Pablo, y esta carta a los gálatas, el énfasis que se coloca en ambos aspectos: la preocupación por la transformación individual, y un enfoque en la obra de Dios por la cruz de Jesús que ha realizado un cambio radical del mundo. Hay una nueva creación, hay libertad del presente mundo malvado (1:4). Sin embargo, es importante reconocer que la traducción de la NIV ha incluido palabras de interpretación que no están en el texto original. Textualmente sólo hay tres palabras en griego en esa parte del versículo: «sino nueva creación». Es apropiado decir que Gálatas 6:15 enseña que para el individuo lo importante no es circuncidarse o no circuncidarse, sino ser parte de la nueva creación. Pero también es importante reconocer que Pablo no sólo aconseja a individuos, sino que también habla al nivel de la religión, de los poderes, los *stoijeia* (4:1-11, Col 2: 8, 20) y hace la observación que por la obra de Jesús hay una nueva creación donde aquellas cosas que son tan importantes para la religión delimitada ya no tienen importancia. En la nueva creación hay libertad del poder de la religión.

Hemos analizado ciertos detalles de estos versículos (6:14-15) pues era importante hacerlo. Sin embargo, también se corre el riesgo de perder el poder de las oraciones tan compactas por fijarse en los detalles. Richard Hays nos aconseja reconocer el poder metafórico de estas palabras y no limitar las frases como «el mundo ha sido crucificado para mí», «ser circuncidados», y «nueva creación», a ser sólo conceptos unívocos.[11] Cuando Pablo escribió estos versículos finales pienso que no sólo trató de impartir información, sino también de hacer sentir a los oyentes el poder del evangelio y moverlos a visualizar paradigmas diferentes, y no sólo paradigmas diferentes sino un mundo diferente. Entonces es importante para nosotros también no limitar el significado de las frases a un concepto específico ni perder el poder de las imágenes al separar las oraciones y

---

[11] Richard B. Hays, *The Faith of Jesus Christ: The Narrative Substructure of Gal. 3:1-4:11*, segunda edición, Eerdmans, Grand Rapids, 2002, p. xxxiv.

mirarlas parte por parte. Después de haber visto los detalles ahora vamos a reflexionar sobre estos dos versículos como una unidad. Los invito a pedir al Espíritu que nos ayude no sólo a entender sino también a sentir la radicalidad de esas palabras escritas por la propia mano de Pablo.

Cuán extraño les habrá parecido a aquellos entregados a la religión «carnal» de la era presente cuando Pablo dijo: «Para nada cuenta estar o no estar circuncidados» (6:15). Podemos imaginar lo que habrán pensado: «Pero, ¿cómo es esto? Pensábamos que Pablo estaba en contra de la circuncisión de los cristianos gentiles. ¿Habrá querido decir que eso no importa?» Desde el punto de vista religioso lo que Pablo dice no tiene sentido, ya que las reglas que proveen líneas divisorias tienen importancia en una comunidad religiosa. Sin embargo, en su carta ha proclamado liberación del poder esclavizante de la religión y sus líneas divisorias. Les ha dicho a los gálatas que esta libertad, basada en la acción de Dios en Jesucristo, provee la posibilidad de vivir juntos en una comunidad de una manera totalmente nueva.

Como escribe Ryan Schellenberg: «La realidad de la nueva creación inaugurada por la cruz y encarnada en la vida de Pablo mismo hace nula la ideología en la cual los instigadores cimientan su enseñanza».[12] En la nueva creación el debate sobre la circuncisión no es necesario. Esencialmente Pablo les dice: «Si todavía no me han entendido, permítanme dejar esto en claro: no se trata de una lista de reglas en contraposición con otra. El asunto es si ustedes están enraizados en este mundo malvado –en la presente era de maldad– o en la nueva realidad creada por la cruz».

En esta carta Pablo maldice a quienes distorsionan el evangelio. Al finalizar la carta (6:16) pronuncia palabras de bendición. Es una bendición muy tradicional con un carácter hebraico (ver, por ejemplo, Sal 125:5; 128:6). Las palabras «paz» y «misericordia» corresponden a las palabras hebraicas «*shalom*» y «*hesed*». Pero notamos que no es una bendición que el apóstol anhela que descienda «sobre todos los que siguen esta norma, y sobre el Israel de Dios» (6:16). La norma a la cual se refiere Pablo es la que acaba de mencionar en los versículos anteriores: no jactarse de otra cosa sino de la cruz, y no trazar líneas divisorias basadas en la circuncisión o la no circuncisión, sino en vivir la nueva creación hecha efectiva por la cruz. Es posible que también piense en cosas relacionadas que había escrito antes en el capítulo 5. La palabra en griego

---

[12] Schellenberg, *op. cit.*, p. 3.

V. CONCLUSIÓN:
LA CRUZ Y LA NUEVA CREACIÓN 6:11-18)

que se traduce como «siguen» es la misma palabra que se traduce como «andemos guiados» en 5:25. Entendemos cada oración mejor leyéndola en relación con la otra. Andar con el espíritu (5:25) es practicar lo que se describe en 6:14-15.

La frase «el Israel de Dios» no aparece en otras cartas de Pablo ni en los escritos de los judíos del tiempo de su tiempo o anteriores. Algunos piensan que al decir «el Israel de Dios» Pablo se refiere a los judíos que todavía no habían aceptado a Jesús como el Mesías. Pero en el contexto de esta carta es difícil imaginar que lo usase con ese significado. Ha puesto mucho énfasis en que los gentiles que son cristianos son parte del pueblo de Dios por estar en Cristo sin tener que vivir como judíos y circuncidarse (3:6-9, 29; 4:28, 31). Entonces es más probable que «el Israel de Dios» y «los que siguen esta norma» se refieran a las mismas personas. La palabra griega *kai* en este versículo, que en muchas versiones de la Biblia se traduce como «y», a veces significa «es decir».[13] Este significado sería una mejor traducción de este versículo. Por ejemplo *La Biblia Latinoamérica* prefiere ese significado de la palabra *kai*: «...a los que viven según esta regla, que son el Israel de Dios» (6:16).[14] De esta manera Pablo niega el argumento de los instigadores, aun en medio de una bendición en las últimas oraciones de la carta.

Después de desear una bendición condicional a los que están de acuerdo con él, en el versículo 17 Pablo ruega a los que no están de acuerdo que no causen más problemas. Como base de esa petición escribe: «porque yo llevo en el cuerpo las cicatrices de Jesús». Probablemente se refería a las cicatrices dejadas en su cuerpo por las varias veces que lo azotaron por predicar el evangelio de Jesús (Hch 14:19; 2Co 11:23-27; 2Co 6:4-5) y esta traducción lo capta correctamente. Pero la traducción más exacta de «las marcas de Jesús» (RVR) nos invita a ver el doble significado que Pablo quiere comunicar. En el tiempo de Pablo dos usos muy comunes de la palabra griega *stigmata* se referían a la marca que se ponía en la piel del esclavo con hierro candente y a las marcas de los tatuajes religiosos.[15] Entonces, por un lado Pablo comunica que sus cicatrices muestran su integridad y que ha estado dispuesto a pagar el costo de predicar la verdad del evangelio. Pero parece que al incluir la palabra «marcas» se refiere también a sus cicatrices de manera simbólica. Ryan

---
[13] J. Louis Martyn, *Galatians*, The Anchor Bible, Doubleday, New York, 1997, p. 567.
[14] *El Testamento Nueva Vida* tiene una traducción similar a *La Biblia Latinoamérica*.
[15] Hays, *op. cit.*, 2000, p. 347; Schellenberg, *op. cit.*, p. 21.

Schellenberg opina: «Parece que Pablo establece una relación metafórica entre las marcas de su sufrimiento y los tatuajes que indicaban a qué dios o amo uno pertenecía. En contraste con los instigadores que tienen la marca de la circuncisión pero huyen de la persecución, las marcas de Pablo reflejan su fidelidad a Cristo en medio de la persecución».[16] En este versículo él parece tener en mente temas que trató en los versículos anteriores (6:12-15). Los instigadores deben dejar de molestarlo no sólo porque sus cicatrices muestran su compromiso con el evangelio y su integridad, sino también porque esas marcas muestran que él está bajo órdenes y autoridad de su amo Jesús. Al causarle problemas a él, le causan problemas a Jesús.

Pablo termina esta carta de tanta pasión y palabras duras en un tono de hermandad y de bendición que afirma que los gálatas y él son hermanos y hermanas de la familia de Dios. Escribe: «la gracia de nuestro Señor Jesucristo sea con el espíritu de cada uno de ustedes» (6:18). La gracia de Jesús rodea toda esta carta (1:3-4; 6:16, 18). Podemos imaginarnos que Pablo escribió la palabra «amén» no sólo como cosa de rutina, sino que con todo su ser oraba que «así sea» y que después de oír la lectura de esta carta los oyentes también dijeran un «amén» afirmativo.

LA NUEVA CREACIÓN (6:11-18)

Como dije antes, esta sección nos da la oportunidad de ver los temas principales de la carta de manera abreviada, así que también es tierra fértil para la predicación temática sobre Gálatas. Una buena posibilidad para la predicación es combinar esta sección con otro texto importante de Gálatas como 1:4, 2:11-16 o 3:28. Si se predica una serie de sermones o se dicta una clase sobre toda la carta, estos versículos se prestan bien para repasar los temas de la carta y concluir con los poderosos versículos 6:14-15.

La frase «nueva creación» presenta ricas posibilidades para la predicación, pero también es un desafío especial. Como expliqué en el comentario, es muy probable que una traducción e interpretación demasiado individual y espiritual de 2 Corintios 5:17 distorsione la manera en que muchos entiendan la frase en Gálatas 6:15. Puede ayudar a explicarlo como lo he hecho en el comentario. También será de mucho valor en la predicación dar ejemplos concretos de la nueva creación. Primero se pueden dar ejemplos de la carta misma: la nueva creación es evidente

---

[16] Schellenberg, *ibid.*

V. CONCLUSIÓN:
LA CRUZ Y LA NUEVA CREACIÓN 6:11-18)

cuando los judíos y gentiles comen juntos en la misma mesa (2:11-14); la nueva creación es una comunidad cristiana que experimenta el poder del Espíritu (3:2-5); la nueva creación es una comunidad de fe que no hace distinciones entre judío y griego, esclavo y libre, hombre y mujer (3:28); la nueva creación es una comunidad de cristianos que vive en libertad del poder de la religión (4:8-10, 5:1); la nueva creación es una comunidad que muestra el fruto del Espíritu (5:22-23); y la nueva creación es una comunidad cristiana en la cual se ayudan los unos a los otros (6:1-10). Después, sería bueno dar ejemplos del contexto propio, o si se dicta una clase o estudio bíblico es conveniente invitar a los participantes a pensar y proponer ejemplos propios.

Espero que Dios use la lectura de Gálatas y este comentario en su vida y en la vida de su iglesia para que experimenten una libertad profunda que supere la religiosidad limitada y les dé una visión más amplia de la nueva creación hecha posible por la cruz de Jesucristo.

BIBLIOGRAFÍA

Arens, Eduardo, *Han sido llamados a la libertad: La carta de san Pablo a los Gálatas y su actualidad*, CEP, Lima, 2009.

Baker, Marcos, *¡Basta de religión!: Cómo construir comunidades de gracia y libertad*, Ediciones Kairós, Buenos Aires, 2005.

Baker, Marcos, *Centrado Jesús*, Ediciones Shalom, Lima y Ediciones Semilla, Guatemala, 2013.

Baker, Marcos, *¿Dios de ira o Dios de amor?: Cómo superar la inseguridad y ser libres para servir*, Ediciones Kairós, Buenos Aires, 2007.

Banks, Robert, *Going to Church in the First Century*, Christian Books Publishing House, Auburn, 1980.

Banks, Robert, *Paul's Idea of Community*, segunda edicion, Hendrickson, Peabody, 1994.

Barclay, John, *Obeying the Truth. A Study of Paul's Ethics in Galatians*, T. & T. Clark, Edinburgh, 1988.

Barth, Karl, *Al servicio de la palabra*, Sígueme, Salamanca, 1985.

Barth, Karl, *The Church Dogmatics*, vol. 4/1, T. & T. Clark, Edinburgh, 1956.

Barth, Karl, *La revelación como abolición de la religión*, Ediciones Marova, Madrid, 1973.

Barth, Markus, «The Kerygma of Galatians», *Interpretation*, vol. 21, no. 2 (Abril 1967):131-146.

Bassler, Jouette, ed. *Pauline Theology: Toward a New Synthesis*, vol. 1. Fortress, Minneapolis, 1991.

Betz, H. D., *Galatians*, Hermeneia, Fortress, Philadelphia, 1979.

Branson, Mark Lau y C. René Padilla, eds., *Conflict and Context: Hermeneutics in the Americas*, Eerdmans, Grand Rapids, 1986.

Bruce, F. F., "The Epistle to the Galatians: A Commentary on the Greek Text", New International Greek NT Commentary, Eerdmans, Grand Rapids, 1982.

Cousar, Charles B., *Galatians,* Interpretation, John Knox, Louisville, 1982.

Driver, Juan, *La obra redentora de Cristo y la misión de la iglesia,* Nueva Creación, Buenos Aires, 1994.

de Silva, David A., *Honor, Patronage, Kinship and Purity: Unlocking New Testament Culture,* InterVarsity, Downers Grove, 2000.

Dunn, J. D. G., *A Commentary on the Epistle to the Galatians,* A. C. Black, London, 1993.

Dunn, J. D.G., «The Justice of God: A Renewed Perspective on Justification by Faith», *Journal of Theological Studies,* 43 (1992):1-22.

Dunn, J. D. G., *Jesus Paul and the Law: Studies in Mark and Galatians,* SPCK, London, 1990.

Dunn, J. D. G., «Once More *Pistis Christou*», *Pauline Theology,* vol. IV eds. Elizabeth E. Johnson y David Hay, Scholars Press, Atlanta,1997, pp. 61-79.

Dunn, J. D. G., *The Theology of Paul's Letter to the Galatians,* Cambridge University Press, Cambridge, 1993.

Dunn, J. D. G. and Alan M. Suggate, *The Justice of God: A Fresh Look at the Old Doctrine of Justification by Faith,* Eerdmans, Grand Rapids, 1993.

Ellul, Jacques, *Ethics of Freedom,* Eerdmans, Grand Rapids, 1986.

Ellul, Jacques, *Living Faith,* Harper & Row, San Francisco, 1983.

Ellul, Jacques, «El sentido de la libertad San Pablo», *Boletín Teológico* 12 (octubre-diciembre, 1983):55-76.

Ellul, Jacques, *La subversión del cristianismo,* Ediciones Carlos Lohlé, Buenos Aires, 1990.

Esler, Philip F., *The First Christians in Their Social Worlds: Social Scientific Approaches to New Testament Interpretation,* Routledge, London, 1994.

Esler, Philip F., *Galatians*, Routledge, London, 1998.

Fung, Ronald Y. K., *The Epistle to the Galatians*, New International Commentary of the NT, Eerdmans, Grand Rapids,1988.

Gaventa, Beverly Roberts, «The Singularity of the Gospel: A Reading of Galatians», *Pauline Theology 1*, ed. Jouette M. Bassler, Fortress, Minneapolis, 1991.

Gaventa, Beverly Roberts, «Is Galatians Just a "Guy Thing"?: A Theological Reflection», *Interpretation 54* (July 2000):267-78.

Gaventa, Beverly Roberts, «The Maternity of Paul: An Exegetical Study of Galatians 4:19», *The Conversation Continues: Studies in Paul and John in Honor of J. Louis Martyn*, eds. Robert T. Fortna and Beverly R. Gaventa, Abingdon, Nashville, 1990, pp.189-201.

Gorman, Michael J. *Inhabiting the Cruciform God: Knosis, Justification, and Theosis in Paul's Narrative Soteriology*, Eerdmans, Grand Rapids, 2009.

Hansen, G. Walter, Galatians, *The IVP NT Commentary Series*, Downers Grove, InterVarsity, 1994.

Hays, Richard B., «Psalm 143 and the Logic of Romans 3», *Journal of Biblical Literature 99*, no. 1 (1980):107-115.

Hays, Richard B., «Jesus' Faith and Ours: A Rereading of Galatians 3», *Conflict and Context: Hermeneutics in the Americas*, eds. Mark Lau Branson and C. René Padilla. Eerdmans, Grand Rapids,1986, pp. 257-268.

Hays, Richard B., «Postcript: Further Reflections on Galatians 3», *Conflict and Context: Hermeneutics in the Americas*, eds. Mark Lau Branson and C. René Padilla, Eerdmans, Grand Rapids, 1986, pp. 274-280.

Hays, Richard B., «Christology and Ethics in Galatians: The Law of Christ», *Catholic Biblical Quaterly 49* (1987):268-290.

Hays, Richard B., «Justification», *Anchor Bible Dictionary*, vol. III, ed. David N. Freedman, Doubleday, New York, 1992, pp. 1129-1133.

Hays, Richard B., «Pistis and Pauline Christology», *Pauline Theology,* vol. *IV* eds. Elizabeth E. Johnson y David Hay, Scholars Press, Atlanta, 1997, pp. 35-60.

Hays, Richard B., «The Conversion of the Imagination: Scripture and Eschatology in 1 Corinthians», *New Testament Studies* 45 (1999):391-412.

Hays, Richard B., «The Letter to the Galatians», *The New Interpreter's Bible 11*, Abingdon Press, Nashville, 2000, pp. 181-348.

Hays, Richard B., *The Faith of Jesus Christ: The Narrative Substructure of Gal. 3:1-4:11*, Segunda edición, Eerdmans, Grand Rapids, 2002.

Hays, Richard B., «Made New by One Man's Obedience: Romans 5:12-19», *Proclaiming the Scandal of the Cross: Contemporary Images of the Atonement*, ed. Mark D. Baker, Baker Academic, Grand Rapids, 2006, pp.96-101.

Hiebert, Paul G., *Anthropological Reflections on Missiological Issues*, Baker Books, Grand Rapids, 1994.

Hooker, Morna D., «*Pistis Christou*», *New Testament Studies* 35 (1989):321-342.

Longenecker, Bruce W., *The Lost Letters of Pergamum*, Baker Academic, Grand Rapids, 2003.

Longenecker, Bruce W., *Remember the Poor: Paul, Poverty, and the Greco-Roman World*, Eerdmans, Grand Rapids, 2010.

Longenecker, Richard N., Galatians, *Word Biblical Commentary 41*, Word Books, Dallas, 1990.

Luther, Martin, *Luther's Works*, Ed. Jaroslav Pelikan, Vol. 26, 27, & 31, Concordia, Saint Louis, 1963.

Martyn, J. Louis, «Events in Galatia: Modified Covenantal Nomism Versus God's Invasion of the Cosmos in the Singular Gospel», *Pauline Theology*, vol. 1, ed. Jouette M. Bassler, Fortress, Minneapolis, 1991.

Martyn, J. Louis, *Galatians*, The Anchor Bible, Doubleday, New York, 1997.

McKnight, Scot, *Galatians, The NIV Application Commentary*, Zondervan, Grand Rapids, 1995.

Ramirez, Dagoberto, «La carta a los Galatas: un manifiesto acerca de la libertad cristiana», *Teología Comunidad,* no. 3 (1989):14-22.

Sanders, E. P., *Paul and Palestinian Judaism*, Fortress, Philadelphia, 1977.

Sanders, E. P., «Jewish Association with Gentiles and Galatians 2:11-14», *The Conversation Continues*, eds. R.T. Fortna and B. R. Gaventa, Abingdon, Nashville, 1990, pp. 170-88.

Schellenberg, Ryan, «New Creation as Canon: Galatians 6:11-18», ensayo no publicado, 8 de diciembre, 2003.

Segundo, Juan Luis, *El Hombre de Hoy ante Jesús de Nazaret*, vol. II/1: *Historia y actualidad: Sinópticos y Pablo*, Cristiandad, Madrid,1982.

Silva, Moises, *Explorations in Exegetical Method: Galatians as a Test Case*, Baker Books, Grand Rapids, 1996

Smith, Dennis E., *From Symposium to Eucharist: The Banquet in the Early Christian World*, Fortress, Minneapolis, 2003.

Tamez, Elsa, *Contra toda condena: la justificación por la fe desde los excluidos*, DEI, San José, 1991.

Tamez, Elsa, «Cuando los hijos e hijas de "la libre" nacen esclavos: Meditación actualizada de Gál. 4: 24-31», *Pasos 74* (noviembre-diciembre, 1997):1-6.

Wagner, J. Ross, «Is God the Father of the Jews Only», *The Divine Father*, eds. Felix Albrecht y Reinhard Feldmeier, Brill, Leiden, 2014, pp. 233-254.

Winger, Michael, «Tradition, Revelation and the Gospel: A Study in Galatians», *Journal for the Study of the New Testament*, 53 (1994):65-86.

Wright, N. T., *The Climax of the Covenant: Christ and the Law in Pauline Theology*, Fortress, Minneapolis, 1991.

Wright, N. T., «Faith, Virtue, Justification and the Journey to Freedom», *The Word Leaps the Gap: Essays on Scripture and Theology in*

Honor of Richard B. Hays, eds. J. Ross Wagner, C. Kavin Rowe y A. Katherine Grieb, Eerdmans, Grand Rapids, 2008, pp. 472-497.

Wright, N. T., «Justification: The Biblical Basis», *The Great Acquittal*, ed. Gavin Reid, Collins, London, 1980. pp. 2-37.

Wright, N. T. (Tom), *Paul for Everyone: Galatians and Thessalonians*, Westminister John Knox Press, Louisville, 2004.

Wright, N. T., «Putting Paul Together Again: Toward a Synthesis of Pauline Theology», *Pauline Theology: Toward a New Synthesis 1*, ed. Jouette Bassler, Fortress, Minneapolis, 1991, pp. 183-211.

Wright, N. T., «Whence and Whither Pauline Studies in the Life of the Church?», *Jesus, Paul, and the People of God: a Theological Dialogue with N. T. Wright*, eds. Nicholas Perrin y Richard B. Hays, IVP Academic, Downers Grove, 2011, pp. 262-281.

Witherington, Ben III, *Grace in Galatia: A Commentary on St. Paul's Letter to the Galatians*, Eerdmans, Grand Rapids, 1998.

www.ingramcontent.com/pod-product-compliance
Lightning Source LLC
LaVergne TN
LVHW021806060526
838201LV00058B/3248